“十三五”职业教育国家规划教材

新编21世纪高等职业教育精品教材
人力资源管理系列

现代人力资源管理

（第五版）

吴 强 阚雅玲 黄美灵 丁 雯 编著

中国人民大学出版社
·北京·

图书在版编目（CIP）数据

现代人力资源管理 / 吴强等编著. --5 版. --北京：中国人民大学出版社，2025.7. --（新编 21 世纪高等职业教育精品教材）. -- ISBN 978-7-300-34204-7

Ⅰ. F243

中国国家版本馆 CIP 数据核字第 2025SE7945 号

“十三五”职业教育国家规划教材

新编 21 世纪高等职业教育精品教材·人力资源管理系列

现代人力资源管理（第五版）

吴 强 阚雅玲 黄美灵 丁 雯 编著

Xiandai Renli Ziyuan Guanli

出版发行	中国人民大学出版社		
社　　址	北京中关村大街 31 号	**邮政编码**	100080
电　　话	010－62511242（总编室）		010－62511770（质管部）
	010－82501766（邮购部）		010－62514148（门市部）
	010－62511173（发行公司）		010－62515275（盗版举报）
网　　址	http://www.crup.com.cn		
经　　销	新华书店		
印　　刷	中煤（北京）印务有限公司	**版　　次**	2010 年 12 月第 1 版
开　　本	787 mm×1092 mm　1/16		2025 年 7 月第 5 版
印　　张	16.25	**印　　次**	2025 年 7 月第 1 次印刷
字　　数	392 000	**定　　价**	49.00 元

第五版前言

本书自2010年第一版出版以来，历经多次修订，逐步完善，并获得了多所高职院校、培训单位师生的肯定，被选为教材或培训用书。能够得到广大同行及读者的信任和支持，我们深感荣幸。

作为一线教育工作者，我们始终秉承严谨治学和与时俱进的精神，不断反思与完善教材内容，以适应人力资源管理实践领域的新发展及职业教育的新要求。通过收集和听取同行专家、用人单位、学生及教育工作者的反馈意见，我们持续优化和完善教材内容，为学生提供应用性强、紧扣时代脉搏的学习资源和指导材料。

随着外部环境的快速发展，教育与经济的深度融合不断推进，人力资源管理面临新的发展趋势。特别是在数字化转型、人工智能等技术的推动下，人力资源管理的理论和实践正在不断创新与更新。基于这样的背景，我们在本次修订中重点从以下几个方面进行了全面优化和提升：

1. 紧跟时代步伐，突出实务应用

新版教材结合课程发展方向、职业教育要求以及相关岗位需要，对教学内容进行了全面更新，删减陈旧、不再适用的内容，融入新业态下的人力资源管理实务知识。同时融入了人工智能与专业课程结合的最新要求，反映了当前人力资源管理的前沿发展。

2. 紧贴发展动态，增强内容时效性

本书在修订过程中特别关注人力资源管理领域的最新发展动态与创新实践，全面更新了相关理论、政策及工具内容。例如涉及的数据资源、法律法规等，均尽量采用最新权威资料，以体现教材内容的时效性和准确性。

3. 坚持本土化案例，贴近实际需求

本书更新了大量典型的中国本土案例，注重内容的真实性与贴近性，突出案例的时效性与适用性。同时，对所有案例的来源进行严格审核，增强案例的研究价值与教学价值，帮助学生更有效地提升实务能力。

4. 注重人文关怀与职业精神培养

本书以习近平新时代中国特色社会主义思想为指导，全面贯彻党的二十大精神，落实立德树人根本任务，把知识传授、能力培养与价值引领紧密结合，通过融入“乡村振兴”“低碳经济”等时代主题，培养学生的社会责任感和团队合作意识，提高其在新时代职业发展中的综合素质与适应能力。

5. 优化资源建设，提升教学效率

第五版在配套资源方面进行了全面升级，不仅对教材 PPT、课后练习和案例分析进行了系统优化，还新增了课程标准和课程教案，大大提升了教师的教学便利性。同时，新增了在线练习和多媒体资源，为学生提供更加丰富、多样的学习支持，助力教学质量的全面提升。

本次修订工作由广州番禺职业技术学院吴强、阚雅玲、黄美灵、丁雯共同完成，具体修订任务分工如下：阚雅玲编写了模块一至模块四，吴强编写了模块五和模块六，丁雯编写了模块七和模块八，黄美灵、丁雯对全书进行了补充修订，吴强拟订了修订大纲。本书修订过程中，得到了众多同行专家、高职院校师生及企业人士的意见与建议，同时也得到了中国人民大学出版社的大力支持，在此表示诚挚的感谢。

尽管我们在修订中付出了极大的努力，但因时间和水平所限，书中难免仍有不足之处，恳请广大读者批评指正，以帮助我们继续完善本书，服务于职业教育的高质量发展及人力资源管理的创新实践。

编者

目录

模块一

人力资源管理基础

学习目标

1. 知识目标

◆ 掌握人力资源的概念与内容

◆ 掌握人力资源管理的主要内容

◆ 了解人力资源管理的基本理论

2. 技能目标

◆ 能正确区分人力资源与人力资本

◆ 能列出中小企业人力资源部的主要工作职责

◆ 能对现实中一些人力资源管理现象进行正确的解释

3. 素养目标

◆ 肯付出，注重自我成长

◆ 培养团队合作意识

◆ 能够运用发展的眼光制定自己的职业目标

案例导入

人才很关键，面试最重要

2020 年 10 月 31 日，华为技术有限公司（以下简称“华为”）心声社区披露了公司管理层 10 月 27 日在应届生招聘座谈会上的讲话，标题是“人才很关键，面试最重要”。

人才很关键自不用说，已经成为企业共识，但是怎么招到“关键人才”，怎么发挥“关键人才”的重要作用，这才是“八仙过海，各显神通”的地方！

华为提出了几条路线：

（1）不拘一格吸引人才。华为要求：“在公司聚焦的领域上，只要看到国内、国外有合适的人才，先吸引进来，不受编制的限制。”如此一来，面试就显得尤为重要。

（2）人才来源途径中的重点：多与业界“大拿”、优秀学校校长、世界大赛主席等沟通交流，扩大优秀人才的挖掘来源。华为认为“在合作中已经有突出贡献的，不必再经过面试环节”。

（3）关注海外博士和软件人才的引进，善于发现有洞察能力的年轻人。

（4）有些在国外没有技术突破，也不是顶尖的人，但对所属领域有着很深的理解力，对华为来说，也是需要的人才。

华为用人的基本原则，处处显示出“人才是非常关键的”，但这还不是最重要的，对人才的有效管理，才是一个企业真正的核心竞争力。

一个组织，只有选对人、用对人、留住人、育好人，才能够在日益激烈的市场竞争中克敌制胜。世界进入“制脑权”时代，谁拥有地球上最多最有智慧的大脑，并能发挥其智能效用，谁就占领了决战制胜的制高点。管理大师德鲁克（Peter F. Drucker）曾说过，所谓现代管理实际上就是人力资源管理。的确，在国内外竞争日趋激烈的环境下，人力资源的数量和质量已成为推动企业发展的关键因素和企业获取利润的重要手段。企业的兴衰成败、实力强弱已不再取决于企业拥有的物质资本，而取决于企业是否拥有具备创新能力的专业知识人才和高素质员工，他们是企业的一种战略资源，也是企业争夺的焦点。“人力资源是第一资源”的论断，正是对人力资源在企业发展，乃至国家经济发展和社会进步中的基础性、决定性作用的科学概括。因此，掌握人力资源管理的理论和基础知识，已成为当今管理人员必需的素质。

单元一　人力资源与人力资本

一、人力资源的概念及内容

（一）人力资源的概念

人力资源，从一般意义上说，是指作为经济资源的人的生产能力。生产过程是各种生产要素互相组合、运用并转换成各种产品和服务的过程。劳动力是能动的、居于中心地位的生产要素，它是价值的源泉，是财富形成的决定性条件，因而是最重要的经济资源。

对于人力资源，可以从不同的角度加以理解和把握。从宏观层面看，人力资源是指“能够作为生产性要素投入社会经济活动的劳动人口”，也被称为理论人力资源。与之相对应的是现实人力资源。现实人力资源指的是一个国家或一个地区在一定时间内拥有的实际从事社会劳动的全部人口，包括正在从事劳动和由于非个人原因暂未从事劳动的人口。从微观层面看，人力资源是指一个组织内部所拥有的劳动者技能、知识和经验，也被称为直接人力资源，表现为就业人口。人力资源除了上述理论人力资源、现实人力资源和直接人力资源三个数量方面的含义外，还包含质量方面的含义。人力资源质量是指一个国家或地区拥有劳动能力的人口的身体素质、文化素质、思想道德素质和专业（职业）劳动技能水平的统一。

（二）人力资源的内容

人力资源的构成内容主要包括体质、智质、心理素质、品德、能力素养、情商六个方面。

体质即身体素质，包括身体的忍耐力、适应力、抗病力和体能等。

智质不同于智商，它是指学习的速率。智质的好坏主要取决于以下六种能力：记忆能力、感知能力、理解能力、思维能力、接受能力和应变能力。

心理素质包含情绪的稳定性、心理承受力、心情心态、心理应变能力和适应能力等。

品德即道德品质。古人把良好的品德概括为五个字：仁、义、礼、智、信。人的道德品质对于其人力资源的质量评估是第一位的。

能力素养是一个人“四历”，即学历、经历、阅历、心历的结晶。它可以概括提炼出以下 18 种能力：战略能力、知识能力、规划能力、理解能力、决策能力、研究能力、组织能力、判断能力、创新能力、人际沟通能力、推理能力、感知能力、分析能力、工作条理性、应变能力、文字写作能力、演讲能力和再学习能力。

情商（EQ）即情感商数（Emotional Quotient），由美国耶鲁大学心理学家彼得·萨洛维（Peter Salovey）和新罕布什尔大学的约翰·D. 梅耶（John D. Mayer）于 1990 年首次提出。许多学者认为，智商是被用来预测一个人的学业成就的，而情商是被用来预测一个人的职业成就的。

情商是与三个要素紧密联结在一起的，即自身、环境、他人，如图 1-1 所示。其中，个体与自身的关系包括认识自身情绪的能力、妥善管理自身情绪的能力和自我激励的能力；个体与他人的关系包括认识他人情绪的能力和妥善处理与他人关系的能力；个体与环境的关系包括认识环境的能力和妥善处理个人与环境关系的能力。

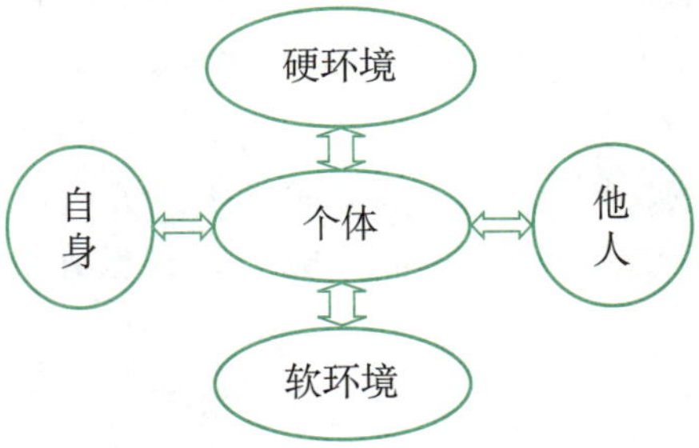

图 1-1　情商与“三要素”的关系

小练习

根据人力资源包含的体质、智质、心理素质、品德、能力素养、情商六个方面的内容，对自己进行一次较为全面的分析，以“我想成为一个××人”为主题，在课堂上进行演讲。

二、人力资源的价值

人力资源之所以受到重视，并成为最重要的战略资源，是由这种资源的内在价值所决定的。

（一）人力资源是所有生产要素中最具能动性的要素

在所有资源和生产要素中，只有人类能够进行有意识、有目的的高级思维活动，具有主观能动性。其他一切物质资料和资源，包括设备、原材料等各种生产资料，在生产过程中，只能被动地适应人类的需要，不能自动地转化为生产力，不能直接创造价值。也就是说，生产本身是人的活动。劳动力的数量和质量决定了生产规模的要素能否得到充分利用，为人类造福。因此，人力资源开发决定了其他生产要素的有效使用，是其他一切资源利用的前提和基础。

（二）人力资源是所有生产要素中最具创造性的要素

创造性是人力资源的基本特征。这种创造性正是源于人力资源具有的其他生产要素所不具有的主观能动性。现代社会生产正走向知识经济、智力经济时代，知识创新、技术创新、信息处理成为决定生产效率的关键环节。创造能力、创新能力的激发是一个组织（包括企业）生存、发展的根本条件。正是基于人力资源具有的创造性，人力资源管理面临的任务更加艰巨，其管理理念和模式也需要更新，因此需要对人力资源管理给予更多的关注和投入。

（三）人力资源是所有生产要素中最具自主性的要素

企业管理归根到底是对人的管理，而人是有意识、有主见、有独立利益和独特思维方式的个体，所以，人力资源管理比其他要素更具有挑战性和复杂性。随着人力资源在生产的中心地位的确立，企业管理自然地转到以人力资源管理为中心的轨道上来。

（四）人力资源是所有生产要素中最具潜能开发无限性的要素

与物质资源的有限性相比，人类潜能的开发是无限的。随着有限的物质资源的日益减少，如何保持和开发有限的物质资源更加依赖于人类智慧的开发。

（五）人力资源是所有生产要素中最具社会性的要素

人力资源开发不仅可以直接促进社会生产力的进步，而且有助于从根本上提高其他生产要素的利用与配置效率，带动整个社会的文明进步。人力资源开发还提高了人类对自身尊严和价值的认识，促进了人的自由和全面发展。人力资源开发的水平已成为社会文明进步的重要标志。

人力资源开发与管理的过程，就是人的经济价值不断提高、不断实现的过程。人既是经济活动的要素和动力，又是经济活动、社会活动的归属。人的全面发展、自由解放是经济发展的最高目标。从这个意义上说，加强人力资源管理是“以人为本”管理理念的具体实践，也是组织发展目标与过程的统一。

小思考

请结合袁隆平的事迹谈谈人力资源的价值体现。

三、人力资本的概念与特征

西方经济学家在分析近几十年来各国经济增长因素时发现，越来越多的经济增长不能用劳动力的追加和物力资本的追加来解释，越来越多的人承认这只能归功于教育的发展、人的素质的提高和人的能力的充分开发与利用，而这正是人们预先为之进行投资才形成的结果。

人力资本是指通过对人力资源投资而体现在劳动者身上的体力、智力和技能。其特征是：

（1）它是人们以某种代价获得并在劳动力市场上具有一定价格的能力或技能。

（2）它是对人力资源进行开发性投资所形成的可以带来财富增值的资本形式。

（3）它是凝聚在劳动者身上的知识、技能及其表现出来的能力。

四、人力资源与人力资本的区别

（一）概念的范围不同

人力资源包括自然性人力资源和资本性人力资源。自然性人力资源是指未经任何开发的遗传素质与个体；资本性人力资源是指经过教育、培训、健康与迁移等投资而形成的人力资源。人力资本是指所投入的物质资本在人身上所凝结的人力资源，是可以投入经济活动并带来新价值的资本性人力资源。人力资本存在于人力资源之中。

（二）关注的焦点不同

人力资源关注的是价值问题，而人力资本关注的是收益问题。

（三）性质不同

人力资源反映的是存量问题，而人力资本反映的是流量问题。

（四）研究角度不同

人力资源是将人力作为财富的源泉，是从人的潜能与财富的关系来研究人的问题，而人力资本则是将人力作为投资对象，作为财富的一部分，是从投入与收益的关系来研究人的问题。

人力资源与人力资本在概念上虽然不同，但人力资源得到合理开发和有效配置后，可以转化为人力资本，使用价值能转化为剩余价值。人力资本的核心是教育投资，事实上，教育投资的过程就是人力资本积累的过程。换句话说，人力资本的形成和积累主要靠教育。同样，人力资源的质量优劣也主要是由教育来决定的。明智的企业家十分重视教育，他们不仅重视对本企业人才的培养和培训，而且设法通过教育手段来改善本企业的文化，有些甚至不惜重金引进高学历、高职称的人才，就是因为他们认识到教育与人力资源开发和人力资本的密切关系。可以说，没有教育与培训，人力资源就得不到合理开发，也不能形成强大的人力资本。重视教育和培训，就是重视企业的发展，就是在开发人力资源和积累人力资本。

小思考

如果你有一笔钱，你认为将这笔钱投入到个人的人力资本上所得到的回报更多，还是投资到其他方面会让你受益更多呢？

单元二　人力资源管理相关知识

一、人力资源开发与管理的概念

（一）人力资源开发

人力资源开发主要指国家或地区、企业、家庭、个人的正规国民教育，在职学历教育，职业技能培训以及人的使用和启智等一系列活动，从而达到培养各类人才、开发人的潜能、提升人的质量的目的。人力资源开发是一个较大较广的概念，一个人的一生都与个人能力的开发紧密相连。

人的一生有四种教育，即家庭教育、学校教育、社会教育和自我教育。家庭教育对人影响最大的是从出生到10岁左右，学校教育对人影响最大的是从10岁到22岁左右，社会教育和自我教育贯穿人的一生。人力资源的开发主要靠上述各种教育，它要求全社会的参与。

（二）人力资源管理

人力资源管理是指各种社会组织对员工的招募、录取、培训、使用、升迁、调动直至退休的一系列管理活动的总称。人力资源管理的主要目的在于科学、合理地使用人才，充分发挥人的作用，推动社会和组织的迅速发展。

二、人力资源开发和管理的关系

我们可以把人的一生分为三大阶段：输入阶段、输出阶段和淡出阶段。

第一阶段为输入阶段。在这一阶段中，个人被输入大量的知识、经验和信息。这一阶段的时间从6岁开始，受教育的时间长度分别为12年（高中毕业或中专毕业）、15年（大专毕业）、16年（本科毕业）、18～19年（硕士毕业）、22年左右（博士毕业），加上学龄前的家庭教育和社会教育的6年，人们的从业年龄一般是始于18～28岁。输入阶段也是人力资本投资最为集中的阶段。在输入阶段，少数人可能会勤工俭学、参加实践活动等，但这一阶段始终以输入为主。

第二阶段为输出阶段，也是从业阶段。在这一阶段，个人输出其知识、智能、劳动和服务。随着时代的变迁和知识的更新，人们也需要一些补充输入、继续教育和再教育。在人生输出阶段，输入多数是业余的、短期的或间断性的。

第三阶段是淡出阶段。这一阶段是社会和组织对个人曾经输出的劳动和服务的回报。这种回报使人们获得了更加自由的时间和空间，可以发挥自己所长，把在输出阶段由于时间和工作的限制所无法展现的才华和无法实现的某些理想在这一阶段中表现出来，如绘画、写作、音乐、登山、旅游等。

我们所说的人力资源管理主要表现在输出阶段，如图1-2所示。人力资源管理的对象主要是正在从事体力劳动和脑力劳动的人，包括从人力资源规划、招募开始，到退休为止的全过程管理，也包括在职培训、潜能开发、合理调配使用等内容。而人力资源开发则贯穿于人生的整个过程，包括从幼儿教育到成年后的获取、保留、发展、维护，直到老年退休后的余热开发等全部过程。人力资源开发更注重宏观，更注重整体，更注重全社会的启智。

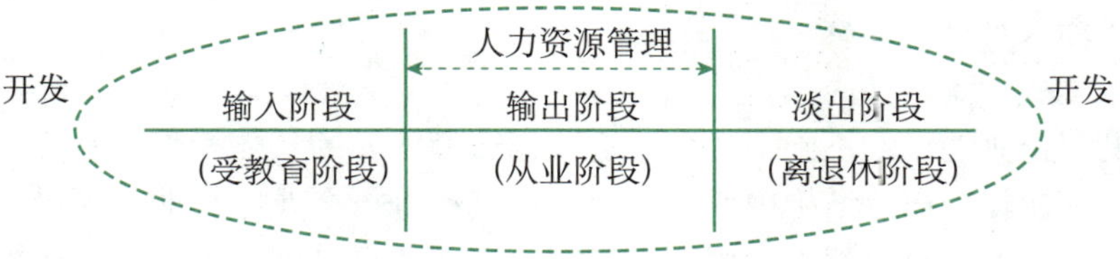

图 1－2　人力资源开发和管理的关系

可以这样比喻，人力资源开发如同对一块田地的开垦和播种，人力资源管理则是对庄稼的精耕细作、施肥浇水的具体过程。人力资源开发包含着更广的含义，包括未成年人的教育和老年人退休后的余热发挥等问题，是全社会的宏观问题，人力资源管理则着重于对人力资源所定义范围的人的管理。

三、人力资源管理的主要内容

人力资源管理包含的内容很多，如图 1－3 所示，归纳概括起来就是四大项：选人、育人、用人、留人。

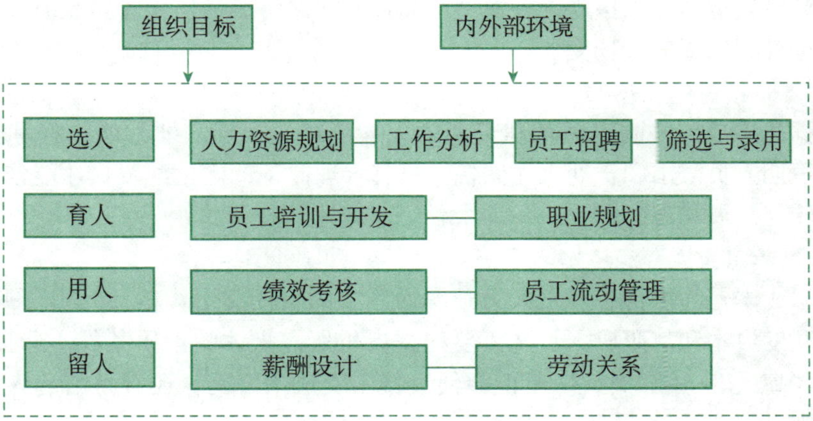

图 1－3　人力资源管理的主要内容

小练习

请认真阅读下列关于人力资源管理的内容，然后想一想：如果让你负责一个刚刚设立的小企业的人力资源管理工作，你准备如何做呢？你是否已经有了一个比较清晰的思路呢？请发表自己的看法。

（一）选人

好的开始是成功的一半，企业成功最重要的先决条件就是要找对人。企业一旦找对了人，无疑就为今后的健康发展提供了智力保障。

1. 选人要与企业的战略目标相匹配

人力资源是战略规划实施及战略目标实现的保障，各个企业在不同的阶段都会制定不同的与实际相适应的总体战略规划，我们在选择人才时，必须考虑到资源配置要与战略目标的实现相适应。企业没有战略目标，就谈不上人力资源规划，更谈不上人力资源规划的实施，企业在选人时就会盲从。

2. 选人要与行业环境和企业地位相适宜

行业环境和企业地位的不同，也会影响我们选择人才的具体操作。首先要分析所在行业的环境及行业在整个产业结构中所处的地位；其次分析企业在行业中所处的地位。行业和企业的地位不同，所对应的人才层次也不同，为企业量身制定人才选拔策略，才不会导致人才的滥用或者流失。

3. 选人要与地域的经济水平和人文环境相结合

我们还要考虑地域的经济水平和人文环境因素，不能好高骛远，要讲求实际，尤其是在选拔高校毕业生时，我们应尽量帮助其认识本企业的地域环境、行业环境、人文环境和当地的实际经济水平，提高自身的透明度，这样，选择者和被选择者才能互相了解，才能有益于企业挑选到合适的人才，真正做到人尽其才、才尽其用。

4. 选人要考虑人才市场的供应现状

人才市场的供应与需求总的来说是不为企业所操控的，企业在选人时逃脱不掉供求现状的影响。所谓计划没有变化快，企业需要具体情况具体分析，及时调整人才招聘计划。市场人才兴旺时，适当增加招聘人才数量，加强人才储备；市场人才紧缺时，可适当减少招聘数量和标准，以适应市场变化。

5. 选人要兼顾短期和长期人才战略

企业根据战略目标要制定短期和长期的人才战略。根据人才战略选择和储备相应人才，以满足短期人员需求和长期人才储备，只有合理储备、优化配置，才能使企业长期处于正常的运转与发展状态。

6. 选人要考虑人力资源成本

人力资源成本是为取得和开发人力资源而产生的费用支出，包括人力资源取得成本、使用成本、开发成本和离职成本。选人要根据岗位所需人才的素质条件，选择适合人员，切忌处处用“高人”。用“高人”不但会使直接工资成本升高，还容易引起人才流失，造成机会成本升高。

错误雇用是人才流失的真正原因，选人环节不到位，容易造成人才流失。所以选好人不但会促进企业目标的实现，还会大大降低人力资源成本。

（二）育人

人力资源发展与培训是组织为了提高和改善员工在执行某项特定工作或任务时所必要的知识水平、技能及态度或培养其解决问题之能力所采取的一系列活动。每一个组织都需要受过良好训练并具有丰富经验的人去运作，以维持组织生存所必需的活动。因此，加强员工的培训与训练便成为组织维持其高效运作所必须投入的一项活动。

1. 对员工能力现状进行分析

员工培训要有针对性，要有效地进行员工的能力现状分析，根据不同的员工群体进行分类培训，也就是说，要衡量员工行为或工作绩效差异是否存在。企业可以通过生产、成本、能力测验、个人态度调查等指标，了解组织员工的现有水平与企业目标之间的差异。根据差异，安排培训内容和方式。

2. 确定培训内容与方式

（1）培训内容专业化。不同的企业，所培训的人员状况是不同的，不同的岗位所需要的知识、技能也是不同的，所以企业要根据自身的需求，以专业化为主，制定特定的培训内容，不要总是希望所有的人才都是通才，实际上企业并不需要很多的通才，拔尖的专业人员为其岗位创造的有效价值是企业发展的重要助力。

(2) 培训方式自主化。企业的员工培训有很多种方式，企业可以根据实际情况作出适当的选择。要根据不同的人员、不同的状况，选择多样的培训方式，让培训真正起到实效。每个企业的实际状况都有所不同，没有通用的模式，所以企业要根据自身的实际情况，以自主培训为主，这样不仅有利于特定培训目标的实现，还有利于在这个过程中寻找差距甚至发现弊端。

3. 培训效果的评价

培训效果的评价在整个培训中起着至关重要的作用，实质上就是对有关培训信息进行处理和应用的过程。通过效果评价，对培训是否达到预期目标、培训计划是否具有成效等进行检查与评价，然后把评价结果反馈给相关部门作为下一步制订培训计划与发现培训需求的依据。

(三) 用人

发挥员工的聪明才智是人力资源管理的重要组成部分，它是通过用人机制发挥作用的。用人机制的核心是因材适用，用最合适的人做最合适的事。只有通过科学的用人机制，实现能力与岗位的最佳配置，才不至于使人力资源开发浮于形式，为开发而开发。

1. 因事设岗、人岗匹配

能力强、业绩佳、个人素质好的人，并不一定就是合适人选。试想在一个观念陈旧、员工素质普遍偏低的环境或组织中，选聘一个观念超前、能力优异的人才，会出现什么样的结果？因此，在选聘人才的过程中，除了关注人才个体的素质外，还应认真分析人才拟任职岗位及团队的结构特点，如团队成员的学历、性别、年龄、观念等，强调人才与其拟任职位的兼容匹配，应该减少聘用人才因“鹤立鸡群”而产生的不必要的“孤独感”，否则会影响人才能力的有效发挥，甚至会使人才流失，造成人力资源浪费和成本升高。

2. 工作目标要有挑战性

工作的要求和目标应尽量明确、合理，并富有一定的挑战性，能真正激发员工内在的工作热情。工作目标和要求太低，员工很容易完成，久而久之会造成员工的懈怠，不思进取；工作目标和要求太高，员工通过自己的努力无法完成，会使员工失去自信，放弃努力；要设立员工“踮着脚”“跳一跳”能完成的目标，这样不但会使企业目标能够得以实现，还会使员工能力得到不断提升。

3. 岗位应动态调整

应对员工与工作的配合进行不断调整，使能力高的员工去从事更高层次的、承担更多责任的工作，保持员工与工作的动态平衡。企业不同的岗位需要的知识和技能不同，同一岗位不同的级别要求也不同，每个员工所掌握的知识和技能也在不断地发展变化，所以企业应对职位和工作进行分层细化，变单一的层级制为多级制，使员工随着自身能力的发展，相应的职位、薪酬不断地提升变化，从而调动员工积极性，不断挖掘其潜力。

4. 加强考核评价

通过合理公正的考核制度，实现“人尽其才，物尽其用”的最终目的。考核前将考评的标准量化、公开化，让员工明白怎样得到“胡萝卜”和能得到怎样的“胡萝卜”。只有人人都明白目的和要求，才能竭力去争取实现。将考核结果与工资、福利、晋升、末位淘汰制挂钩，使公司整体素质不断地螺旋上升。

（四）留人

如何合理使用员工，发挥其才能，并留住他为企业长期效力、创造效益，是人力资源管理的关键。高薪为何留不住人才？因为管理者没有真正了解人才的心，人的需要不止高薪，留才之道在于留心。企业领导者应该创造足够多的沟通机会，从言谈中、从生活工作交往的细节中去充分了解个人的不同需要，建立个人的需求库，以个人需要为基础进行激励，并利用相应的留心手法，配合高薪，才能留住人才。

1. 薪酬、福利留人

薪酬、福利作为一种激励措施，无疑从根本上影响着员工的行为，因此，薪酬、福利仍是现阶段主要的留才手段之一。如何将公司战略及文化所需要的产出和行为与薪酬体系进行有效链接，是薪酬设计要解决的问题。薪酬、福利包括劳动报酬、文化娱乐、进修学习、医疗保健、劳动保护、年终奖励、家属安置、员工持股等。要留住人才，激励方式的选择和应用也是极为重要的，要针对不同人选择不同的激励方式。企业应改革分配激励机制，实行多元化的分配，建立重业绩、重贡献，向关键岗位和优秀人才倾斜的分配机制。真正实现“一流人才、一流业绩、一流报酬”的人才激励机制，使人才的价值得到充分体现。

2. 企业文化留人

企业文化的核心是企业的价值观，是企业综合素质的重要标志。一个科学的价值理念必将起到凝聚人心、鼓舞人心、激励员工奋发向上的作用，这将为企业人力资源的开发提供不竭动力。因此，在建设企业文化，培育、弘扬企业精神和价值观时，应注重其科学内涵，注重文化的感召力、凝聚力，建设人格文化，体现人的价值、人的尊严，营造不断进取的浓厚氛围，激励员工不断学习，深挖潜能，自我超越，使企业文化建设与人力资源开发相辅相成，有机结合，和谐统一。

3. 感情留人

情感投资具有潜移默化的效果，所以企业对人才要有爱心、真心，帮助他们营造一种积极向上、团结和谐的人际氛围和工作、生产、生活环境，使大家心情舒畅地工作，让优秀的人才彼此相互依恋，增强公司的凝聚力和吸引力。

4. 事业留人

人力资源管理最终还是人的管理，所以要考虑员工自身的发展是否能与企业的发展同步，用人的同时也是在培养人，应该尽量让企业的人才在不断地为企业服务的同时得到自我发展。只有将企业的目标和员工的职业生涯有机结合起来，人的管理才能真正起到作用。所以工作是否具有持续性、挑战性、趣味性，企业是否具有一个让员工发挥的大舞台等都是留住人才的关键。企业首先要打造一个有利于发展、有利于创新、有利于竞争的事业，并且为员工提供一个具有挑战性、竞争性、有利于自身发展提高的事业舞台，使员工能力不断得到提高。关注员工的职业发展计划，指导员工的职业生涯设计并与员工共同努力，促进其职业生涯计划的实现。

5. 领导留人

有人说，“员工选择加入的是企业，而离开大多是因为领导”，所以领导对下属的态度、看法、评价，领导的人格、信誉、信用，是员工选择是否留下的关键。在留人问题上，领导担负着特别重要的、无法替代的责任，“留人工程”是实实在在的“一把手工程”。因此，领导特别是“一把手”，必须树立正确的留人理念。

企业的人力资源开发与管理是一个系统工程，各个环节相辅相成。企业只有努力营造出“选人”“育人”“用人”“留人”的好环境，建立良好的激励及约束机制，充分调动和发挥人才的潜能，使人才真正成为企业走向未来的核心竞争力，才能最终实现企业的快速、健康、可持续发展。

四、人力资源管理的职责分工

大多数公司都有人力资源管理部门，然而，并非只由这个部门承担公司人力资源管理实践的责任，事实上，这个责任由人力资源管理者和直线经理共同承担。认为只有人力资源管理者承担责任的错误观念可能会导致严重问题。人力资源管理者与直线经理所起作用有时会不大明晰，这些作用会因公司不同而有所不同，主要取决于组织的规模。一个大型公司，它有一个规模较大、人员分工较细的人力资源部，然而，在较小公司中，直线经理必须在有效的人力资源管理实践中发挥某种更大的作用。一般而言，直线经理与人力资源管理者在人力资源管理中的分工大体如表 1－1 所示。

表 1－1　人力资源管理的职责分工

职能	直线经理的活动与职责	人力资源管理者的活动与职责
选人	提供工作分析、工作描述及工作要求的有关数据和资料； 根据企业战略，分析未来工作及工作量，进行人员配置； 同候选人进行面谈，做出最后的录用决定	在直线经理所提供资料的基础上制作岗位说明书和岗位规范； 根据直线经理提供的人员配置状况制定企业人力资源规划； 寻找合格的求职者，对候选人进行初步筛选，并推荐给相关部门
育人	根据部门具体情况，将员工安排到不同岗位，并对新员工进行指导与培训； 实施部门培训，对培训活动进行评价并向人力资源部门提出建议； 协助员工设计个人职业发展计划	拟订培训文件，制订培训计划，准备培训资料； 组织企业培训活动，评估培训活动的效果并加以改进； 制订员工的职业发展计划
用人	确定绩效考核指标和标准； 对下属的绩效状况进行评估，反馈评估结果，帮助员工改进工作； 根据员工的工作表现和个人能力做出岗位轮换或晋升的建议	制定企业的绩效管理制度，组织绩效考核的实施； 提供考核指标、标准的专业性指导，培训直线经理正确操作； 制定企业的岗位轮换制度和晋升制度，保证岗位调换过程的公正性
留人	运用激励的方法提高员工工作的积极性； 协调本部门内人际关系； 根据绩效考核结果确定员工的奖金数量； 向人力资源管理者提供关于工作性质和相对价值方面的信息，帮助他们确定工资水平	进行薪酬调查，制定合理的薪酬制度和福利计划； 妥善处理劳资关系； 保障员工的健康与安全，为员工创造良好的工作环境； 就奖金分配方案和工资支付计划向直线经理提供建议

小思考

你如何看待杰克·韦尔奇所说的“任何一位经理首先是人力资源经理，人力资源管理工作是所有经理必须熟悉的核心工作之一”这句话？

单元三　人力资源管理的基本理论

在漫长的人力资源管理过程中，人类积累了大量管理理论和实践经验。但纵观这些理论和实践经验，真正称得上现代的、科学的管理理论和方法被公认为始于 1903 年的“泰罗制”。

一、科学管理理论

早期管理思想实际上是管理理论的萌芽，管理理论比较系统地建立是在 19 世纪末 20 世纪初，所形成的理论称为“古典管理理论”或“科学管理理论”。

“科学管理理论”的创始人是美国的弗雷德里克·泰罗，他在 1911 年出版了《科学管理原理》一书。

小案例

泰罗在贝特莱汉姆钢铁厂工作的时候，对铁锹作业的工作效率产生了兴趣。当时，钢铁厂有 600 多名工人用铁锹铲铁矿石和煤。泰罗想：一铁锹的重量为几磅时工人感到最省力，并能达到最佳的工作效率呢？他决定研究一下这个问题。为此他选出两名工人，通过改变一铁锹的重量来仔细观察并记录他们每天的实际工作量。结果发现，当一铁锹的重量为 38 磅时每天的工作量是 25 吨，34 磅时是 30 吨，于是，他得出作业效率随着铁锹重量的减轻越来越高的结论。但是当铁锹的重量减轻到 21～22 磅时，工作效率不再提高。由此，他认为矿石重量较重应使用小锹，而煤较轻应使用大锹，当铁锹的重量为 21～22 磅时为最佳。因此，他合理地安排了 600 多名工人的工作量，取得了成功。

（一）科学管理理论的主要内容

（1）科学管理的中心问题是提高效率。泰罗认为，要制定出有科学依据的工人的“合理的日工作量”，就必须进行工时和动作研究。方法是选择合适且技术熟练的工人，把他们的每一个动作、每一道工序所使用的时间记录下来，加上必要的休息时间和其他延误时间，就能得出完成该项工作所需要的总时间，据此确定一个工人“合理的日工作量”，这就是工作定额原理。

（2）为了提高劳动生产率，必须为工作挑选“一流的工人”。泰罗认为：“每一种类型的工人都能找到某些工作使他成为一流的，除了那些完全能做好这些工作而不愿做的人。”在制定工作定额时，泰罗是以“一流的工人在不损害其健康的情况下维持较长年限的速度”为标准的。这种速度不是以突出活动或持续紧张为基础。泰罗认为，人事管理的基本原则是使工人的能力同工作相配合。管理者的责任在于为雇员找到最合适的工作，培训他成为一流的工人，激励他尽最大的努力来工作。

(3) 要使工人掌握标准化的操作方法，使用标准化的工具、机器和材料，并使作业环境标准化，这就是所谓的标准化原理。泰罗认为，必须用科学的方法对工人的操作方法、工具、劳动和休息时间的搭配、机器的安排和作业环境的布置等进行分析，消除各种不合理的因素，把各种最好因素结合起来，形成一种最好的方法。

(4) 实行计件工资报酬制度。这种计件工资报酬制度包含三点内容：一是通过工时研究和分析，制定出一个有科学依据的定额或标准。二是采用一种叫做“差别计件制”的刺激性付酬制度，即计件工资按完成定额的程度而浮动。例如，如果工人只完成定额的80%，就按80%工资率付酬。三是工资支付的对象是工人而不是职位。这样做既能克服消极怠工的现象，更重要的是能调动工人的积极性，从而促使工人大大提高劳动生产率。

(5) 工人和雇主两方面都必须认识到提高效率对双方都有利，都要来一次“精神革命”，相互协作，为共同提高劳动生产率而努力。对雇主来说，关心的是成本的降低，而对工人来说，关心的则是工资的提高，所以泰罗认为这就是劳资双方进行“精神革命”、从事合作的基础。

(6) 把计划职能同执行职能分开，变原来的经验工作法为科学工作法。泰罗主张明确划分计划职能与执行职能，由专门的计划部门来从事调查研究，为定额和操作方法提供科学依据；制定科学的定额和标准化的操作方法及工具；拟订计划并发布指示和命令；比较“标准”和“实际情况”，进行有效的控制等工作。至于现场工人，则从事执行的职能，即按照计划部门制定的操作方法和指示，使用规定的标准工具，从事标准的操作，不得自行改变。

(7) 实行“职能工长制”。泰罗主张实行“职能管理”，即将管理工作予以细分，使每个管理者只承担一种管理职能。他设计出八个职能工长，代替原来的一个工长，其中四个在计划部门，四个在车间。每个职能工长负责向工人发出命令。

泰罗认为这种“职能工长制”有三个优点：一是对管理者的培训花费的时间较少；二是管理者的职责明确，因而可以提高效率；三是由于作业计划已由计划部门拟订，工具与操作方法也已标准化，车间现场的职能工长只要进行指挥监督即可，因此非熟练技术的工人也可以从事较复杂的工作，从而降低整个企业的生产费用。

小思考

你认为泰罗的这种“职能工长制”可行吗？为什么？如果不可行，你认为应当如何改进？

后来的事实证明，一个工人同时接受几个职能工长的领导，容易引起混乱，所以，“职能工长制”没有得到推广。但泰罗的这种职能管理思想为以后职能部门的建立和管理的专业化提供了参考。

(8) 在组织机构的管理控制上实行例外原则。泰罗等人认为：规模较大的企业组织和管理必须应用例外原则，即企业的高级管理人员把一般的日常事务授权给下级管理人员去处理，自己只保留对例外事项的决定和监督权。这种以例外原则为依据的管理控制原理，以后发展成为管理上的分权原则和实行事业部制的管理体制。

泰罗总结了自己长期管理实践的经验，概括出一些管理原则和方法，经过系统化整理，形成了“科学管理理论”。他在管理理论方面做了许多重要的开拓性工作，为现代管理理论奠定了基础。但泰罗研究的范围较小，内容较窄，主要是从事现场的生产和管理工作，而对企业的其他活动，比如供销、人事、财务等，则基本上没有涉及。

（二）对泰罗科学管理的评价

对于科学管理的基本原则、实质和内容，泰罗在《科学管理原理》及《在美国国会的证词》中进行了比较系统的阐述和说明，这表明科学管理理论日臻成熟。

泰罗认为，管理的真正目的是使劳资双方都得到最大限度的富裕。科学管理是建立在劳资双方利益一致基础上的，它要求企业的每一个成员充分发挥最高效率，争取最高产量，实现最大的富裕。科学管理的实质是劳资双方在思想上的一次完全的转变。科学管理要实现由低效率管理向高效率管理转变，由旧的、传统的管理方法向科学方法转变，由重视盈余的分配向重视增加更多盈余转变，以此来实现劳资双方的共同繁荣。

小案例

某生产机械设备的制造企业，面对利润越来越低的不利局面，下定决心准备向丰田公司学习，进行管理变革，但在准备期间却遇到了意想不到的困难。原来，该公司为了保证新的生产管理制度的顺利推行，首先通过板报、专栏等形式向员工们进行宣传，公司将要彻头彻尾地向丰田公司学习，全面提高生产效率，进而提高企业的经济效益。但当他们将精心准备的改革方案在宣传栏公布之后，宣传栏竟然在一夜之间被工人搞得千疮百孔，所有涉及提高生产效率、提高经济效益的地方全被员工抠掉。调查后才发现，不少员工认为，学习丰田公司就意味着他们的劳动强度会更大，他们会更辛苦，压力会更大，所以他们强烈抵制。想一想，这家公司的管理变革问题出在哪里？

在泰罗时代，泰罗所期望的劳资双方齐心合力的理想局面并没有出现，科学管理在实践中的效果也并不是非常理想，曾受到来自各方的质疑，但这并不影响科学管理在管理理论中的重要地位。

1. 泰罗科学管理的贡献

泰罗在历史上第一次使管理从经验上升为科学。泰罗科学管理的最大贡献在于他所提倡的在管理中运用科学方法和他本人的科学实践精神。泰罗科学管理的精髓是用精确的调查研究和科学知识来代替个人的判断、意见和经验。英国管理学家厄威克评价：“泰罗所做的工作并不是发明某种全新的东西，而是把整个 19 世纪在英美两国产生、发展起来的东西加以综合而成的一整套思想。”

科学管理之所以重要，是因为当时它的推广极大地促进了企业生产效率的提高，甚至能够提高整个社会的生活水平，因而其意义是历史性的。科学管理是管理发展史上的一次伟大的革命，它的提出也标志着管理学作为一门科学开始形成。

2. 泰罗科学管理的局限性

首先，科学管理最明显的局限性是认为工人是“经济人”。泰罗认为，工人之所以工作，是因为工人只追求物质利益，没有金钱和物质的诱惑，人们是不会好好工作的，大部分工人是懒惰的、无知的、没有责任心的，因此，对工人的管理方法和手段，就是制定严格的规章制度，将工人管起来。

其次，其局限性还表现在只重视物质技术因素，忽视人及社会因素。泰罗反对工人集体工作，理由是"工人在班组里工作时，他的工作效率要比作为个人干活时的效率低"。他将工人看成是机器的附属品，是提高劳动生产率的工具。因此，在生产过程中他强调严格服从，他没有看到工人的主观能动性及社会心理因素在生产中的作用。"心理革命"的提出也是强调工人的服从，服从生产效率，服从雇主，做"一流工人"或"头等工人"。

小练习

泰罗和其他的科学管理学者们开发出的改进生产效率的指南，仍然被今天的组织所使用。当管理者分析基本的工作任务时，他们运用时间与动作研究以消除浪费的动作，选择有资格的、最佳的工人从事特定的工作，设计基于产出的刺激性报酬体系，这都是在应用科学管理原则。请同学们以小组为单位，选定一个企业或一个组织，或者是其中的一个部门，运用泰罗科学管理思想，为其设计一套简单可行的提高工作效率的管理办法。

二、行为科学理论

泰罗、法约尔、韦伯等人开创的古典管理理论，完成了使管理从经验上升为科学的转变。但是，从某种程度上讲，古典管理理论的研究是以机械的观点来看待组织和工作的，虽然也承认个人的作用，但强调的是对个人行为的控制和规范。与此同时，另一些学者从心理学、社会学等角度对人的行为以及产生这些行为的原因进行了分析研究，由此形成行为科学理论。行为科学理论始于20世纪20年代，早期被称作人际关系学说，以后发展为行为科学，又称为组织行为理论。

小知识

霍桑实验

霍桑工厂是位于美国芝加哥郊外的西方电气公司的一家专门制造电话机的工厂，它的设备完善，福利优越，具有良好的娱乐设施、医疗制度和养老金制度，但工人们仍愤愤不平，生产效率一直不理想。为此，美国科学院专门组织了一系列包括照明实验、继电器装配实验、会见与交谈研究、绕线观察实验等在内的调查。后来研究发现：原来假定的对工厂生产效率起影响作用的照明条件、休息时间以及薪水的高低与工作效率的相关程度很低，而工厂内自由宽容的群体气氛、工人的工作情绪、责任感与工作效率的相关程度较大。也就是说，工人的士气、生产的积极性主要取决于工人与管理人员以及工人与工人之间的关系是否融洽等因素，而非工作条件等物理环境。这一结论的得出相当具有震撼力，它说明企业不仅是一些简单因素的并列、相加，而是一个有情绪、有需要的人的集合；作为管理者不仅应具有组织、计划、指导、控制的管理技能，更应该有激励职工工作热情，了解职工的需要与情感，并加以控制指挥的能力。

（一）梅奥的人际关系理论

梅奥是行为科学的早期代表人物，曾在美国哈佛大学任教，从事过哲学、医学和心理学方面的研究。1927年，梅奥应邀参加并指导在芝加哥西方电气公司霍桑工厂进行有关科学管理的实验，即被认为是对行为科学理论做出最重要贡献的“霍桑实验”，研究工作环境、物质条件与劳动生产率的关系。该研究取得了一系列重要成果，在此基础上，梅奥发表了他的代表作《工业文明的人类问题》和《工业文明的社会问题》，提出了人际关系理论的一系列思想。

1. 人是“社会人”

梅奥认为，企业中的人首先是“社会人”，而不是单纯追求金钱收入的“经济人”。人们从事工作并不是仅仅追求金钱收入，还有社会心理等方面的需求，即他们还追求人与人之间的友情、安全感、归属感和受人尊重等，因此必须从社会、心理等方面鼓励工人提高生产率。

2. 生产效率主要取决于职工的工作态度和人们的相互关系

管理者不仅要具有解决技术、经济问题的能力，而且还要具有与被管理者建立良好的人际关系的能力。应力求了解职工行为产生的原因，认识到满足职工各种需要的重要性；要改变传统的领导方式，使职工有机会参与管理，建立和谐的人际关系。

3. 重视非正式组织的存在和作用

梅奥认为，企业中不仅存在着正式组织，而且还存在着人们在共同劳动中形成的非正式组织，他们有着自己的规范、感情和倾向，并且左右着组织内每个成员的行为。非正式组织的存在对组织有利有弊。管理人员要想实施有效的管理，既要重视正式组织的作用，又要重视非正式组织的存在和作用。

梅奥的人际关系理论为管理思想的发展开辟了新的领域，标志着人们从早期科学管理思想单纯重视对组织形式及方法的研究，开始转向对人的因素在组织中的作用的研究。

（二）麦格雷戈的“X-Y”理论

X理论与Y理论的提出者是美国学者麦格雷戈。在《企业的人性面》一书中，麦格雷戈认为人的本性与人的行为是决定管理者行为模式的最重要因素，管理者基于他们关于人的本性的假定，按照不同的方式对人进行组织、领导、控制和激励。

1. X理论

X理论所代表的是“关于指挥与控制的传统观念”，其假定如下：

（1）人一般生来厌恶工作，只要有可能就想逃避工作。

（2）由于厌恶工作是人的本性，因此，对大多数人必须采用惩罚措施进行强迫、控制、指挥与威胁，以使他们努力去实现组织的目标。

（3）人一般愿意受人指挥，希望逃避责任，相对而言没什么进取心，把安全感看得重于一切。

麦格雷戈认为，在现代工业的实践过程中，这种X理论的运用是非常普遍的。

小思考

（1）如果你是管理者，你会运用与X理论相适应的方法管理你的下属吗？
（2）如果你是被管理者，你能接受你的企业按照X理论对你进行管理吗？
（3）请你举例具体说明X理论最适用于哪类企业、哪类员工。

2. Y理论

尽管麦格雷戈确实注意到了由强性X（差不多就是科学管理法）向软性X（人际关系法）的转变，但他认为这种转变在假定或者说是管理学方面并没有发生根本的变化。由此，他提出了“与人力资源管理相关的最为现代的新理论起点”的Y理论。Y理论有如下假设：

（1）工作中所耗费的体力与脑力实质上与玩或休息时所耗费的体力与脑力是一样的，一般人并非天生不喜欢工作。

（2）外界控制与惩罚的威胁并非导致向组织目标努力的唯一手段。人只要做出承诺去完成一项工作，就会自我指挥、自我控制。

（3）对任务所做出的承诺与完成任务后所得到的回报成正比。例如，这类回报中最为显著的就是自我满足与自我实现的需要，这一回报的直接作用就是产生献身组织目标的努力。

（4）人一般都明白，在恰当的条件下，不仅是接受责任，而且要寻求责任。逃避责任、丧失进取心、强调安全感，通常是后天经验的结果，并非人的天性。

（5）在现代工业生活条件下，一般人的智力潜能只是部分得到了利用。

麦格雷戈在旧的人际关系观念与新的人本主义之间起到了一种桥梁作用。麦格雷戈的基本信念是：组织中的和谐是可以做到的，但并不是靠硬性或软性的手段，而是靠改变对人性的假设，要相信他们是可以信任的，能够自我激励、自我控制的，具有将自己的个人目标与组织目标结合起来的能力。

小练习

你认为哪些企业应该运用Y理论进行管理？请说出具体企业或组织的名称，并谈谈原因。

三、人力资源管理理论发展新趋势

随着世界经济的发展、国际竞争的加剧以及新技术革命的突飞猛进，人力资源管理理论和实践受到了极大的冲击和挑战。为解决不断出现的新问题，人们在做着各种有益的探索，从而推动着管理学走向未来。人力资源管理理论和实践也呈现出新的发展趋势，其中具有代表性的管理思想有以下几种。

（一）人本管理

人本管理就是以人为本的管理，即把人视为管理的主要对象及组织的最重要资源，通过激励、调动和发挥员工的积极性和创造性，引导员工去实现预定的目标，包括：运用行为科学，重新塑造人际关系；增加人力资本，提高劳动力质量；改善劳动管理，充分利用人力资源；推行民主管理，提高劳动者参与意识；建设组织文化，培育组织精神；等等。其目的就是运用一切可以运用的手段，发挥和应用好组织中最特殊的要素——人的作用。

案例分析

在当前中国经济发展的背景下，越来越多的企业开始意识到人本管理的重要性，并将其作为提升企业竞争力的核心策略之一。华为技术有限公司（以下简称“华为”）作为中国科技企业的领军者，不仅在技术创新上取得了举世瞩目的成就，其在人本管理方面的实践也颇具代表性，值得深入研究和借鉴。

一、背景介绍

华为成立于1987年，经过三十多年的发展，已成为全球领先的信息与通信技术（ICT）解决方案供应商。华为的成功不仅得益于其强大的研发能力和全球化战略，更与其独特的人本管理模式密不可分。近年来，随着中国社会对“共同富裕”和“高质量发展”的呼吁，华为在员工关怀、职业发展和企业文化方面的实践，成为国内企业学习的典范。

二、华为人本管理的核心实践

1. “以奋斗者为本”的文化理念

华为始终强调“以奋斗者为本”，认为员工是企业最宝贵的财富。公司通过激励机制，让员工分享企业发展的成果。例如，华为推行全员持股计划，员工不仅是打工者，更是企业的“合伙人”。这种模式极大地增强了员工的归属感和责任感。

2. 注重员工职业发展

华为为员工提供了多元化的职业发展通道，包括技术、管理和项目管理等多个方向。公司内部设有完善的培训体系，如华为大学，为员工提供从入职到高级管理层的全程培训支持。此外，华为还鼓励内部轮岗，帮助员工拓宽视野，提升综合能力。

3. 高强度工作与关怀并重

华为以“狼性文化”著称，员工工作强度较高，但公司也非常注重员工的身心健康。例如，华为为员工提供免费的健康检查、心理咨询服务，并在全球多个办公区设立健身房、休息室等设施，帮助员工平衡工作与生活。

4. 全球化视野下的本地化管理

华为在全球170多个国家和地区开展业务，员工来自不同文化背景。公司尊重多样性，推行本地化管理策略，注重员工的个性化需求。例如，华为会根据不同地区的文化习惯，调整管理方式和福利政策，确保员工在全球范围内都能感受到企业的关怀。

5. 应对危机的员工关怀

近年来，华为面临国际环境的多重挑战，但公司在危机中依然坚持人本管理。例如，在疫情期间，华为迅速采取远程办公措施，并为员工提供防疫物资和心理支持，确保员工的安全和健康。

华为的人本管理的启示

请思考：华为人本管理给我们中国企业哪些启示？

（二）组织再造

“组织再造”是美国麻省理工学院的教授迈克尔·哈默提出来的。他对组织再造下的定义是：将组织的作业流程做根本的重新思考与彻底翻新，以便在成本、品质、服务与速度上获得戏剧化的改善。其中心思想是强调组织必须采取激烈的手段，彻底改变工作方法，强调组织流程要“一切重新开始”，摆脱以往陈旧的流程框架。

长期以来，人们对企业生产经营系统、管理组织结构的变革都持一种比较慎重的态度，主张用改良、完善的办法来改善和加强管理，对管理组织结构也是要求保持稳定性和灵活性的统一，避免出现大的震动，造成工作秩序的混乱。而“组织再造”理论认为，在时代变迁的今天，传统的办法已成为束缚组织发展的桎梏，为适应新环境对组织生存和发展的要求，必须对组织的工艺流程、管理组织系统进行重组、再造，构建授权型、扁平化和弹性组织。

（三）学习型组织

“学习型组织”理论是美国麻省理工学院教授彼得·圣吉在其著作《第五项修炼》中提出来的。其核心观点是：企业持续发展的源泉是使企业成为善于学习和持续学习的学习型组织。而企业要成为学习型组织，必须完成“培养组织成员的自我超越意识”“改善心智模式”“建立共同愿景”“搞好团体学习”“运用系统思考”五项工作。其中，“运用系统思考”是学习型组织理论的核心。

1. 学习型组织的具体内容

（1）培养组织成员的自我超越意识。自我超越包括三方面内容：一是建立愿景（指一种愿望、理想、远景或目标）；二是看清现状；三是实现愿景。即组织中的每一个成员都要看清现状与自己愿景间的距离，从而产生出“创造性张力”。显然，组织成员的自我超越能力是组织生命力的源泉。

（2）改善心智模式。心智模式是人们的思想方法、思维习惯、思维风格和心理素质的反映。一个人的心智模式与其个人成长经历、所受教育、生活环境等因素密切相关，因此并非每个人的心智模式都很完善。人们通过不断的学习可以弥补自己心智模式的缺陷。

（3）建立共同愿景。共同愿景源自个人愿景，它是经过各成员相互沟通而形成的组织成员都真心追求的愿景，它为组织的学习提供了焦点和能量。企业只有有了共同愿景，才能形成强大的凝聚力，推动企业不断地发展。

（4）搞好团体学习。组织由很多目标一致的团队构成。团体学习是指每一团体中各成员通过“深度会谈”与“讨论”，相互影响，从而实现团体智商远大于成员智商之和的效果。它建立在发展自我超越及共同愿景的工作上。团体是企业的基础，只有每个团体的团体学习都搞好了，企业才更有竞争力。因此，团体学习比个人学习更重要。

（5）运用系统思考。系统思考是指以系统思考观点来研究问题、解决问题。其核心就是从根本上解决问题。系统思考是见识，也是综合能力。这种见识和能力只有通过不断学习才能逐渐形成。

2. 学习型组织的特点

学习型组织的五项工作是相互统一的有机体，相互作用，相辅相成，不可或缺。其中“运用系统思考”是其他四项的基石，因为其他四项都离不开系统思考的见识和能力。

基于此，专家和学者们将学习型组织的特点总结为：全体成员有共同的愿景和理想；

善于不断学习；具有扁平式的组织结构；员工能自主、自觉性管理；员工家庭与事业平衡；领导者的角色改变为设计师、服务者和老师。

小思考

自从彼得·圣吉提出了“学习型组织”的概念后，学习型国家、学习型社会、学习型企业、学习型政府、学习型家庭相继产生，你们是否想让你们的宿舍成为“学习型宿舍”？如果想，应当如何做？

（四）全球化与跨文化管理

全球化是当今世界的一场革命，全球化贸易与全球化投资正在改变着原来经济发展的格局，现在资金、技术、设备等都以前所未有的速度在全球范围内流动和转让，世界已成为一个全球市场，在这种大背景下，管理不再局限于国家的边界。企业要生存和发展，首先必须适应这种新的客观环境。21 世纪企业的生存能力将取决于它的应变能力，取决于它是否能跟上外界环境变化的规模与速度，取决于它是否能以全球战略眼光来进行全球资源整合。而有效的管理者则需要适应不同的文化、不同的制度和不同的技术。

在全球经济一体化的进程中，各国经济相互补充、相互依存的关系将越来越紧密，任何一个国家经济的变化都将影响到全球各地的组织和管理者。经济和社会发展的全球化，必然促使管理走向国际化、全球化。不同文化之间的世界观、价值观、法律、道德、伦理都相去甚远，直接表现为不同文化中人的思维模式、行为方式、情感好恶的不同。在全球化浪潮中，不同文化的碰撞与融合势在必行，不同文化将会因利益密切关联而趋于相互合作。

案例分析

人力资源经理错在哪里？

案例一

A 企业是一家从事食品生产与销售的公司，业务模式是将全国分成几十个销售区域，每个区域有一位业务员。A 企业原来有 60 多位业务人员，他们各自在相应区域里租一间住房，独自开展业务，这些业务员多是从工厂的工人成长起来的，学历和形象不太理想，但业绩还不错。后来 A 企业老板想扩大销售渠道，再细分出几十个销售区域来，所以责令人力资源部门经理招聘 50 名学历高、形象好的业务员来提高整体业务人员的素质，并定出了招聘的必备条件：学历大专以上、形象好、沟通能力强。A 企业给出的薪酬非常具有竞争力，产品很有竞争力，企业发展前景也不错。经过努力，A 企业最终如愿招聘到了 50 名业务员，并把这些人员分别安置到相应区域工作。

但是，半年以后，招聘的这 50 名业务员业绩都不佳，而且大部分都离职了。

案例二

B企业有个“爬树摘果”的岗位，企业价值观念是“诚信”，衡量员工的首要标准也是诚信，老板认为牛的品行很符合公司的价值观念，所以招聘了一头牛来做这个岗位的工作，告诉它：“牛，你好好干，摘10个果子给你提成4个。”牛很想得到这个提成，但怎么也爬不上树，企业一看不对，便警告它：“你如果再摘不到果子，就打你个屁股开花。”结果是怎么打它也没用。企业终于发现不是牛态度不好，而是它不会做，所以就对它进行强化训练，结果是劳民伤财、费心费力却一点效果都没有！

分析：

案例中B企业看上去很荒谬，也很可笑，逼牛上树摘果子，实在是“强牛所难”，而经历相仿的A企业却让人觉得似曾相识，因为这是企业通常会犯的错，很多时候人力资源部门经理确实是在“逼牛爬树”！

A企业的薪酬具有竞争力，企业发展前景也不错，B企业充分运用正负激励手段，总之希望通过有效的激励手段促使员工玩命地干，但是收效却都不理想。

为什么会出现案例中的结果呢？没错，是企业选错了人，因为选人比用人更重要。

为什么选错了人？似乎都是老板的错，是老板的要求让人力资源经理走错了方向。

为什么老板错了？老板不是人力资源专家，他只是提出了自己的想法，人力资源经理却照单全收了。

问题似乎很多，但到底出在哪里？

高绩效的保障是从选对人开始的，案例中两个企业失败的主要原因是用人标准的模糊化，企业缺乏规范的人力资源管理基础，没有明确的选人标准，老板提出的一个标准“维度”在执行中却成了全部维度。

用人最首要的问题就是要人岗适配，这是从选人开始的，为了尽量不选错人，企业通常建立素质能力模型确定选人标准，这是人力资源管理的一个巨大进步，但A、B两个企业在运用素质能力模型时还没有学会“爬”就想要“跑”。所谓爬，就是在企业中建立岗位任职资格，指出岗位员工达到合格水平应该具备的各项要素的集合，包括知识、技能、经验、学历等。它可以鉴别员工是否合格，但并不能保证合格的员工能达到优秀水平。所谓跑，就是建立鉴别素质能力模型，指出优秀员工应具备的深层次的素质，包括动机、品行、能力、个性等特征。它的主要特点就是能够鉴别优秀员工和一般员工的差异，但并不能鉴别合格员工与不合格员工的差异。

根据素质能力模型与任职资格的特征，结合企业的实际情况，在人力资源管理的实践中，将任职资格作为人才选拔与招聘的“门槛”类标准，把素质模型作为人才选拔与招聘的“发展”类标准，将任职资格的内容作为人才上岗培训的重要内容，把素质模型的内容作为人才能力提升与开发的重要内容。

对于A企业，什么样的素质才能让销售代表产生高绩效呢？审视岗位条件发现，工作条件是比较艰苦的，同时一个人孤军奋战、举目无亲，所以吃苦耐劳、心理承受力、服务意识、成就导向才是该岗位的必备条件，学历高和形象好并不是高绩效的保障！而对于B企业呢，错误更为明显，只考虑了企业的整体文化要求，而完全没有考虑岗位的具体要求，所以出现案例中的结果也就顺理成章了。

实用工具

中小企业人力资源管理各岗位工作目标

一、人力资源部工作目标

总体目标	目标细化	备注
1. 人力资源管理制度建设与执行	（1）组织制定企业人力资源管理的各项制度，确保各项制度的科学性和完善性	
	（2）全面执行经领导审核批准后的各项人力资源管理制度	
2. 人力资源规划目标	（1）建立人才储备库，确保企业发展对人才数量和质量的需求	
	（2）分析企业现有人力资源状况，根据各部门编制，合理准确预测企业人力资源供需状况的具体数据，并根据这些数据进行工作部署	
3. 招聘管理目标	（1）及时有效地补充企业所需的人力资源，保证企业各岗位对人才的需求	
	（2）企业各职能部门对新进员工的满意度评价达到____分以上	
4. 培训管理目标	（1）根据企业发展需求和员工职业生涯规划，制订科学合理的培训计划，提升员工的素质与技能	
	（2）建立人才测评、人才开发体系，全面提高企业人力资源竞争力	
5. 绩效管理目标	（1）制定科学合理的绩效考核制度与绩效考核标准，客观、公正地实施考核	
	（2）对绩效考核结果进行分析，为薪酬调整、职务调整、培训开发等工作提供依据	
6. 薪酬福利管理目标	（1）制定具有竞争力和公平性的薪酬福利体系，激发员工的工作积极性和主动性	
	（2）适时调整薪酬水平，使企业薪酬水平保持一定的竞争力	
7. 劳动关系管理目标	（1）保持与员工的紧密沟通，保护员工的合法利益，增强员工凝聚力	
	（2）处理好劳资关系，避免劳资纠纷	
8. 部门建设目标	（1）组建一支专业、稳定的人力资源管理工作队伍，建立人才梯队	
	（2）保留核心员工，保持部门绩效考核结果等级优良，保证高工作效率	

二、人力资源各岗位工作目标

岗位类别	总体目标	目标细化
招聘管理类	1. 人员需求分析	结合企业发展战略和人力资源规划，及时了解企业的人员需求
	2. 招聘实施目标	（1）招聘工作及时，招聘计划完成率达到100%
		（2）人员适岗率达到____%
		（3）部门对新进员工满意度评价达到____分以上
培训管理类	1. 培训需求分析	（1）及时了解和掌握员工的培训需求
		（2）根据企业发展目标和员工培训需求，制订合理的培训计划和实施方案
	2. 培训实施目标	（1）组织实施各项培训活动，培训计划完成率达到100%
		（2）培训准备工作充分，各部门配合协调
		（3）领导对培训效果满意度评价达到____分以上
		（4）参训人员对培训效果满意度评价达到____分以上

续表

岗位类别	总体目标	目标细化
考核管理类	1. 绩效管理制度	绩效管理制度内容完善且得到全面实施
	2. 绩效实施	（1）绩效考核工作按时完成率达到100%
		（2）考核的数据准确、客观
薪酬福利类	1. 薪酬福利体系	（1）企业薪酬水平对外具有竞争力，对内具有公平性
		（2）薪酬福利体系能根据企业环境变化动态调整
	2. 薪酬日常管理	（1）员工薪资按时发放，无差错
		（2）各项保险与福利符合国家相关规定
		（3）员工对企业薪酬管理工作的满意度评价达到____分以上
员工关系类	1. 合同管理	（1）合同签订、续订与变更等手续办理及时、无差错
		（2）合同档案完整、无缺失
	2. 劳动争议处理	（1）劳动争议处理及时
		（2）解决率达到100%
	3. 员工满意度	员工满意度评价达到____分以上

实训应用

实训项目：

“选人、育人、用人、留人”之我见。

实训目的：

1. 让学生掌握人力资源管理的基本内容。

2. 让学生思考“选人、育人、用人、留人”的途径和方法。

实训组织：

1. 学生以小组为单位，逐一介绍“如果某天自己成为公司CEO，会如何选人、育人、用人和留人”。

2. 介绍完毕后，小组成员共同讨论，得出小组公认的“选人、育人、用人、留人”的途径和方法。

3. 每组派代表在课堂上陈述本组的观点和论据。

4. 教师进行点评。

管理链接

猎狗与兔子——人力资源管理的目标是什么？

一条猎狗追一只兔子，追了很久仍没有抓到。猎人看到此种情景，讥笑猎狗说：“瞧你们两个，小的反而跑得快很多。”猎狗回答说：“你不知道，我们两个的跑是完全不同的！我仅仅是为了一顿饭而跑，而它却是为了性命而跑呀。”

一、目标

兔子跑的目标是救自己的性命，而猎狗的目标只是为了一顿饭。同样的跑，它们的积极性当然会不一样。是不是可以说，跑只是实现目标的过程，而即使有相同的过程，其目标不一样，动力不一样，也会得到不同的结果。那么，人力资源管理的工作重点之一就是设置合理的目标。

两个应聘者来到企业，一个说“我要在你们这里扎扎实实地干，做出成绩，与企业共同成长”，另一个说“我在三年内要成为部门经理，五年要做到副总的位置，待翅膀硬了，我就要自己创业”。老总选择了后者，有人不解，问：“他以后要成为你的竞争对手，你准备培养敌人吗？”老总笑答：“他有志气上进，能升上来就是为企业做了巨大贡献，到其准备自己干时，我们企业已经在另一个层次上了，或者他会留在这个大舞台上，在更广阔的空间里施展拳脚，或者他自己创业，但他的企业与我们不是一个重量级，也不能成为我们的敌人。”说这话的老总的确有气魄，他经营的企业一直在高速成长。

二、动力

猎人想，猎狗说的是对的。我要想得到更多的猎物，就得想个好办法。于是，猎人又买来几条猎狗，凡是能够在打猎中抓到兔子的猎狗，就可以得到几根骨头，抓不到兔子的就没有饭吃。这一招果然奏效，猎狗们纷纷努力去抓兔子，因为谁也不愿意看见别人吃骨头，而自己没有吃的。过了一段时间，问题又出现了，大兔子非常难抓，而小兔子好抓，抓到了大兔子得到的奖赏和抓到小兔子得到的奖赏差不多，个别善于观察的猎狗发现了这个窍门，就专门去抓小兔子，慢慢地，大家都发现了这个窍门。猎人对猎狗们说：“最近你们抓的兔子越来越小了，为什么？”猎狗说：“反正不会有太大区别，为什么要去抓大的呢？”

猎人在猎狗中引进了竞争机制，一定时间内收到了效果，但是随着时间的推移，骨头对于猎狗们来说，诱惑力会越来越小。

深圳某企业推行绩效考核，考核成绩与工资挂钩，一段时间内，员工们都非常紧张，害怕自己的考核成绩不好，一是影响收入，二是面子不好看。员工的工作业绩在一段时间内得到了提升。但是，经过了半年左右的运作，却出现了这样的现象：其一，员工都找自己的主管争考核分，相互攀比，最后每个班组成员的考核分都差不多，差距很小；其二，对于确实有工作失误的地方，员工说：“不就是扣分扣几块钱吗，爱扣就扣去！”员工的神经已经麻木了，考核根本起不到改进工作和激励的作用。

公司认识到问题的严重性，重新设计了绩效考核方案，每月的工资与考核不直接挂钩，将绩效工资固定，每半年调整一次绩效工资的级别。实行一年多来，效果比以前好很多。

为什么同样的考核评分效果却不同呢？对于前者，员工每月关注的是工资，不让自己吃亏别人占便宜，结果考核失去了原有的意义；对于后者，员工每月关注的是真实的工作评价，能够帮助其改进工作。考核结果通过一定的时间跨度与工资挂钩，减弱员工将绩效换算成工资的想法，使绩效考核真正做到评价工作的目的；同时绩效结果体现在绩效工资的级别上，就促使员工改善工作，提高或保持较好的绩效。这就是后者成功的关键。

人力资源管理工作就是要找到正确的激励方法，使工作者在保持良好工作氛围的基础上，发挥出最大能力。

三、长期的“骨头”

猎人经过思考后，决定不将猎狗分到的骨头的数量与是否抓到兔子挂钩，而采用每过一段时间，就统计一次猎狗抓到兔子的总重量，按照总重量来评价猎狗，决定它在一段时间内的待遇。于是猎狗们抓到兔子的数量和重量都增加了，猎人很开心。但是，过了一段时间之后，猎人发现猎狗们抓的兔子的数量又下降了。而且越有经验的猎狗，抓的兔子的数量下降得越厉害。于是猎人又去问猎狗，猎狗说："我们把最好的时间都奉献给了您，主人，但是我们随着时间的推移会变老，当我们抓不到兔子的时候，您还会给我们骨头吃吗？"

A是一家化妆品企业的老板，公司不大，最近效益下滑。A说："不知道我这些手下怎么回事，以前做得好好的，现在不如以前努力了。公司现在效益不好，他们怎么还是和以前一样不努力？真是没有办法。"没过多久，跟随他创业的几个人都走了，有的自己重新创业，变成了他的竞争对手。

B是一家医药企业的老总，公司出现了高层震荡，营销老总带着很多人集体跳槽到一家竞争对手的企业。B气鼓鼓地说："我已经为他们做了很多，奖金该兑现的都兑现了，工资该涨的也涨了，他们为什么还要走呢？"

A和B都没有将员工的短期利益与长期利益结合起来，他们没有想明白为什么员工会走，老功臣会走，有能力的人会走。公司的政策导向是这样，员工自然而然会做出这样的反应。那么，要想解决这样的问题，不但要将员工、公司的短期利益结合起来，而且要将员工、公司的短期利益与长期利益结合起来。人力资源管理的一个重要目标就是不断地将员工的短期利益与长期利益结合起来，因此，才出现了股票期权、员工持股等现象。

猎人是精明的，他懂得如何让猎狗发挥最大的能量，不断地调动猎狗的士气。故事虽然简单，给我们的启示却是很多的。我们的企业、人力资源工作者在工作中怎样调动员工的积极性而达到企业的目的，通过什么样的过程，营造什么样的氛围，让有能力的人发挥最大能力。这实际上就是人力资源管理的工作目标——创造一种发挥"人力资源"最大能力、获得最大价值的工作管理机制。

四、未完的故事

猎人决定论功行赏，分析与汇总了所有猎狗抓到的兔子的数量与重量，规定如果猎狗抓到的兔子超过了一定的数量后，即使它抓不到兔子，每顿饭都可以得到一定数量的骨头。猎狗们都很高兴，大家都努力达到猎人规定的数量。终于，一些猎狗达到了猎人规定的数量。这其中，有一只聪明的猎狗对猎狗们说："我们这么努力，只是得到了几根骨头，而我们抓的猎物却远远超过了这几根骨头，我们为什么不能给自己抓兔子呢？"于是，有些猎狗离开了猎人，自己抓兔子去了。

明德强技

诚信原则在劳动用工中的运用

一、诚信原则概述

《民法典》要求民事主体从事民事活动，应当遵循诚信原则，秉持诚实，恪守承诺。诚信原则最早源于罗马法时期，主要在诚信契约和诚信诉讼中运用，随后扩展到民事活动领域。诚信是当事人本着诚实、守信、善意的态度履行合同义务，随着市场经济的确立和发展，诚信原则作为民法最为重要的基本原则，被称为民法的“帝王条款”，也是社会主义核心价值观的重要内容，诚信原则对于劳动法领域具有重要的指导补充作用。

二、案例解析

2020 年，在人力资源社会保障部与最高人民法院联合发布的劳动争议典型案例中，案例 10 是关于劳动者提供虚假学历证书，用人单位解除劳动合同的案件。

【基本案情】

2018 年 6 月，某网络公司发布招聘启事，招聘计算机工程专业大学本科以上学历的网络技术人员 1 名。赵某为销售专业大专学历，但其向该网络公司提交了计算机工程专业大学本科学历的学历证书、个人履历等材料。后赵某与网络公司签订了劳动合同，进入网络公司从事网络技术工作。2018 年 9 月初，网络公司偶然获悉赵某的实际学历为大专，并向赵某询问。赵某承认自己为应聘而提供虚假学历证书、个人履历的事实。网络公司认为，赵某提供虚假学历证书、个人履历属欺诈行为，严重违背诚信原则。

【申请人请求】

裁决网络公司继续履行劳动合同。

【处理结果】

仲裁委员会裁决驳回赵某的仲裁请求。

三、《民法典》相关法律条文解析

【法典条文】

第七条　民事主体从事民事活动，应当遵循诚信原则，秉持诚实，恪守承诺。

【条文主旨】

本条是关于诚信原则的规定。

【精解提炼】

1. 诚信原则要求所有民事主体在从事任何民事活动时，包括行使民事权利、履行民事义务、承担民事责任时，都应该秉持诚实、善意，信守自己的承诺。

2. 诚信原则要求民事主体从事民事活动应当讲诚信、守信用，以善意的方式行使权利、履行义务，不诈不欺，言行一致，信守承诺。具体而言民事主体应当从以下几个方面遵循诚信原则：民事主体在着手开展民事活动时即应当讲诚信，如实告知交易方自己的相关信息，表里如一，不弄虚作假；民事主体在与他人建立民事法律关系后，应当信守诺言、恪守信用，按照自己作出的承诺行使权利履行义务，言而有信；民事主体应当本着善意的原则，互相配合，保护对方的合理期待与信赖；民事主体应该尊重他人的合法权益，尊重社会公共利益；民事主体应当善意行使权利，不得滥用权利；民事主体不得规避法律，不得故意曲解合同条款；等等。诚信原则的内涵和外延都是概括性的、抽象性的，因此诚信原则有很大的适用性。

3. 诚信原则一方面为民事主体开展民事活动进行指导，是民事主体从事民事活动的行为规则，另一方面对司法机关裁判民事纠纷也有积极作用，在当事人没有明确约定或者法律没有具体规定时，司法机关可以根据诚信原则填补合同漏洞，弥补法律空白，进而实现社会的公平正义。

四、用工建议

1. 用人单位健全劳动合同和规章制度，并履行相关民主公示程序，在制定规章制度时将诚信原则体现出来，应当制定详细的规章制度，制度条文中详细列明提供虚假简历、虚假报销、虚假病假及同业禁止等情形来细化违反诚信原则的规则。

2. 制度中尽可能多地罗列严重违纪行为，比如有虚假报销、虚假病假、竞业禁止等情形的视为严重违纪，并设置兜底条款，以抽象化的原则表述作为兜底条款。

3. 在管理中要有证据意识，对于违反诚信原则的行为在管理中留痕。用人单位以书面警告、过失单等方式记录并予以留存，以便日后发生争议时，能够对单位行为的合理性进行举证。

4. 谨慎处理违反诚信原则的员工。基于劳动争议有倾向于保护员工的特点，对违反诚信原则的员工进行处理之前，可在上述分析意见的基础上展开内部讨论，咨询多名专业人士意见，或者检索相关案例，对于违反诚信原则的行为能否转化为具体的违纪行为予以综合判断。

5. 将诚信原则作为员工行为规范的基本准则，企业内部倡导诚信，将诚信融入企业文化。

6. 适用诚信原则时，把握劳动法具体规定和用人单位规章制度优先的总原则，在规则和规章制度缺位或存在漏洞时，运用诚信原则作为指导。

五、结语

劳动关系是社会生活的一部分，劳动法实质上是社会法，和谐的劳动关系需要劳动者和用人单位共同维系，诚信原则是为人之本、为企之道、治国之略，是社会主义核心价值观的应有之义。遵守诚信原则有利于维护劳资双方的信赖利益，保障劳动用工秩序，严守诚信原则。用好诚信原则，维护自身良好声誉，对于员工是行走职场的根本，对于企业，是自身健康稳定发展在市场长久立足的根基。

资料来源：杨保全，孔建美．民法典之诚信原则在劳动用工中的运用．(2021 - 07 - 27) [2021 - 12 - 06]. http://www.zhongyinlawyer.com/Home/LibraryDetail? Title；陕西法制网第一资讯官方账号．“典”醒你我 |《民法典》第七条　关于诚信原则的规定．(2021 - 04 - 07) [2022 - 02 - 06]. https://baijiahao.baidu.com/s? id=1696338798948601392&wfr=spider&for=pc.

模块一在线练习

模块二

人力资源规划

学习目标

1. 知识目标

◆ 掌握人力资源规划的基本概念

◆ 掌握人力资源规划的基本内容

◆ 掌握人力资源需求预测与供给预测的方法

2. 技能目标

◆ 能对企业现有人力资源状况进行准确的调研分析

◆ 能对企业未来一段时期人员需求状况进行预测

◆ 能对企业未来一段时期人员供给状况进行预测

◆ 能对企业人力资源供需平衡提出科学有效的改进建议

3. 素养目标

◆ 培养全局意识和前瞻意识

◆ 养成做事有计划、有目标的习惯

中国有句古话说得好，“凡事预则立，不预则废”，意思是说在做任何事情的时候，如果想要取得成功，就必须提前做好计划，否则往往会失败。人力资源管理同样如此，为了保证整个系统正常运转，发挥其应有的作用，也必须认真做好计划。人力资源管理的计划是通过人力资源规划这一职能实现的。

以下是某公司人力资源规划的典型工作任务，其他公司可能会在某些方面与之不尽相同，但基本上大同小异。这个典型工作任务可以让你了解这一模块的学习内容是对应未来工作岗位上的什么工作任务。

典型工作任务

某公司人力资源规划的典型工作任务

1. 全方位宣传人力资源规划工作的重要性，为此项工作的开展奠定基础。

2. 对公司现有人力资源状况进行调研分析，摸清公司各岗位现有人员的数量及结构情况。

3. 公司各部门根据本部门实际，提出本部门的人力资源规划，包括人员补充计划、人员配置计划、人员接替和提升计划、培训开发计划、退休解聘计划等。

4. 根据内外环境的变化对公司未来人力资源供需进行总体预测。

5. 围绕任务3和任务4，制订各部门及公司整体的人力资源供需平衡计划。

6. 人力资源规划并非一成不变，它是一个动态的开放系统，必须对其过程及结果进行监督、评估，并重视信息的反馈，不断调整规划，使其更切合实际，更好地促进企业目标的实现。

讨论：

1. 看完“某公司人力资源规划的典型工作任务”后，你认为自己应该在这一模块学习哪些内容，将来才能胜任此项工作？

2. 在“某公司人力资源规划的典型工作任务”中，你认为最难的是哪几项？最简单的是哪几项？

单元一　认识人力资源规划

一、人力资源规划的含义

人力资源规划有时也叫做人力资源计划，是指在企业发展战略和经营规划的指导下进行人员的供需平衡，以满足企业在不同发展时期对人员的需求，为企业的发展提供符合质量和数量要求的人力资源保证。简单地讲，人力资源规划就是对企业在某个时期内的人员供给和人员需求进行预测，并根据预测的结果采取相应的措施，来平衡人力资源的供需。

准确地理解人力资源规划的含义，必须把握以下几个要点：

（1）人力资源规划要在企业发展战略和经营规划的基础上进行。人力资源管理只是企业经营管理系统的一个子系统，是要为企业经营发展提供人力资源支持的，因此人力资源规划必须以企业的最高战略为坐标，否则人力资源规划将无从谈起。

（2）人力资源规划应当包括两个部分的活动：一是对企业在特定时期内的人员供给和需求进行预测；二是根据预测的结果采取相应的措施进行供需平衡。这两部分内容，前者是后者的基础，离开了预测，将无法进行人力资源的平衡；后者则是前者的目的，如果不采取措施平衡供需，进行预测就失去了意义。

（3）人力资源规划对企业人力资源供给和需求的预测要从数量和质量这两个方面来进行，企业对人力资源的需求，数量只是一个方面，更重要的是要保证质量，也就是说供给和需求不仅要在数量上平衡，还要在结构上匹配，而对于后者，人们往往容易忽视。

通过人力资源规划，我们要能够回答或者解决下面几个问题：

(1) 企业在某一特定时期内对人力资源的需求是什么？即企业需要多少人员？这些人员的构成和要求是什么？

(2) 企业在相应的时间内能得到多少人力资源的供给？这些供给必须与需求的层次和类别相对应。

(3) 在这段时期内，企业人力资源供给和需求比较的结果是什么？企业应当通过什么方式来达到人力资源供需的平衡？

可以说，上述三个问题构成了人力资源规划的三个基本要素，涵盖了人力资源规划的主要方面。如果能够对这三个问题做出比较明确的回答，那么人力资源规划的主要任务就完成了。

二、人力资源规划的内容

人力资源规划的内容没有一个标准的模式，不同的企业会根据自己的实际或工作重点的不同而有所不同，但一般都包括以下两个方面：

(一) 人力资源整体规划

人力资源整体规划是对计划期内人力资源规划结果的总体描述，包括预测的需求和供给分别是多少、做出这些预测的依据是什么、供给和需求的比较结果是什么、企业平衡供需的指导原则和总体政策是什么，等等。

在总体规划中，最主要的内容就是供给和需求的比较结果，也可以称作净需求，进行人力资源规划的目的就是得出这一结果。

(二) 人力资源业务规划

人力资源业务规划是对人力资源整体规划的分解和具体化，包括人员补充计划、人员配置计划、人员接替和提升计划、培训开发计划、薪资激励计划、员工关系计划和退休解聘计划等内容。这些业务规划的每一项都应当设定目标、任务和实施步骤，它们的有效实施是整体规划得以实现的重要保证。人力资源业务规划的内容如表 2-1 所示。

表 2-1　人力资源业务规划的内容

规划名称	目标	政策	预测
人员补充计划	类型、数量、层次对人员素质结构的改善	人员的资格标准、人员的来源范围、人员的起点待遇	招聘选拔费用
人员配置计划	部门编制、人力资源结构优化、职位匹配、职位轮换	任职条件、职位轮换的范围和时间	按使用规模、类别和人员状态决定薪酬预算
人员接替和提升计划	后备人员数量保持稳定，人员结构改善	选拔标准、提升比例、未提升人员的安置	职位变动引起的工资变动
培训开发计划	确定培训的数量和类型、提升内部供给、提高工作效率	培训计划的安排、培训时间和效率保证	培训开发的总成本
薪资激励计划	劳动供给增加、士气提高、绩效改善	工资政策、激励政策、激励方式	增加工资、奖金的数额
员工关系计划	工作效率提高、员工关系改善、离职率降低	民主管理、加强沟通	法律诉讼费用
退休解聘计划	劳动力成本降低、生产率提高	退休政策及解聘程序	安置费用

三、人力资源规划的意义和作用

应当说，人力资源规划的实施，对于企业的良性发展以及人力资源管理系统的有效运转具有非常重要的作用。

（一）人力资源规划有助于企业发展战略的制定

前面已经提到，在进行人力资源规划时，要以企业的发展战略和经营规划作为依据，但是这两者之间并不仅仅是一种简单的单向关系，而是存在着一种双向的互动关系。企业的发展战略是对未来的一种规划，这种规划同样也需要将自身的人力资源状况作为一个重要的变量加以考虑。例如，如果预测的人力资源供给无法满足设定的目标，那么就要对战略和规划进行相应调整。因此，做好人力资源规划反过来会有利于企业战略的制定，使战略更加切实可行。

（二）人力资源规划有助于企业保持人员状况的稳定

企业的正常运转需要自身的人员状况保持相对的稳定，但是企业都是在复杂的内外部环境条件下进行生产经营活动的，而这些环境因素又处于不断的发展变化之中，因此企业为了自身的生存和发展，必须随时依据环境的变化及时做出相应的调整，如改变经营计划、变革组织结构等，这些调整往往会引起人员数量和结构的变化。此外，企业内部的人力资源自身也处于不断的变化之中，如辞职、退休等，这也会引起人员数量和结构的变化。由于人力资源的特殊性质，这些变化造成的影响往往具有一定的时滞，因此企业为了保证人员状况的稳定，就必须提前了解这些变化并制定出相应的措施，在这种情况下，人力资源规划就显得非常有必要。

（三）人力资源规划有助于企业降低人工成本的开支

虽然人力资源对企业来说具有非常重要的意义，但是它在为企业创造价值的同时也给企业带来了一定的成本开支，而理性的企业又是以利润最大化为目标的，追求以最小的投入实现最大的产出，因此企业不可能使拥有的人力资源超出自己的需求，这样不仅会造成人力资源的浪费，而且还会增加人工成本。通过人力资源规划，企业就可以将员工的数量和质量控制在合理范围内，从而节省人工费用。

（四）人力资源规划对人力资源管理的其他职能具有指导意义

如同人力资源规划和企业战略之间的关系一样，虽然人力资源规划目标的实现需要以人力资源管理的其他职能作为基础，但是它反过来对于这些职能也具有一定的指导意义，使这些职能活动与企业发展结合得更加紧密。

四、人力资源规划与人力资源管理其他职能的关系

从上面所讲的人力资源规划的内容可以看出，作为人力资源管理的一项重要职能，它与人力资源管理的其他职能之间存在着非常密切的关系，如图 2－1 所示。

（一）与薪酬管理的关系

人力资源需求的预测结果可以作为企业制订薪酬计划的依据，由于需求的预测不仅包括数量而且包括质量，因此企业就可以根据预测期内人员的分布状况，并结合自身的薪酬政策进行薪酬总额的预测，或者根据预先设定的薪酬总额调整薪酬的结构和水平。

此外，企业的薪酬政策也是预测供给时需要考虑的一个重要因素，人员供给的预测是

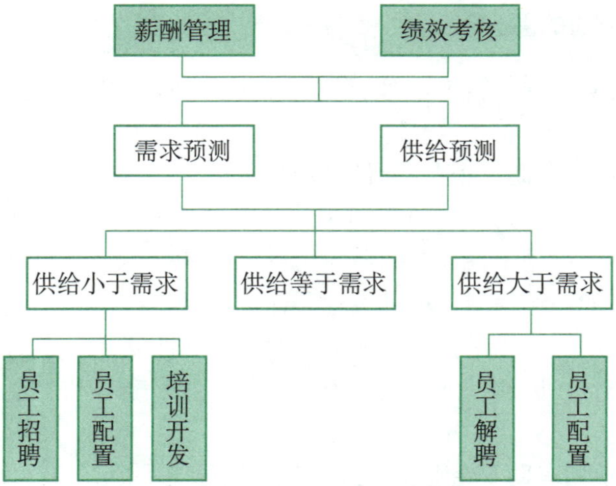

图 2－1　人力资源规划与人力资源管理其他职能的关系

针对有效供给进行的。先来看外部供给，如果企业自身没有吸引力，那么再大的外部供给市场对它来说也是没有意义的，因此在进行外部供给预测时需要衡量企业自身的吸引力，而薪酬就是衡量吸引力大小的一个重要指标。对内部供给来说，各职位的薪酬水平也会影响供给的情况，薪酬水平高的职位供给量肯定会大于薪酬水平低的职位。

（二）与绩效考核的关系

人力资源规划中，绩效考核是进行人员需求和供给预测的一个重要基础，通过对员工工作业绩以及态度能力的评价，企业可以对员工的状况做出判断，如果员工不符合职位的需求，就要进行相应的调整，这样造成的职位空缺就形成了需求预测的一个来源。同时，对于具体的职位来说，通过绩效考核可以发现企业内部有哪些人能够胜任这一职位，这也是内部供给预测的一个重要方面。

（三）与员工招聘的关系

人力资源规划与员工招聘有着直接的关系，当预测供给小于需求，而企业内部的供给又无法满足这种需求时，就要到外部进行招聘。招聘的主要依据就是人力资源规划的结果，这其中包括招聘的人员数量和质量。

（四）与员工配置的关系

员工配置就是在企业内部进行人员的晋升、调动和降职，员工配置的决策取决于多种因素，如企业规模的变化、组织架构的变动以及员工绩效的表现等。而人力资源规划也是其中一个重要的因素，员工配置的一个很重要的作用就是进行内部的人力资源供给，当然这种供给只是针对某个层次而言的。在需求预测出来以后，企业就可以根据预测的结果和现有的人员状况，制订相应的员工配置计划来调整内部的人力资源供给，以实现两者的平衡。

（五）与培训开发的关系

人力资源规划与培训开发的关系更多地体现在员工的质量方面。企业培训工作中关键的一项内容就是确定培训的需求，只有培训的需求符合企业的实际，培训才有可能发挥效果。而供需预测的结果则是培训需求确定的一个重要来源，通过比较现有员工的质量和所需员工的质量，就可以确定出培训的需求，这样通过培训就可以提高内部供给的质量，增加内部供给。

（六）与员工解聘的关系

人力资源规划与员工解聘的关系是比较明显且直接的，在长期内如果需求小于内部的供给，就要进行人员的解聘以实现供需的平衡。

小思考

学完上述“人力资源规划的意义和作用”以及“人力资源规划与人力资源管理其他职能的关系”后，请你谈谈当代大学生做职业规划的重要性。

单元二　人力资源规划的程序

为了能够达到预期的目的，需要按照一定的程序来进行人力资源规划，这一程序如图 2－2 所示。

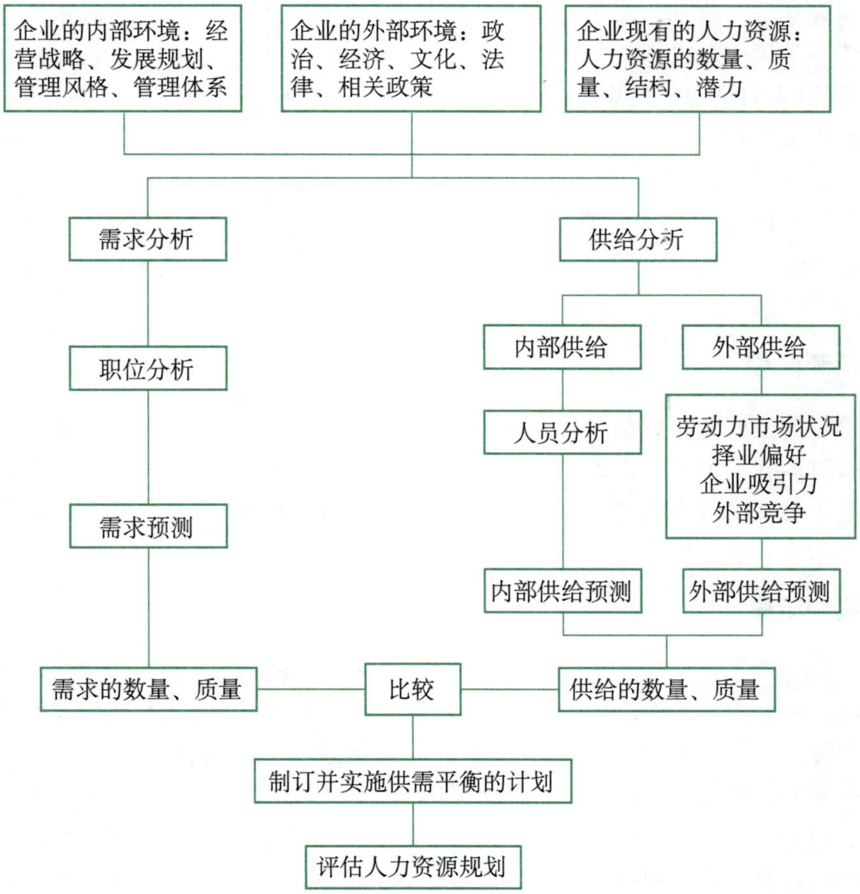

图 2－2　人力资源规划的程序

人力资源规划的过程一般包括以下四个步骤：准备阶段、预测阶段、实施阶段和评估阶段。下面结合这四个步骤对人力资源规划的整个过程进行简要的说明。

一、准备阶段

任何一项规划或者计划要想做好，都必须充分地占有相关的信息，人力资源规划也不例外。由于影响企业人力资源供给和需求的因素有很多，为了能够比较准确地做出预测，就需要收集和调查与之有关的各种信息，这些信息主要包括以下几个方面的内容：

（一）外部环境的信息

外部环境的信息包括两类：一是经营环境的信息，如社会的政治、经济、文化以及法律环境等，由于人力资源规划同企业的生产经营活动是紧密联系在一起的，因此这些影响企业生产的因素都会对人力资源的供给和需求产生作用；二是直接影响人力资源供给和需求的信息，如外部劳动力市场的供求状况、政府的职业培训政策、国家的教育政策以及竞争对手的人力资源管理政策等。

（二）内部环境的信息

内部环境的信息也包括两个方面：一是组织环境的信息，如企业的发展战略、经营规划、生产技术以及产品结构等；二是管理环境的信息，如公司的组织结构、企业文化、管理风格、管理结构（管理层次与跨度）以及人力资源管理政策等。这些因素都直接决定着企业人力资源的供给和需求。

（三）现有人力资源的信息

这其实是对企业现有人力资源的数量、质量、结构和潜力等进行“盘点”。根据经验，“盘点”的资料应当包括员工的自然情况、录用资料、教育资料、工作经历、工作业绩记录、工作能力和态度记录等方面的信息。只有及时准确地掌握企业现有人力资源的状况，人力资源规划才有意义，为此就需要借助于完善的人力资源信息系统，以便能够及时更新、修正和提供相关的信息。

人力资源日报和人力资源月报

二、预测阶段

这一阶段的主要任务就是要在充分掌握信息的基础上，选择有效的预测方法，对企业在未来某一时期的人力资源供给和需求做出预测。在整个人力资源规划中，这是最为关键的一部分，也是难度最大的一部分，它直接决定着规划的成败。只有准确地预测出供给和需求，才能采取有效的措施进行平衡。

三、实施阶段

在做出供给和需求预测以后，就要根据两者之间的比较结果，通过人力资源的总体规划和业务规划，制定并实施平衡供需的措施，使企业对人力资源的需求得到满足。人力资源的供需达到平衡，是人力资源规划的最终目的，进行供给和需求的预测就是为了实现这一目的。至于在每种比较结果下应当制定什么样的具体措施，我们将在单元四中进行说明。

在制定相关的措施时要注意，应当使人力资源的总体规划和业务规划与企业的其他计划相互协调，只有这样，制定的措施才能够得以有效实施。例如，如果财务预算没有增加相应的工资费用，那么人员的招聘计划就无法实施。

四、评估阶段

对人力资源规划实施的效果进行评估是整个规划过程的最后一步，由于预测不可能做到完全准确，因此人力资源规划也不是一成不变的，它是一个开放的动态系统。人力资源规划的评估包括两层含义：一是在实施的过程中，要随时根据内外部环境的变化来修正供给和需求的预测结果，并对平衡供需的措施做出调整；二是要对预测的结果以及制定的措施进行评估，对预测的准确性和措施的有效性做出衡量，找出其中存在的问题以及有益的经验，为以后的规划提供借鉴和帮助。

小思考

学完上述“人力资源规划的程序”后，你是否对此项工作有了一个比较清晰的思路？如果让你借用 AI 工具参与人力资源规划的制定，你是否不再茫然且能很快上手呢？

单元三　人力资源预测

人力资源预测分为人力资源需求预测和人力资源供给预测。

一、人力资源需求预测

人力资源需求预测就是指对企业在未来某一特定时期内所需要的人力资源的数量、质量以及结构进行估计。这里所指的需求是完全需求，是在不考虑企业现有人力资源状况和变动情况下的需求。至于净需求，要和预测的供给进行比较后才能够得到。例如，企业现有 100 人，明年有 10 人退休，如果没有其他因素的变动，那么明年的人力资源需求仍然为 100 人，但是内部的人力资源供给却只有 90 人，两者比较后的净需求为 10 人。

（一）人力资源需求分析

对人力资源的需求进行预测，不同的人可能有着不同的思路，为了便于理解，这里我们是按照对职位进行分析的思路来预测人力资源需求的。企业对人力资源的需求直接与企业内部的职位联系在一起，企业设置有多少职位，它就需要有多少人员；企业设置有什么样的职位，它就需要有什么样的人员。因此，只要能够预测出企业内部职位的变动，相应地就可以预测出企业对人力资源的需求，当然这种预测既要有数量上的也要有结构上的。预测职位变动时通常需要考虑以下几个要素：

1. 企业的发展战略和经营规划

这直接决定着企业未来的职位设置情况。例如，当企业决定实行扩张战略，未来企业设置的职位肯定就要增加。再如，当企业调整经营领域时，未来企业的职位结构就会发生相应的变化。

2. 产品和服务的需求

按照经济学的观点，企业对人力资源的需求是一种派生需求，它源自顾客对企业产品和服务的需求，这两种需求之间是一种正相关的关系。当产品和服务的需求增加时，企业设置的职位相应也会增加；反之，企业设置的职位就会减少。产品和服务需求数量的变化，直接体现在企业经营规模的变化上。

3. 职位的工作量

如果职位的工作量不饱和，就要合并相关的职位，职位数量就要减少。相反，如果职位的工作量超负荷，就要增设相应的职位，职位数量就要增加。衡量职位的工作量是否合理，主要借助工作分析来进行。

4. 生产效率的变化

在其他条件不变的情况下，生产效率的变化会引起职位数量的反向变化。生产效率提高，同一职位承担的工作量增加，职位的设置会减少；生产效率降低，职位的设置就要增加。而引起生产效率变化的原因又有很多，如生产技术的改变、工作方式的调整、对员工进行的培训、薪酬水平的提高以及员工能力和态度的变化等。

需要强调的是，上述每一项分析都是在假定其他因素不变的前提下进行的，如果多个因素同时作用，产生的结果可能会有所不同。例如，员工的生产效率提高，同时产品和服务的需求增加，那么职位的设置可能没有变化，因为这两种相反的作用相互抵消了对职位设置的影响。

通过以上分析，可以得出未来企业职位设置的变化值，将它和现有的职位进行比较，就能够计算出未来一定时期内企业的职位设置情况，从而就可以预测出人力资源的需求。

（二）人力资源需求预测方法

人力资源需求预测方法很多，分为定性方法和定量方法两大类。由于各种组织的规模和所处环境不尽一致，人力资源需求预测方法也有所差异。制订短期计划可以选择一些较为简单的方法，而制定中长期规划则可以选择一些较为复杂的方法。常用的人力资源需求预测方法如表 2－2 所示：

表 2－2　人力资源需求预测方法

分类	具体方法	方法说明	适用范围
定性方法	经验预测法	用以往经验推测未来的人员需求	适用于一定时期内企业发展状况没有发生变化的情况或比较稳定的小型企业
	现状预测法	1. 假定当前岗位设置和人员配置恰当，无空缺，且不存在人员总数扩充，人员需求完全取决于人员退休、离职等情况 2. 人力资源预测相当于对人员退休、离职等情况的预测 3. 通过对历史资料的统计与分析，准确预测离职人数	适用于中、短期的人力资源预测
	德尔菲法	依靠专家的知识和经验，对未来做出判断性估计，为增加预测可信度，可采取二次或多次讨论法	适用于技术型企业长期人力资源预测
	自下而上法	1. 从企业组织结构底层开始逐步进行预测 2. 先对组织结构底层人员进行预测，然后将各个部门的预测情况层层向上汇总，做出人力资源总体预测	适用于短期人力资源预测
	自上而下法	1. 上级人员先拟订出预测计划，然后逐级传达给下级 2. 进行讨论和修改，上级听取并集中意见后，修改预测计划	适用于短期预测或企业组织总体调整和变化时
定量方法	成本分析预测法	公式为 $NHR = TB/[VC \times (1 + a\% \times T)]$，其中 NHR 指未来一段时间内人力资源的需求数量；TB 为未来一段时间内人力资源预算成本总额；VC 为目前的人均成本；$a\%$ 为企业计划每年人力资源成本增加的百分比；T 为未来计划期的年限	适用于所有企业

续表

分类	具体方法	方法说明	适用范围
定量方法	定员法	根据企业人力资源现状预测出未来的人力资源状况，预测方法主要有设备定员法、岗位定员法、比例定员法和生产率定员法	适用于大型企业和历史悠久的传统企业
	趋势预测法	基于统计资料的定量预测法，主要根据企业的历史人员数据来分析其在未来的变化趋势，并以此预测企业在未来某一时期的人力资源需求量	假设其他一切因素都保持不变或者变化幅度保持一致，忽略循环波动、季节波动和随机波动等
	多元回归预测法	一种建立在统计技术上的人力资源需求预测方法，不只考虑时间或产量这些单个因素，还要考虑两个或两个以上的因素对人力资源需求的影响，更重视变量间的因果关系，根据多个自变量的变化推测出因变量的变化趋势	适用于较成熟、规模较大的企业

小练习

请同学们在校园招聘会现场对企业人力资源部门的面试官进行询问，贵单位是如何确定今年招聘计划的？使用的是什么需求预测方法？通过该练习掌握需求预测方法，同时进一步了解劳动力市场，为自己的职业发展规划做好资料收集。

二、人力资源供给预测

人力资源供给预测是指对在未来某一特定时期内能够提供给企业的人力资源的数量、质量以及结构进行估计。由于超出企业获取能力的供给对企业来说是没有任何意义的，因此在预测供给时，必须对有效的人力资源供给进行预测。一般来说，人力资源供给包括内部供给和外部供给两个来源，内部供给是指从内部劳动力市场提供的人力资源，外部供给则是指从外部劳动力市场提供的人力资源。

（一）人力资源供给分析

如果说对人力资源需求的分析更多的是以“事”为中心而展开的话，那么对人力资源供给的分析就要以“人”为中心来进行。由于人力资源的供给有两个来源，因此对供给的分析也要从这两个方面入手。相比内部供给来说，企业对外部人力资源供给的可控性比较差，因此人力资源供给预测主要侧重于内部供给。

1. 外部供给的分析

由于外部供给在大多数情况下并不能被企业所直接掌握和控制，因此外部供给的分析主要是对影响供给的因素进行判断，从而对外部供给的有效性和变化趋势做出预测。

一般来说，影响外部供给的因素主要有地域性因素和全国性因素。

地域性因素包括：

（1）企业所在地的人力资源整体状况。

（2）企业所在地的人力资源供求现状。

（3）企业所在地对人才的吸引程度。

（4）企业薪酬对当地人才的吸引力。

（5）企业提供的各种福利对当地人才的吸引程度。

（6）企业本身对人才的吸引程度。

全国性因素包括：

（1）全国相关专业的大学生毕业人数及就业情况。

（2）国家在就业方面颁布的法规和政策。

（3）该行业在全国范围内的人才供需状况。

（4）全国范围内同一从业人员的薪酬水平和差异。

2. 内部供给的分析

由于人力资源的内部供给来自企业内部，因此企业在预测期内所拥有的人力资源就形成了内部供给的全部来源，故内部供给的分析主要是对现有人力资源的存量及其未来变化情况做出判断，这种分析主要有以下几种：

（1）现有人力资源的分析。人力资源不同于其他资源，即使外部条件都保持不变，人力资源自身的自然变化也会影响未来的供给，比如退休等，因此在预测未来人力资源的供给时，需要对现有的人力资源状况做出分析。一般来说，现有人力资源的分析主要是对年龄结构做出分析，因为人力资源自身的变化大多与年龄有关，此外对员工的性别、身体状况等也要进行分析。

（2）人员流动的分析。在进行人员流动分析时，假定人员的质量不发生变化，人员的流动主要包括两种：一是人员由企业流出。由企业流出的人员数量就形成了内部人力资源供给减少的数量，造成人员流出的原因有很多，如辞职、辞退等。二是人员在企业内部的流动。对这种流动的分析应针对具体的部门、职位层次或职位类别来进行，虽然这种流动对于整个企业来说并没有影响人力资源的供给，但是对内部的供给结构却造成了影响。同实际流动的分析一样，分析可能的流动时也要针对具体的部门、职位层次或职位类别来进行。分析员工可能的流动性，其主要的依据是绩效考核，即对员工工作业绩、工作能力的评价结果。

（3）人员质量的分析。进行人员质量分析时，假定人员没有发生流动，人员质量的变化会影响内部的供给，质量的变动主要表现为生产效率的变化。当其他条件不变时，生产效率提高，内部的人力资源供给相应增加；相反，内部的供给就减少。影响人员质量的因素有很多，如工资的增加、技能的培训等。对人员质量的分析不仅要分析显性的，而且要分析隐性的，例如加班加点，虽然员工实际的生产效率没有发生变化，但是由于工作时间延长了，每个人完成的工作量就增多了，这同样增加了内部的供给，类似的还有工作分享、缩短工作时间等。

同需求的分析一样，上述每一项的分析都是在假定其他因素不变的前提下进行的，如果多个因素同时作用，产生的结果可能会有所不同。例如，即使发生了人员的流出，如果员工的生产效率提高，而且二者的作用大小相当，那么人力资源的内部供给就会保持不变。

通过上述分析可以得出企业未来人力资源内部供给的变化值，将它和现有的人力资源进行比较，就能计算出未来一定时期内企业内部所能提供的人力资源，从而预测出人力资源的内部供给。

（二）人力资源供给预测方法

人力资源供给预测的方法主要是针对内部供给预测而言的，预测的方法也有很多，这里我们选取几种有代表性的方法进行简单介绍。

1. 技能清单

技能清单是一个反映员工工作能力特征的列表，这些特征包括员工的培训背景、工作经历、持有的资格证书以及工作能力的评价等内容。技能清单是员工竞争力的反映，可以用来帮助预测潜在的人力资源供给。人力资源规划的目的不仅是要保证为企业的空缺岗位提供相当数量的员工，而且还要保证这些员工的质量，因此就有必要建立员工能力的记录。技能清单主要服务于晋升人选的确定、职位调动的决策、对特殊项目的工作分配、培训以及职业生涯规划等。技能清单可以包括所有的员工，也可以只包括部分员工。

2. 人员替换

这种方法是对企业现有人员的状况做出评价，然后对他们晋升或者调动的可能性做出判断，以此来预测企业潜在的内部供给，这样当某一职位出现空缺时，就可以及时地进行补充。例如，某个部门的人员替换情况如图 2-3 所示。

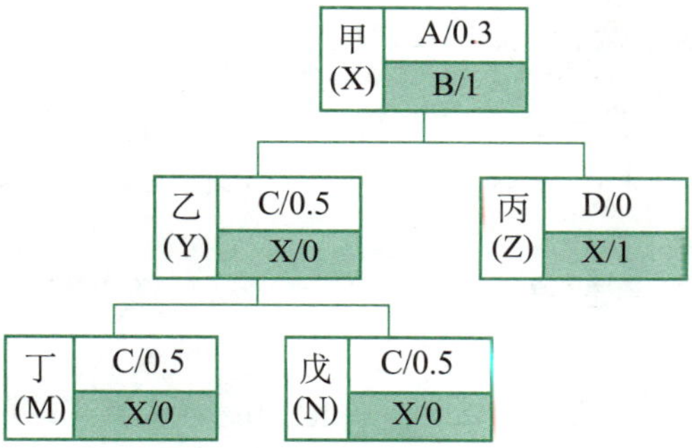

图 2-3 某个部门的人员替换情况

我们对图 2-3 做一下简单的解释：假设这是公司某个部门的组织架构图，该部门有 X、Y、Z、M、N 五个职位，分别由甲、乙、丙、丁、戊五个人来从事，其他部门还有 A、B、C、D 等职位。在每个职位后面的两个方框中，上面空白的方框记录了目前从事该职位的员工能够调动的职位以及适应新职位的时间（年），下面阴影的方框记录了该员工可以晋升的职位以及晋升所需的时间。例如对甲来说，他还可以从事 A 职位的工作，完全适应新职位需要 0.3 年，也就是大约三个半月的时间；他还可以晋升到 B 职位，晋升到这一职位需要 1 年时间。需要指出的是，由于这种方法预测的是潜在的供给，因此对于甲来说，他 1 年后并非就一定可以晋升到 B 职位。再比如，对于丁来说，他还可以从事 C 职位的工作，需要 0.5 年的时间适应新的职位；他还可以晋升到 X 职位，而且能够立即晋升到新的职位。同样的道理，丁也并非立即就一定可以晋升到 X 职位。

为了保证预测的准确性，需要对人员的替换信息进行及时更新，例如戊经过培训后，具有相应的技能，能够调动到别的职位工作，那么在下一年度的替换图中，就要把这一信息添加进去。

3. 人力资源"水池"模型

人力资源"水池"模型是指在预测企业内部人员流动的基础上来预测人力资源的内部供给，它是从职位出发进行分析，预测的是未来某一时间现实的供给。这种方法一般要针对具体的部门、职位层次或职位类别来进行，由于它要在现有人员的基础上通过计算流入量来预测未来的供给，这就好比是计算一个水池未来的蓄水量，因此称之为人力资源"水池"模型。

单元四 人力资源供需的平衡

人力资源规划的最终目的是要实现企业人力资源供给和需求的平衡，因此在预测出人力资源的供给和需求之后，就要对这两者进行比较，并根据比较的结果来采取相应的措施。

企业人力资源供给和需求预测的比较，一般会有以下几种结果：（1）供给和需求在数量、质量以及结构方面都基本相等；（2）供给和需求在总量上平衡，但是结构上不匹配；（3）供给大于需求；（4）供给小于需求。如果出现第一种情况，说明企业未来的人力资源供给和需求基本上是平衡的，这当然是一种比较理想的结果，但是现实中这种情况几乎是不可能的。对于大多数企业来说，会出现后面三种情况，这就要求企业针对具体的情况采取相应的措施，以实现供需的平衡。

一、供给和需求总量平衡，结构不匹配

企业人力资源供给和需求完全平衡一般是很难发生的，即使在供需总量上达到了平衡，往往也会在层次和结构上出现不平衡。对于结构性的人力资源供需不平衡，一般要采取下列措施实现平衡：

（1）进行人员内部的重新配置，包括晋升、调动、降职等，来弥补那些空缺的职位，满足这部分人力资源需求。

（2）对人员进行有针对性的专门培训，使他们能够从事空缺职位的工作。

（3）进行人员的置换，释放那些企业不需要的人员，补充企业需要的人员，以调整人员的结构。

二、供给大于需求

当预测的供给大于需求时，企业可以采取以下措施从供给和需求两方面来平衡供需：

（1）扩大经营规模或者开拓新的增长点，以增加对人力资源的需求，例如企业可以实施多种经营吸纳过剩的人力资源供给。

（2）永久性的裁员或者辞退员工，这种方法虽然比较直接，但是由于会给社会带来不安定因素，因此往往会受到政府的限制。

（3）鼓励员工提前退休，就是给那些接近退休年龄的员工以优惠的政策，让他们提前离开企业。

（4）冻结招聘，就是停止从外部招聘人员，通过自然减员来减少供给。

（5）缩短员工的工作时间，实行工作分享或者降低员工的工资，通过这种方式也可以减少供给。

（6）对富余员工实施培训，这相当于进行人员储备，为将来的发展做好准备。

三、供给小于需求

当预测的供给小于需求时，同样可以从供给和需求两个角度来平衡供需，可以采取下列措施：

（1）从外部雇用人员，包括返聘退休人员，这是最为直接的一种方法。可以雇用全职

的，也可以雇用兼职的，这要根据企业自身的情况来确定。如果需求是长期的，就要雇用全职的；如果短期需求增加，就可以雇用兼职的或临时的。

（2）提高现有员工的工作效率，这也是增加供给的一种有效方法。提高工作效率的方法有很多，例如改进生产技术、增加工资、进行技能培训、调整工作方式等。

（3）延长工作时间，让员工适当加班加点。

（4）降低员工的离职率，减少员工的流失，同时进行内部调整，通过增加内部的流动来提高某些职位的供给。

（5）可以将企业的有些业务进行外包，这其实等于减少了对人力资源的需求。

上述平衡供需的方法在实施过程中具有不同的效果。例如，靠自然减员来减少供给过程就比较长，通过裁员的方法来减少供给见效就比较快。表 2－3 对这些方法的效果进行了比较。

表 2－3　平衡供需的方法比较

供需关系	方法	速度	员工受伤害程度
供给大于需求	裁员	快	高
	减薪	快	高
	降级	快	高
	工作轮换和工作分享	快	中等
	退休	慢	低
	自然减员	慢	低
	再培训	慢	低
供给小于需求	加班	快	高
	临时雇用	快	高
	外包	快	高
	培训后换岗	慢	高
	减少流动数量	慢	中等
	外部雇用新人	慢	低
	技术创新	慢	低

企业人力资源供给和需求的不平衡，一般不可能是单一的供给大于需求或者供给小于需求，二者往往会相互交织在一起，出现某些部门或某些职位的供给大于需求，而其他部门或其他职位的供给小于需求，例如关键职位的供给小于需求，但是普通职位的供给大于需求，因此企业在制定平衡供需的措施时，应当从实际出发，综合运用这些方法，使人力资源的供给和需求在数量、质量以及结构上都达到平衡匹配。

案例分析

从案例中学会做好人力资源规划

案例一

某化纤制造公司（以下简称 A 公司）根据公司未来发展需要，制定了 20××年人力资源规划，规划的内容摘录如下：

1. 20××年人力资源工作的目标：在管理咨询公司的配合指导下，建立起完善的人力资源管理体系。

2. 20××年人力资源工作的步骤：第一步是组织结构和部门职能的划分；第二步是岗位设置与定岗定编；第三步是工作分析和岗位说明书的制定；第四步是岗位的定级和薪资体系的调整；第五步是绩效考核体系的设计；第六步是形成公司企业文化，建立起企业文化体系。

案例二

某成品油销售公司（以下简称B公司）在制定了年度经营管理目标的基础上，制定了20××年的人力资源规划，规划的内容摘录如下：

1. 需求分析。根据公司经营管理需要，采用自下而上申报和自上而下分解相结合的方法，最终确定公司20××年的人员需求量。

2. 招聘计划。根据人员需求量，制订20××年公司的招聘计划如下：(1) 到本地重点院校及外地石油石化专业类院校进行现场招聘，并通过学校就业指导中心发布需求信息，于当年3月15日前完成管理培训生的招聘；(2) 到本地石油石化专业类院校和重点职业院校进行现场招聘，并通过学校就业指导中心发布需求信息，于当年4月15日前完成储备业务经理的招聘；(3) 当年3月15日前，在石油石化人才中介媒体发布人才需求信息1个月，于5月1日前完成专业技术人员的招聘工作，保证专业技术人才能在6月1日到岗。

分析：

案例一中，A公司的人力资源规划是20××年度人力资源的工作计划，包含人力资源工作的目标及目标落实的具体步骤。规划制定的方法就是根据公司发展需要及人力资源工作发展情况，确定人力资源总体目标，然后将目标进行分解，制定具体的步骤。案例二中，B公司的人力资源规划是20××年度的不同类别人员数量的需求及招聘计划，包含需求的数量、类别及招聘工作计划；规划制定的方法就是自上而下分解和自下而上申报相结合。

人力资源规划通常被定义为根据企业的发展规划，通过对企业未来的人力资源的需求和供给状况的分析及估计，对职务编制、人员配置、教育培训、人力资源管理政策、招聘和选择等内容进行的人力资源部门的职能性计划。按照这个定义，人力资源规划包括三个关键要素，即依据企业战略规划，分析供给与需求，提出具体措施。A公司与B公司的人力资源规划应该说基本上都具备了这三方面的要素，但是两家公司规划的方法与内容却截然不同，而且两家的规划都很明显不是合格的人力资源规划，为什么会出现这样的现象呢？答案是：目前人力资源规划的概念仅仅是理论上的概念，而缺乏人力资源规划的操作定义，即缺乏能够指导相关人员按部就班开展人力资源规划的定义。

人力资源规划的操作定义就是在确定了公司发展战略规划的基础上，通过预测未来的组织架构、岗位架构、人员编制、岗位人员素质要求，对比现有人员状况盘点结果，参照外界人员供需状况，结合企业内部文化与策略，提出未来人力资源工作的策略与措施的过程及结果，简称为“四定未来、一盘现状、二析影响”。“四定未来”即预测未来的组织架构、岗位架构、人员编制和岗位人员素质要求。“一盘现状”即盘点确定现有人员状况。“二析影响”即分析外界人员供需状况及内部文化与策略的影响。

企业在明确了未来发展战略的前提下，在开始进行人力资源规划时，首先要完成“四定未来”与“一盘现状”的工作，并将“四定未来”与“一盘现状”的结果进行对比，得出未来人力资源的量与质的需求，根据这一需求，在充分考虑“二析影响”的基础上，制定未来的人力资源规划。

一、如何“四定未来”

“四定未来”包括确定未来的组织架构、岗位架构、人员编制和岗位人员素质要求，下面分别介绍几种典型的“四定”方法。

1. 以“价值链＋业务流程”分析的方法，确定未来的组织架构

“价值链”分析的方法由哈佛大学商学院教授迈克尔·波特提出，他认为企业内外价值增加的活动可分为基本活动和支持性活动。基本活动是涉及产品的物质创造及其销售、转移买方和售后服务的各种活动。支持性活动是辅助基本活动，并通过提供采购投入、技术、人力资源以及各种公司范围的职能支持基本活动。

“价值链＋业务流程”分析的方法就是将价值链的分析思路和以流程为中心的分析思路相结合。企业在明确了未来战略发展规划后，首先根据战略发展的规划与重点，按照价值创造链条和价值产生的流程进行分解，确定企业未来价值产生的核心流程，通常包括产品研发、物资采购与仓储、生产、物流配送、销售、售后服务等环节。其次，确定支持核心流程实现的辅助流程，通常包括人力资源、财务会计、行政后勤、信息系统、品质管理、营销策划、企业文化等环节，企业根据自身的战略定位，对核心流程中的环节进行取舍。最后，根据企业的规模、行业特性、管理基础等因素，确定未来的组织架构。

2. 以“职能分解＋流程整合”分析的方法，确定未来岗位架构

在确定了未来组织架构的基础上，预测未来岗位架构的具体步骤如下：(1) 将各部门的职能进行分解。首先，将设计组织架构时明确的部门责任用一句话表述。其次，按照专业性、业务流、效率性和风险控制几个方面，将部门的总职能分解为各个主要的模块。最后，再按照部门职能实现的业务流，将模块职能进一步分解。(2) 根据职能分解的结果，结合部门职能完成的主要业务流，按照专业性的原则，将业务流中相邻的职能进行合并。(3) 根据“职能分解＋流程整合”的分析结构，按照效率性和风险控制的原则，确定公司的岗位架构。

3. 确定未来的人员编制与素质的要求

定编定员就是根据企业的业务方向和规模，在一定的时间内和一定的技术条件下，本着精简机构、节约用人、提高工作效率的原则，规定各类人员必须配备的数量。

定编方法一：比例定编法。这是一种依据相关人员之间的比例关系来计算确定编制人数的方法。通用计算公式为：

定编人数＝员工总数或某一类人员总数/比例定编标准 （公式 2-1）

这种方法主要应用在以下情况：随员工总数或某一类人员总数呈比例增减变化的工作岗位的定编，如某些管理人员的定编或服务性单位的定编；确定某些生产工人的定编，如木模工可按造型工的人数和比例定编，焊工可按铆工的人数和比例定编等。

定编方法二：岗位定编法。这是一种根据岗位数量和岗位工作量计算定编人数的方

法，是依据总工作量和个人劳动效率计算定编人数的一种表现形式。这种定编方法主要适用于装置性生产中以看管设备为主的工种以及其他看管性岗位。因为这些岗位的劳动消耗量和产品数量没有直接关系，不能实行劳动定额，人员数量不和生产任务相联系，而和看管范围、岗位责任和安全因素等密切相关。基本的计算公式是：

定编人数=[单台设备班（岗位）定编×同类设备（岗位）数量]×班次×替休人员系数/出勤率　（公式 2-2）

该式中的替休人员系数，在实行三班轮休制和两班半轮休制的条件下为 7/6，在实行四班三运转的条件下为 4/3。

定编方法三：设备定编法。这是一种根据机器设备开动的数量和班次、工人看管设备定额来计算定编的方法。这种定编方法主要适用于以机械操作为主的工种，特别是有较多同类型机器设备、采用多设备看管的劳动组织。设备定编法所揭示的实行多设备看管的交叉作业原理具有普遍的意义，可应用于其他不需工人操作的时间，进行兼职作业或交叉作业，以充分利用工时和节约人员。通用的计算公式为：

定编人数=机器设备台数×每台设备开动班次/(工人看管定额×出勤率)　（公式 2-3）

定编方法四：效率定编法。这是一种根据一定时间内的生产任务和个人劳动效率确定企业定编人数的方法。利用效率定编法确定编制，有利于保证公司的劳动效率，克服人浮于事的现象。这种定编方法主要适用于有劳动定额的岗位，特别是以手工操作为主的工种，因为其所需人数不受机器设备数量等因素的影响。基本的计算公式为：

定编人数=生产任务/(工人劳动效率×出勤率)　（公式 2-4）

定员有两种典型的方法，一种是建立该岗位的素质模型，另一种是建立该岗位的任职资格。采用素质模型的方法确定目标岗位对人员素质的要求，比较适合核心岗位；采用任职资格的方法确定目标岗位对人员素质的要求，比较适合一般管理岗位和基层操作岗位。在构建和开发素质模型与任职资格时，有可以参照的岗位，可以采取通用的行为事例访谈与主题分析的方法，对目前没有可参照的岗位，就应该采取策略分析与职责分析的方法。

二、如何“一盘现状”

“一盘现状”指对现有人员状况的盘点，主要包括“量”的盘点和“质”的盘点，具体操作如下所述。

1. 量的盘点

现有人员量的盘点的内容主要包括：人力结构盘点、人力专长盘点。人力结构盘点包括静态分析和动态分析。静态分析包括：平均年龄分析、平均年资分析、员工类别分析（营销、技术、经营、管理等）、学历分析等；动态分析包括：离职率和调动率（内部调动率、内部提升率）。人力专长盘点包括：特殊学历、特殊技术专长、特殊工作经验、特殊教育培训经历、可以另外安排的工作等方面。人力盘点的其他项目包括：预定退休的人员名册、预定轮调异动的人员名册等。如果企业有相关的人力资源管理系统，基础数据比较完善，这部分的盘点很容易完成。如果企业基础数据不是很完善，则需要进行一次彻底的调查。量的盘点操作相对简单，只要企业相关人员能够组织好，就不会出现大的问题。

2. 质的盘点

对于不同企业不同的岗位体系及能力素质模型体系与任职资格体系而言，现有人员质的盘点内容都不相同。质的盘点的主要方法包括：问卷调查、心理测评、评价中心、民主评议等。如果企业曾经为每一位员工建立了能力素质档案，并开展了员工职业生涯规划的相关工作，那么，这部分的盘点就比较容易完成。但是，由于目前国内大部分企业还没有为员工建立能力素质档案及开展职业生涯规划的工作，因此，需要全面地开展一次质的盘点。按照成本最低、效果最佳的原则，可以对不同层级岗位的人员采取不同的盘点方法，对基层人员采取问卷调查的方法即可，对骨干人员采用心理测评的方法，对核心员工及中高层管理人员采用评价中心的方法，对核心技术人员采用任职资格评估的方法。

三、如何“二析影响”

“二析影响”主要包括外部影响的分析和内部影响的分析两个方面。外部影响的分析就是对一定时期内，社会上对本企业人力资源规划中需求的人员供给与需求情况的分析，内部影响的分析就是对企业内部文化和用人策略的分析。

外部影响的分析主要通过三个渠道进行：第一个渠道是对公共信息的分析，主要是各级劳动人事部门对外发布的消息；第二个渠道是对从专业的调研公司买入的相关数据的分析；第三个渠道是对中介发布的招聘信息及求职者信息的分析，也包括对参加招聘会的相关企业的需求及应聘人员的分析。

内部影响的分析主要从文化和用人策略进行分析，这对已经开展企业文化建设及明确用人策略的公司比较容易，但是，对于尚未开展企业文化建设及尚未明确用人策略的公司比较难以实现，通常的做法是通过对公司高层管理人员的访谈来获得相关信息。

在完成了“四定未来”“一盘现状”“二析影响”三个环节以后，将“四定未来”与“一盘现状”的结果相对照，确定满足企业战略发展的人力资源需求，再与“二析影响”的分析结果相结合，提出能够实现战略发展所需要的人力资源的具体策略与措施。

实用工具

一、企业人力资源状况调查统计表

统计时间				统计负责人				
岗位等级	统计项	助理	专员	主管	经理	副总经理	总经理	不详
	人数							
	比例							
岗位类别	统计项	生产类	管理类	营销类	研发类	技术类	行政类	不详
	人数							
	比例							
婚姻状况	统计项	男/已婚	男/未婚	女/已婚	女/未婚	离异	丧偶	不详
	人数							
	比例							

续表

学历	统计项	初中以下	高中	大专	本科	硕士	博士及以上	不详
	人数							
	比例							
年龄	统计项	20 岁以下	21～25 岁	26～30 岁	31～35 岁	36～40 岁	41～50 岁	51 岁及以上
	人数							
	比例							

二、现实人力资源需求预测表

日期：______年____月____日

部门	现有编制	人员配置			人员需求
		超编	缺编	不符合岗位要求	
财务部					
生产部					
研发部					
办公室					
……					
合计					

三、未来人力资源需求预测表

日期：______年____月____日

预测内容	第 1 年	第 2 年	第 3 年	第 4 年	第 5 年
生产职系					
管理职系					
销售职系					
技术职系					
后勤职系					
备注					

四、未来人力资源流失预测表

日期：______年____月____日

预测内容	第 1 年	第 2 年	第 3 年	第 4 年	第 5 年
离休人员					
退休人员					
怀孕生子					
其他					
岗位及人数					
备注					

实训应用

实训项目：

利用 AI 工具对本专业人才供求状况进行调查。

实训目的：

1. 让学生掌握人力资源需求预测的方法。
2. 让学生掌握人力资源供给预测的方法。
3. 让学生掌握人力资源供需平衡的方法。

实训组织：

1. 学生利用 AI 了解自己所学专业人才供给区域性状况及全国性状况。
2. 学生调查了解所学专业区域性市场和全国性市场的人才需求状况。
3. 分析所学专业人才供需之间的平衡性，如果存在失衡，请找出平衡的方法和措施。
4. 学生以小组为单位进行。
5. 每组选出代表最后陈述本组调查结果，教师进行点评。

管理链接

如何有效地预防人才短缺？

通过分析发现，人才短缺是可以预防的，企业可以通过人力资源规划，对想跳槽的员工预先进行激励，对不称职的员工进行培训，提高员工的忠诚度和凝聚力，从而避免临时抱佛脚、慌忙被动的局面，也使人员有了完善的供给渠道。

一、建立人员数据库

根据企业发展战略，建立人才需求系统。定期调查行业动态，了解市场的整体需求和供给，确定企业未来需求的人才数量。通过建立职位分析系统，对现有人员盘点，分析人员的素质与数量是否与业务量相匹配，人才供给的内部开发及外部聘用比例等。

人员数据库是分析现有员工技能的有效工具。根据员工的实际情况、工作能力建立企业人员储备表，具体包括以前的经历、培训背景、技能证书、职业兴趣、主管的评价等内容。它是员工竞争力的一个反映，通过它可以判断哪些员工会被提升或调配。这样可以保证空缺的岗位有相应数量的员工来填补，而且有合适的人来填补。

根据业务发展制定规划，需要确定的是：什么样的人才是真正的人才。现在许多企业实行的是绩效导向，谁创造的效益多，报酬就高，职位也越高。如果企业形成“业绩好的员工就是好员工”的价值导向，而不考虑员工的品德因素，这是有问题的。一个人品德不好，能力越高，对企业的杀伤力也越大。相反，通过人员数据库发现品德好、对企业文化认同、有潜能的员工，经过培养和锻炼后，其能力就会飞速提升，成为企业未来发展所需要的“黑马”。因此，随着企业的高速发展，对人员的要求，尤其是品德要求不能降低。

二、做好人员接续计划

根据企业人员的流动率，在规划中建立人才预警系统，对流动性较大的岗位及早做好补充计划；针对关键岗位，进行业务分解；建立后备人员梯队，避免人员流失尤其是关键人员的流失给企业带来的不利影响。

通过人员接续计划可以预测具体岗位的人员供给，避免人员流动带来的损失。根据职务分析，确定岗位需求的人数，并把未来的人才流入、晋升、辞职等流动率情况用图表显示出来，然后确定合适的人员补充。如下图所示，本岗位人员定编 50 人，根据绩效评估和经验预测，称职的有 32 人，需要培训的有 10 人，3 人需要淘汰，而人员流动大约有 5 人。根据数据，企业就可以确定合适的人员补充，晋升 3 名优秀人员，对绩效稍差的进行培训，淘汰不合格人员，并通过人才库，提拔内部合适人才 6 名，然后确定外部招聘人员 5 人，从而保证本岗位有充足的人员供给。

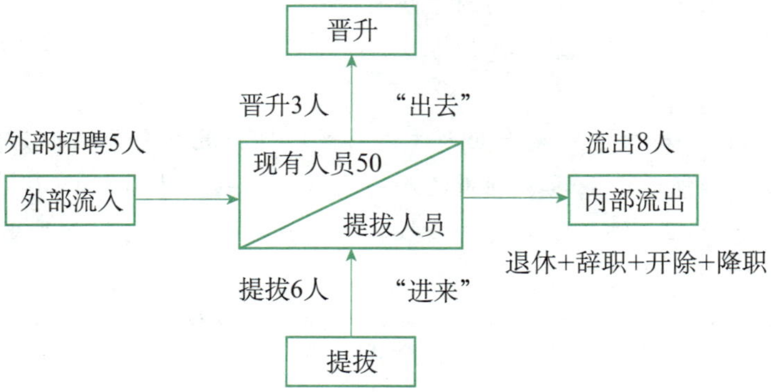

人员接续计划示例

通过人员接续计划，可以避免企业人才中断的风险。当前许多企业实行一专多职制，企业的核心业务掌握在少数几个人手中，人才高度浓缩。从短时间看，企业的效率很高，而一旦人才流失，企业的损失将是巨大的。通过人员接续计划，建立后续人才储备梯队，根据职位要求提早进行相关培训，这样既培养了后备人才，又有效规避了企业的风险。

三、制作管理人员晋升卡

通过人力资源规划，建立企业培训开发系统，运用在职培训、岗位调配、工作丰富化等手段，使人员胜任现在及未来的工作要求。同时，建立人员晋升通道，使员工看到努力的方向，提升其工作价值。这样，员工绩效飞速提升，企业绩效也会水涨船高。

如下图所示，管理人员晋升卡描述的是可以胜任管理岗位的个人。具体做法是：为每一个管理职位制作一张卡片，上面标明本职位的工作范围，每个关键职位的可能接替人选，接替人选目前绩效、提升潜力以及需要培训的内容，由此决定企业重要职位空缺的人选。其目标是确保企业有足够的合格管理人员供给，并将个人职业目标与企业目标相结合。

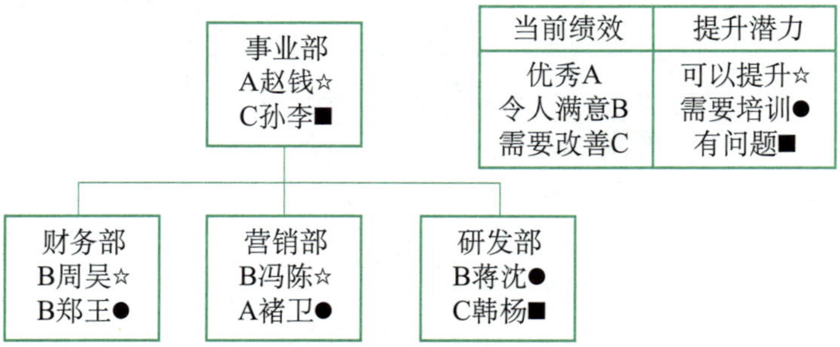

管理人员晋升卡

许多企业喜欢通过猎头公司“挖”人，或者用其他公司的熟手。这样做虽然短期能提升企业业绩，但对企业长期发展不利。因为这样的人才，很多看中的是金钱和短期利益，一旦利益不满足，别的企业利用高薪又会把他“挖”走。通过管理人员晋升卡，可以有效避免这种倾向，优先提拔培养内部人员，使人才有发展的平台，企业的回报会更多。

此外，建立企业的绩效考评体系是人员规划的重要内容，通过科学的职位分析和目标管理卡建设，使每一个员工都有明确的岗位职责，同时有明确的业绩目标规定。通过目标和绩效的达成情况，对每位员工的能力进行科学评价，并以此汰弱留强，建立企业内部的竞争机制，这是企业持久发展的制度保障。

通过综合分析可以看出，产生人才短缺的原因不是单一的，而解决方案也是一个系统过程，不仅需要进行人力资源规划，更需要整个人力资源体系的支持。对许多人才短缺的企业来说，及早进行人力资源规划，建立人力资源体系，是确保企业可持续发展的长久保障。

明德强技

《乡村振兴战略规划（2018—2022年）》节选

党的十九大提出实施乡村振兴战略，是以习近平同志为核心的党中央着眼党和国家事业全局，深刻把握现代化建设规律和城乡关系变化特征，顺应亿万农民对美好生活的向往，对“三农”工作作出的重大决策部署，是决胜全面建成小康社会、全面建设社会主义现代化国家的重大历史任务，是新时代做好“三农”工作的总抓手。从党的十九大到二十大，是“两个一百年”奋斗目标的历史交汇期，既要全面建成小康社会、实现第一个百年奋斗目标，又要乘势而上开启全面建设社会主义现代化国家新征程，向第二个百年奋斗目标进军。为贯彻落实党的十九大、中央经济工作会议、中央农村工作会议精神和政府工作报告要求，描绘好战略蓝图，强化规划引领，科学有序推动乡村产业、人才、文化、生态和组织振兴，根据《中共中央、国务院关于实施乡村振兴战略的意见》，特编制《乡村振兴战略规划（2018—2022年）》。

本规划以习近平总书记关于“三农”工作的重要论述为指导，按照产业兴旺、生态宜居、乡风文明、治理有效、生活富裕的总要求，对实施乡村振兴战略作出阶段性谋划，分别明确至2020年全面建成小康社会和2022年召开党的二十大时的目标任务，细化实化工作重点和政策措施，部署重大工程、重大计划、重大行动，确保乡村振兴战略落实落地，是指导各地区各部门分类有序推进乡村振兴的重要依据。

第五章　发展目标

到2020年，乡村振兴的制度框架和政策体系基本形成，各地区各部门乡村振兴的思路举措得以确立，全面建成小康社会的目标如期实现。到2022年，乡村振兴的制度框架和政策体系初步健全。

专栏1　乡村振兴战略规划主要指标

分类	序号	主要指标	单位	2016年基期值	2020年目标值	2022年目标值	2022年比2016年增加〔累计提高百分点〕	属性
产业兴旺	1	粮食综合生产能力	亿吨	>6	>6	>6	—	约束性
	2	农业科技进步贡献率	%	56.7	60	61.5	〔4.8〕	预期性
	3	农业劳动生产率	万元/人	3.1	4.7	5.5	2.4	预期性
	4	农产品加工产值与农业总产值比	—	2.2	2.4	2.5	0.3	预期性
	5	休闲农业和乡村旅游接待人次	亿人次	21	28	32	11	预期性

续表

分类	序号	主要指标	单位	2016 年基期值	2020 年目标值	2022 年目标值	2022 年比 2016 年增加〔累计提高百分点〕	属性
生态宜居	6	畜禽粪污综合利用率	%	60	75	78	〔18〕	约束性
	7	村庄绿化覆盖率	%	20	30	32	〔12〕	预期性
	8	对生活垃圾进行处理的村占比	%	65	90	＞90	〔＞25〕	预期性
	9	农村卫生厕所普及率	%	80.3	85	＞85	〔＞4.7〕	预期性
乡风文明	10	村综合性文化服务中心覆盖率	%	—	95	98	—	预期性
	11	县级及以上文明村和乡镇占比	%	21.2	50	＞50	〔＞28.8〕	预期性
	12	农村义务教育学校专任教师本科以上学历比例	%	55.9	65	68	〔12.1〕	预期性
	13	农村居民教育文化娱乐支出占比	%	10.6	12.6	13.6	〔3〕	预期性
治理有效	14	村庄规划管理覆盖率	%	—	80	90	—	预期性
	15	建有综合服务站的村占比	%	14.3	50	53	〔38.7〕	预期性
	16	村党组织书记兼任村委会主任的村占比	%	30	35	50	〔20〕	预期性
	17	有村规民约的村占比	%	98	100	100	〔2〕	预期性
	18	集体经济强村比重	%	5.3	8	9	〔3.7〕	预期性
生活富裕	19	农村居民恩格尔系数	%	32.2	30.2	29.2	〔−3〕	预期性
	20	城乡居民收入比	—	2.72	2.69	2.67	−0.05	预期性
	21	农村自来水普及率	%	79	83	85	〔6〕	预期性
	22	具备条件的建制村通硬化路比例	%	96.7	100	100	〔3.3〕	约束性

注：1. 本指标体系和规划中非特定称谓的“村”均指村民委员会和涉农居民委员会所辖地域。
2. 后续专栏中定量指标未说明年份的均为 2022 年目标值。

第六章　远景谋划

到 2035 年，乡村振兴取得决定性进展，农业农村现代化基本实现。农业结构得到根本性改善，农民就业质量显著提高，相对贫困进一步缓解，共同富裕迈出坚实步伐；城乡基本公共服务均等化基本实现，城乡融合发展体制机制更加完善；乡风文明达到新高度，乡村治理体系更加完善；农村生态环境根本好转，生态宜居的美丽乡村基本实现。

到 2050 年，乡村全面振兴，农业强、农村美、农民富全面实现。

资料来源：新华社．中共中央 国务院印发《乡村振兴战略规划（2018—2022 年）》．(2018-09-26) [2021-12-06]. http：//www.gov.cn/xinwen/2018-09/26/content_5325534.htm.

模块二在线练习

模块三

工作分析与工作设计

学习目标

1. 知识目标

◆ 了解工作分析在人力资源管理中的重要性

◆ 掌握工作分析的内容和程序

◆ 熟知工作再设计的原则和方法

◆ 掌握工作分析与工作设计的区别与联系

2. 技能目标

◆ 能够熟练运用调查法、访谈法和观察法采集工作分析所需信息

◆ 能够就某一工作做出正确合理的工作分析，并编写岗位说明书

◆ 根据本模块给出的实用工具、案例分析及管理链接等内容，了解不同企业和人员的理论运用及创新

◆ 通过本模块的实训应用，切实培养工作分析与工作设计的技能

3. 素养目标

◆ 培养大局意识、责任意识、担当意识

◆ 培养团队合作意识

◆ 树立正确的价值观和择业观

工作分析是人力资源开发与管理最基本的作业，是人力资源开发与管理的前提，是现代人力资源所有职能——人力资源获取、整合、激励、控制调整和开发等职能工作的基础。只有做好了工作分析，才能据此完成企业人力资源规划、绩效评估、职业生涯设计、薪酬设计管理、招聘、甄选、录用工作人员等工作。有的企业人力资源管理者忽视或低估

工作分析的作用，导致在绩效评估时没有现成依据，确定报酬时有失公平，目标管理责任制没有完全落实等，挫伤员工工作积极性和影响企业效益的现象也时有发生。因此，对于人力资源管理者而言，做好工作分析至关重要。

以下是某公司工作分析的典型工作任务，其他公司可能会在某些方面与之不尽相同或者工作的程序不尽一致，但基本上大同小异。这个典型工作任务可以让你了解这一模块的学习内容对应未来工作岗位上的什么工作任务。

典型工作任务

某公司工作分析的典型工作任务

工作分析是对组织中各项工作职务的特征、规范、要求、流程以及对完成此项工作的员工素质、知识、技能要求进行描述的过程。典型工作任务主要有以下六项：

1. 人力资源部负责宣传工作分析的重要性，为此项工作的顺利开展奠定基础。
2. 人力资源部负责明确工作分析的目的，向各有关部门提出具体的工作目标和要求。
3. 人力资源部组织公司相关部门的人员进行培训，把握工作分析的内容和程序。
4. 人力资源部和相关部门运用正确的工作分析方法开展工作分析活动。
5. 编写职务说明书，形成工作分析成果。
6. 运用工作分析成果，并根据环境变化和工作要求进行工作设计。

讨论：

1. 看完这六项典型工作任务，你认为在进行工作分析之前要做好哪些准备工作？
2. 你认为用什么成果可以检验这一模块的学习效果？这种成果你能不能从企业中收集到？

单元一　认识工作分析

通过上面的介绍，相信你对工作分析的重要性已经有了一定的理解，但还不够全面、深入和具体，如果你不能充分地认识工作分析的重要性，你就不会有足够的兴趣和动力来认真地学好这一模块，将来也就不会认真负责地完成与此相关的工作。接下来，请大家一起对如下问题进行讨论：

（1）为什么有人工作量很大，做也做不完？

（2）为什么有人没活干，整天喝茶、看报纸、上网、聊天、玩游戏？

（3）为什么会出现有些人工作内容相互重叠，有功劳大家争、有责任没人担的现象？

（4）为什么会有工作没人去做，贻误商机？

（5）为什么企业招聘的员工常常不符合要求？

（6）为什么会有员工完不成客观的绩效考核任务，勤无奖、懒无罚的现象？

（7）为什么公司付出了巨大的薪资总额，而员工仍是抱怨工资太低、福利太少？

（8）为什么员工抱怨公司没有提供足够的培训学习机会？

（9）为什么公司投入了时间、金钱进行员工培训却没有达到期望的效果？

（10）为什么有的员工不知道自己该做些什么？

（11）为什么主管难以确切地评价下属员工的工作成绩是好是坏？

以上问题也许对于从未参加过工作的你来说还是第一次碰到，不过没有关系，因为在这个飞速发展、瞬息万变的社会，很多问题我们都是第一次面对，只要你努力思考，相信一定会有所收获。对照下面给出的结论，检查一下自己的分析判断能力是否还需要进一步提高：

（1）我们并不了解每个人的工作量是多少。

（2）我们并不了解到底需要多少工作人员。

（3）我们并不了解每个岗位到底需要什么样的人员。

（4）我们并不了解员工的工作职责。

（5）我们并不了解如何有效地发挥每个人的作用。

（6）我们并不了解员工的职业生涯规划。

（7）我们并不了解员工到底需要什么。

如果你能正确地分析这些问题，找到现象背后的原因，接下来你就应该考虑如何解决问题。解决问题的能力对我们每个人来讲更富有挑战性。上述我们讨论过的种种问题都需要一个有效的人力资源管理体系去解决，而人力资源管理的基础是工作分析与工作设计。

一、工作分析的概念

工作分析是指通过对工作内容与工作责任的资料汇集、研究和分析，可以确定该项工作的任务、性质和相对价值以及哪些类型的人适合从事这一工作。工作分析的结果通常会形成一份综合性的文件材料——职务说明书（工作说明书）。

二、工作分析的重点（6W1H）

（1）Who：谁来完成这项工作。

（2）What：这项工作具体做什么事情。

（3）When：工作时间的安排。

（4）Where：工作地点在哪里。

（5）Why：为什么工作（工作的意义是什么）。

（6）for Who：为谁工作。

（7）How：如何工作。

三、工作分析相关术语及含义

具体如表 3-1 所示。

表 3-1 工作分析相关术语及含义

相关术语	含义
要素	要素是指工作活动中除单个动作外的最小划分单位，它可被用于描述单个动作。例如，操作工人拿起镊子，财务人员使用计算工具
任务	任务是指为达到某一特定的目的而进行的一系列相关的活动或要素。例如，打字员为了制作出正规的文件，需要打开计算机、输入文字、调整版面布局、从打印机中输出文件

续表

相关术语	含　义
职责	职责是指特定的工作岗位所负责承担的某类工作任务的集合。例如，招聘专员工作职责中包括“负责招聘工作”，其中包括分析各部门对应届大学毕业生的需求，制订应届大学毕业生招聘计划
工作	(1) 指工作任务。如销售工作、行政工作、人事工作 (2) 指由一系列相互联系、职能类似或所需水平相似的任务所组成的工作岗位。一个工作对应一项或多项职责
职务	职务即岗位名称，是对某一类工作岗位（职位）特定的指称。如公司的生产部经理、质管部经理、设计部经理等
职位	职位是指根据组织目标为个人规定的一组任务及相应的责任。职位与个人是一一匹配的，也就是有多少职位就有多少人，二者的数量相等。“职位”与“岗位”的概念相近。在我国，“职位”一词多见于国家机关及相关单位的人事管理中
职系	职系是指工作性质大体相似，但工作责任、难易程度不同的一系列职位。例如，人力资源助理、人力资源专员、人力资源经理、人力资源总监就是一个职系
职组	职组是指若干工作性质相似的职系组成的集合。如小学教师、中学教师、大学教师就组成了教师这个职组
职级	职级是指工作内容、难易程度、责任大小、所需资格都很相似的职位组成的级别

小案例

从工作分析看《哪吒之魔童闹海》的成功

一、背景

《哪吒之魔童闹海》（以下简称《哪吒 2》）是一部具有里程碑意义的国产动画电影。截至 2025 年 5 月 8 日，总票房突破 158 亿元，登顶中国影史票房冠军，并跻身全球动画电影票房榜前十。这部电影的成功不仅体现在票房上，更在于其对国产动画电影产业的推动作用。

二、《哪吒 2》团队

1. 导演与创作团队

导演：作为电影的核心创作者，导演在《哪吒 2》中展现了极高的艺术追求和专业能力。他带领团队对传统神话故事进行了创新性改编，将现代价值观与传统文化相结合，成功塑造了哪吒这一角色。导演的工作不仅包括故事的构思和脚本的撰写，还涉及对动画制作各个环节的把控，确保影片的质量和艺术效果。

创作团队：《哪吒 2》的创作团队成员众多，涵盖了编剧、分镜师、动画师、特效师等多个岗位。每个岗位都有明确的职责和分工，例如编剧负责故事的逻辑性和情感深度，动画师则专注于角色的动作和表情设计。团队成员之间的协作和沟通是保证项目顺利推进的关键。

2. 技术团队

特效与技术突破：《哪吒 2》在技术层面实现了飞跃式提升。全片 2 400 多个镜头中，1 900 多个为特效镜头，占比超过 80%。技术团队运用先进的计算机图形技术和算法，在流体动力学和粒子特效等方面不断突破，增强了画面的动态感和真实感。例如，敖丙的鳞片设计和哪吒的“三头六臂”都体现了技术与美学的完美结合。

动态水墨渲染引擎：技术团队还开发了全球首个"动态水墨渲染引擎"，用于表现敖丙的冰戟划过银幕时的墨色变化，这一技术的应用不仅提升了画面效果，还为国产特效建立了自己的美学语言体系。

3. 市场与营销团队

市场定位与推广：市场团队对《哪吒 2》进行了精准的市场定位，将其定位为"合家欢"动画电影，吸引了全年龄段的观众。通过社交媒体、线下活动等多种渠道进行推广，成功引发了观众的期待和讨论。

口碑营销：影片上映后，市场团队利用观众的口碑效应，通过社交媒体平台和线下活动进一步扩大影片的影响力。这种口碑营销策略不仅提升了影片的票房，还增强了观众对国产动画电影的信心。

请思考：从《哪吒 2》的成功看工作分析的重要意义。

四、工作分析在人力资源管理中的重要性

工作分析的重要性包括以下几点：

（1）促使工作的名称与含义在整个组织中表示特定而一致的意义，实现工作用语标准化。

（2）确定工作要求，以建立适当的指导与培训内容。

（3）确定员工录用与上岗的最低条件。

（4）为确定组织的人力资源需求、制订人力资源计划提供依据。

（5）确定工作之间的相互关系，以利于合理的晋升、调动与指派。

（6）提供工作评价依据，为建立公平合理的工资和奖励制度提供科学的依据。

（7）为制定考核程序及方法提供依据，以利于管理人员执行监督职能及员工进行自我控制。

（8）掌握有关工作与环境的实际情况，以利于发现导致员工不满、工作效率下降的原因。

（9）辨明影响安全的主要因素，以便及时采取有效措施将危险降至最低。

（10）为改进工作方法积累必要的资料，为组织的变革提供依据。

工作分析在人力资源管理中的重要性可以用图 3－1 来表示。

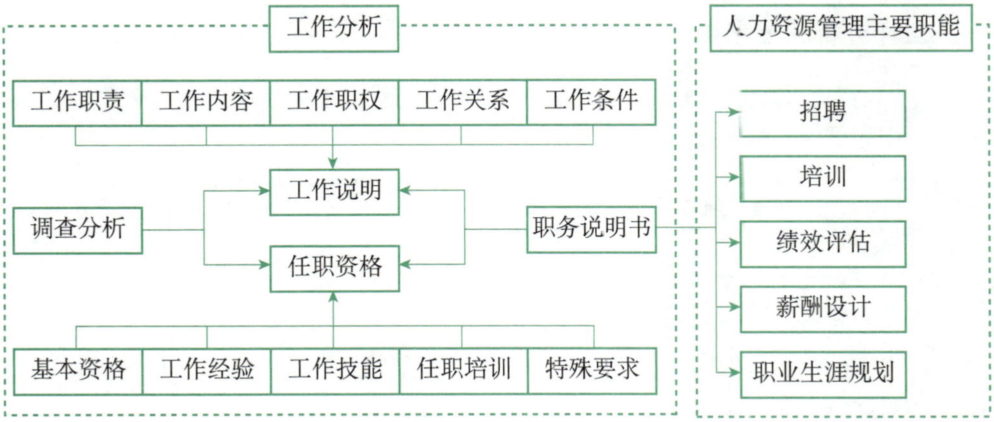

图 3－1　工作分析功能

小案例

美华摄影公司的主要业务是摄影、冲印底片和制作艺术照片，公司有 50 名职员、8 位管理人员。艺术部（8 名职员和 1 名管理人员）的基本工作是挑选相片，进行艺术处理，并装订成册。如果组织得当，这个工作其实是很有趣的。在工作设计之前，艺术部主管接收所有的任务，将它们归类整理，然后按员工的技术水平分派任务，指定完成期限。主管本人必须检查所有的产品，并修补有问题的部分，为此花费了大量的时间和精力，但仍有积压，以致顾客和其他部门经常抱怨。主管忙得几乎没有时间培训和管理员工，而职员的出错率越来越高，积压越来越多，工作的效率也越来越低下。同时，报酬以完成任务的数量来定而不考虑工作难易程度，这使那些有经验的职员从事耗时多的复杂工作而报酬偏低，而那些做着简单工作的新职员却得到高收入。职员的不满情绪日益增加，2 个月内，有 3 名职员离开了该部门。于是领导层经过学习和培训，开始对艺术部的工作进行了重新设计，分成两个组：普通艺术照组和婚礼肖像组。每个组由一名熟练工作人员任组长，负责分工和培训。每个员工负责自己的工作质量，一旦出现错误直接返回给本人，组长和主管不负责修复，加工过程出现问题时员工直接与顾客协商；工资支付方式在原有数量基础上乘工作难度系数，工作难度越高，系数越大，工资越越高。这些改变使艺术部的月产量增加了 30%，质量也大大提高，员工也安心工作。

从上述案例中，我们发现该摄影公司采用工作专门化的方式，根据工作任务的不同，将艺术部分为两个组，每个组的组长从具体的工作任务中脱离出来。采用这种设计方式后，极大地提高了员工的工作积极性，取得了很好的效果。

结合我们已经学习的关于工作分析方面的知识，想一想：你从案例中获得了哪些启示？你是否已经感觉到工作分析的重要性，并决定进一步好好学习工作分析方面的理论和技能？

单元二　工作分析的程序和方法

一、工作分析的程序

工作分析是对工作进行的一个全面的评价过程，这个过程可以分为六个阶段，各个阶段的主要工作如图 3-2 所示。

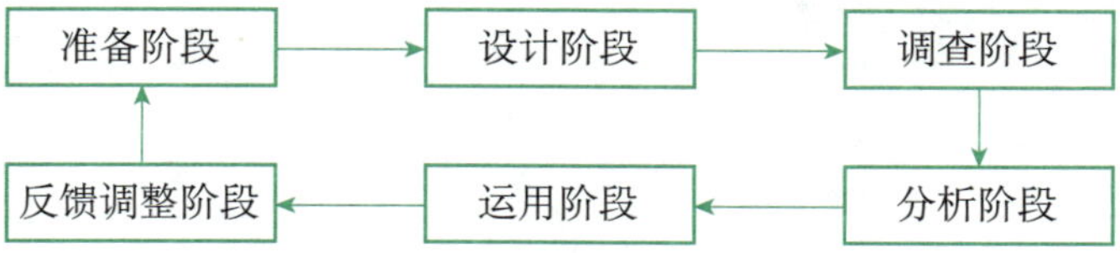

图 3-2　工作分析的程序

（一）准备阶段

成立工作小组；确定样本（选择具有代表性的工作）；分解工作为工作元素和环节，

确定工作的基本难度，制定工作分析规范。

（二）设计阶段

选择信息来源；选择工作分析人员；选择收集信息的方法和系统。

（三）调查阶段

编制各种调查问卷和提纲；广泛收集各种信息（即 6W1H）。

（四）分析阶段

审核已收集的各种信息；创造性地分析、发现有关工作或工作人员的关键成分；归纳、总结出工作分析的必需材料和要素。具体可从以下四个方面进行分析：

（1）职务名称分析，即职务名称标准化，以求通过名称就能了解职务的性质和内容。

（2）工作规范分析，包括工作任务分析、工作关系分析、工作责任分析、劳动强度分析。

（3）工作环境分析，包括工作的物理环境分析、工作的安全环境分析、工作的社会环境分析。

（4）工作执行人员必备条件分析，包括必备知识分析、必备经验分析、必备操作能力分析、必备心理素质分析。

（五）运用阶段

此阶段就是促进工作分析结果的使用。

（六）反馈调整阶段

组织的经营活动不断变化，会直接或间接地引起组织分工协作体制的相应调整，由此可能产生新的任务，部分原有职务消失。

二、工作分析的方法

（一）问卷法

问卷法是获取工作分析信息的最常用方法。问卷法又称间接调查法，也叫做自行分析法，通常被人们认为是最快捷而最省时间的方法。问卷法最首要的事情在于决定问卷的结构性程度以及应该包含哪些问题。在实务上，最好的问卷既有结构性问题，也有开放性的问题。

问卷法的主要长处是速度快，调查面广，可以在较短的时间内以较低的费用获得大量与职务有关的信息，并可对调查结果进行多方式、多用途的分析。

问卷法的主要缺点是对问卷设计要求高。调查问卷的设计直接关系到问卷调查的成败，所以问卷一定要设计得完整、科学、合理。一般员工不愿意花时间认真地填写问卷，并且可能产生理解上的不一致，因此要注意做好问卷填写的培训工作。

小练习

请你认真阅读下面这份资料（见下表），你认为这是一份很好的工作分析问卷调查表吗？它好在哪里？哪些方面需要改进？

工作分析问卷调查样表

<table>
<tr><td colspan="6">一、基本信息</td></tr>
<tr><td>姓　　名</td><td></td><td>岗位名称</td><td></td><td>职位编号</td><td></td></tr>
<tr><td>所属部门</td><td></td><td>直接上级</td><td></td><td>从事本岗位工作时间</td><td></td></tr>
<tr><td colspan="6">二、工作职责</td></tr>
<tr><td colspan="6">1. 职责概述（描述本岗位设置的目的和主要工作目标）</td></tr>
<tr><td colspan="6"></td></tr>
<tr><td colspan="6">2. 工作具体事项</td></tr>
<tr><td colspan="2">每日必做的工作</td><td colspan="2">负责程度（负全责/部分/协助）</td><td colspan="2">完成时间占工作时间的比重</td></tr>
<tr><td colspan="2">(1)</td><td colspan="2"></td><td colspan="2"></td></tr>
<tr><td colspan="2">(2)</td><td colspan="2"></td><td colspan="2"></td></tr>
<tr><td colspan="2">每周/每季度必做的工作</td><td colspan="2">负责程度（负全责/部分/协助）</td><td colspan="2">完成时间占工作时间的比重</td></tr>
<tr><td colspan="2">(1)</td><td colspan="2"></td><td colspan="2"></td></tr>
<tr><td colspan="2">(2)</td><td colspan="2"></td><td colspan="2"></td></tr>
<tr><td colspan="2">突发、临时性的工作</td><td colspan="2">负责程度（负全责/部分/协助）</td><td colspan="2">完成时间占工作时间的比重</td></tr>
<tr><td colspan="2">(1)</td><td colspan="2"></td><td colspan="2"></td></tr>
<tr><td colspan="2">(2)</td><td colspan="2"></td><td colspan="2"></td></tr>
<tr><td colspan="6">三、工作权限</td></tr>
<tr><td colspan="6">1.</td></tr>
<tr><td colspan="6">2.</td></tr>
<tr><td colspan="6">3.</td></tr>
<tr><td colspan="6">为了更好地完成工作，您觉得还需增加哪些权限？</td></tr>
<tr><td colspan="6"></td></tr>
<tr><td colspan="6">四、工作联系</td></tr>
<tr><td colspan="6">评分标准　1分：几乎没有　　2分：偶尔　　3分：经常　　4分：频率较高</td></tr>
<tr><td colspan="3">组织内部部门（人员）</td><td colspan="3">分值</td></tr>
<tr><td colspan="3"></td><td colspan="3"></td></tr>
<tr><td colspan="3"></td><td colspan="3"></td></tr>
<tr><td colspan="3"></td><td colspan="3"></td></tr>
<tr><td colspan="3">组织外部机构（人员）</td><td colspan="3">分值</td></tr>
<tr><td colspan="3"></td><td colspan="3"></td></tr>
<tr><td colspan="3"></td><td colspan="3"></td></tr>
<tr><td colspan="3"></td><td colspan="3"></td></tr>
<tr><td colspan="6">五、指导监督</td></tr>
<tr><td colspan="6">1. 您直接领导的下属人数：</td></tr>
<tr><td colspan="6">2. 被监督的对象：</td></tr>
<tr><td colspan="6">六、工作失误之处及带来的影响</td></tr>
<tr><td colspan="6">1. 工作中容易出现失误的地方及原因</td></tr>
<tr><td colspan="6"></td></tr>
<tr><td colspan="6">2. 工作失误带来的影响（在方框里画“√”）</td></tr>
<tr><td colspan="6">☐ 只对自己的工作有影响</td></tr>
<tr><td colspan="6">☐ 对整个部门的工作有影响</td></tr>
<tr><td colspan="6">☐ 对整个组织的工作有影响</td></tr>
</table>

续表

请举 1～2 个例子说明			
3. 工作失误的影响程度（在方框里画“√”）			
□很严重	□严重	□比较严重	□没太大的影响
七、工作压力（单选）			
1. 工作时间是否要求精神高度集中？若是，占总工作时间的比例是（　　）			
A. 10%～20%	B. 21%～40%	C. 41%～80%	D. 81%～100%
2. 工作中是否经常需要迅速作出决定？（　　）			
A. 几乎没有	B. 偶尔	C. 较多	D. 经常
3. 工作中是否需要运用其他跨专业的知识？（　　）			
A. 几乎没有	B. 偶尔	C. 较多	D. 经常
4. 工作对灵活性、创造性方面的要求如何？（　　）			
A. 几乎没有要求，大部分工作都是常规型、程序化的工作			
B. 大部分工作都是常规型、程序化的工作，偶尔会要求灵活变通，处理临时性问题			
C. 经常需要用创意完成工作			
D. 需要快速地在不固定的情况下，对突发事件作出处理			
5. 工作任务量（　　）			
A. 较轻　　B 适度　　C 较重　　D. 不均衡，有时较闲，有时特别忙			
八、工作时间			
1. 每天工作时间共计（　　）小时，自（　　）开始，至（　　）结束			
2. 加班情况说明			
九、培训与发展			
1. 企业组织的培训			
企业组织的培训项目（内容）	培训课程（内容）	培训时间	
(1)			
(2)			
(3)			
2. 为了更好地完成工作，您觉得还需进行哪些方面的培训？			
培训项目（内容）	培训课程（内容）	培训时间	
(1)			
(2)			
(3)			
十、关键业绩考核指标			
1.			
2.			
3.			
建议			

续表

十一、工作环境		
请简要描述一下您的工作环境并提出相关建议		
十二、岗位任职资格		
知识技能要求	(1) 最低学历要求	□高中及以下　□大专　□本科　□硕士及以上
	(2) 工作经验	□1年以下　□1～2年　□3～4年　□5年以上
	(3) 计算机水平要求	□一般　□熟练　□精通
	(4) 外语水平	□一般　□良好的听说读写能力
能力要求	评分标准　1分：较低　2分：一般　3分：较高　4分：高	
	评估要素	要素得分
	(1) 领导能力	
	(2) 计划组织能力	
	(3) 分析判断能力	
	(4) 决策能力	
	(5) 沟通协调能力	
	(6) 语言表达能力	
	(7) 灵活应变能力	
其他		
备注		

（二）访谈法

访谈法是分析者通过与分析对象面对面谈话来收集信息资料的方法，是获取工作分析信息的通用方法。有三种访谈的形式可用来收集工作分析资料：个别面谈、集体面谈、管理人员面谈。集体面谈是在一群员工从事同样工作的情况下使用，通常会邀请其主管也出席，如果主管未出席，也应找机会将收集到的资料与主管谈论。管理人员面谈是找一个或多个管理人员面谈，这些管理人员对于该工作较为了解。在进行现场访谈时，通常采用一种标准化的访谈表来记录有关信息。在大多数情况下，员工和其顶头上司都被列入访谈对象，以便全面彻底地了解一项工作的任务、职责和责任。

访谈法问题清单可参照如下：

1. 工作的目标是什么？

(1) 这个岗位最终要取得怎样的结果？

(2) 从公司角度来看，这个岗位具有哪些重要意义？

(3) 为何设置这一岗位？

2. 工作的意义何在？

(1) 计算每年用于这个岗位的经费，比如经营预算、销售额、用于员工本身的开销。

(2) 岗位主管能否为部门或机构节省大笔开支，且能否年年如此？

(3) 岗位主管能否为公司创造不菲的收益，且能否保持业绩？

3. 岗位在公司中的位置如何？

(1) 该岗位的工作人员直接为谁效力？

（2）哪些职位与其同属一个部门？

（3）该岗位的工作人员最频繁的对内对外联系有哪些？

（4）该岗位的工作人员在哪个委员会供职？

4. 该岗位的工作人员一般有哪些助手？

（1）该岗位的工作人员主管哪些工作？

（2）简要说明其每位下属的工作范围及存在原因。

（3）其下属是何种类型的员工：是否称职、是否经验丰富等。

（4）该岗位的工作人员经常与哪些下属直接接触？

5. 该岗位的工作人员需具备何种技术、管理及人际关系的协调能力？

（1）岗位的基本要求是什么？

（2）需要哪些专业技术和管理技能？请按重要程度列出，并按事件发生的先后顺序，举出工作中的实例来说明。

（3）下属是否拥护他的管理和指导，是否需要他的配合？

（4）在其日常工作中，与技术知识相比，处理人际关系的技巧的重要程度如何？

6. 该岗位工作人员管理工作中需要解决的关键问题是什么？涉及哪些方面？

（1）工作中最大的挑战是什么？

（2）工作中最关切或最谨慎的问题是什么？

（3）在处理这些棘手或重要的问题时，以什么为依据？

（4）处理问题时有无指导或先例可参照？

7. 该岗位工作人员的行为或决策受何种控制？

（1）依据怎样的原则、规章制度、先例和人事制度办事？

（2）是否经常会见上司？

（3）举例说明其曾做出的重大决定或举措。

（4）有何权力？

8. 该岗位工作人员的管理工作最终要取得什么重要成果？

（1）除能圆满解决问题之外，还直接负责什么工作？

（2）具体负责处理某事还是负责监督别人来处理此事？

（3）用何种标准衡量事情的结果？

（4）是由其来确定任务还是由其来组织完成任务？

访谈法的优点有：可获得完全的工作数据，免去员工填写工作说明书的麻烦；可进一步使员工和管理者沟通，以获取谅解和信任；可以不拘形式，访谈内容较有弹性，可随时补充和反问，这是问卷法所不能办到的；收集方式相对简单。

访谈法的缺点有：信息可能受到扭曲——因访谈对象怀疑分析者的动机，访谈对象可能持怀疑、保留态度或故意夸大其工作的量和难度；因无意误解或访谈技巧不佳等因素而造成信息扭曲。访谈通常非常耗费时间，尤其是当访谈者与两三个从事不同工作的员工交谈时，就更是如此。专业性和管理性的职务一般更为复杂，因而访谈需要更长的时间。占用员工工作时间，妨碍生产。

因此，访谈法适合于脑力劳动者，如开发人员、设计人员、高层管理人员等。访谈法主要是用作问卷调查的后续措施。作为后续措施，访谈法的主要目的，是要求员工和有关负责人协助澄清问卷调查中的某些信息问题；同时，分析人员也可借机澄清问卷中的某些术语方面的问题。访谈法要求经理或人力资源专家在与承担各项工作的员工交谈前，充分准备好访谈内容，要形成一个有效和完整的“访谈提纲”，访谈提纲的内容和“职务分析调查表”的内容基本相同。在访谈过程中，要注意避免一味地消极记录，而应积极引导，注意气氛，引导访谈对象持友好、合作态度。

（三）观察法

问卷法、访谈法等工作分析方法都可以有效地采集工作职务方面的信息，但它们都有某些缺点。其中有一个较大的问题，即有经验的员工并不总是很了解自己完成工作的方式，许多工作行为已成习惯，干起工作来并未意识到工作程序的细节。因此，研究者们主张采用观察法对工作人员的工作过程进行观察，记录工作行为的各方面特点；了解工作中所使用的工具设备；了解工作程序、工作环境和体力消耗。观察时，可以用笔记录，也可以用事先预备好的观察项目表一边观察，一边核对。在运用观察项目表时，须事先对该工作有所了解。这样，制定的观察项目表才比较实用。观察前先进行访谈将有利于观察工作的进行。一方面，它有利于把握观察的大体框架，另一方面它使双方相互有所了解，建立起一定的合作关系。这样，随后的观察就能更加自然、顺利地进行。

小案例

在工作实践中，这样的情况很普遍：有的员工工作十分投入，十分认真，但是工作效率不高。南京某IT企业有十几名业务人员，业务人员的素质相差不大，但业绩差异十分大。其中最明显的两个人是小王与小李，小王一个月的绩效是小李的5倍。但在对全部员工的调查问卷中，大家一致认为小李比小王更能吃苦、更认真。于是人力资源部对两个人做了一周5个工作日的跟踪观察。当时公司规定是上午8:30上班，下午5:30下班，中午休息1个小时。一周跟踪观察的情况如下：小王早上平均8:21到公司，小李早上平均8:05到公司。

小王和小李一天的工作情况如下表所示。

◆ 小王一天的工作情况	◆ 小李一天的工作情况
到公司后花5分钟时间做卫生，然后开始电话联系新客户，到9:40电话联系结束，这期间平均打电话21个，找到对方负责人的电话为15个。 9:40—11:00，处理前一天老客户的成交单据，同时预约下午的老客户拜访。 11:00—11:40以及13:30—14:30，又有大约18个开拓新客户的电话，找到单位负责人的电话为12个。 14:30—17:00，外出进行客户的约定拜访，平均走访4家客户，成功拜访（指能见到分管业务的负责人）平均为3.6家。 17:00—17:30，回公司处理一些杂务，下班离开公司的时间是17:43。	到公司后花15分钟时间做卫生（这期间还会帮其他同事做一些事）。 8:20开始处理前一天老客户的业务事务，处理1小时，到9:20结束。 9:20—11:50，电话联系开拓新客户的工作。这期间，平均打34个电话，成功找到单位负责人的电话为9个。 13:20—17:10，走访老客户，平均走访5家，平均成功访问为1～2家。 17:10—18:30，回公司处理一些杂务，平均下班时间为18:35。

人力资源部对小王、小李的专业业务掌握情况进行了综合测试，小李得 91 分，小王得 84 分，并对小王、小李的沟通技巧进行了面试，5 个评委，小李得 81 分，小王得 89 分。

人力资源部对小李电话访问成功率低的原因进行了分析，发现小李电话开拓新客户的时间，正好是多数客户的负责人外出办事的时间，而小王打电话的时间则是多数客户的负责人还在公司。小李走访客户没有事先预约，所以成功率低，多数客户的负责人不在，仅有的一点成功率也多是在 17:00 左右的最后一两个拜访中出现的，而小王的走访多是事先预约的。人力资源部认为以上两点是小王、小李业绩差异的主要问题。

根据这一结论，人力资源部让小李先调整工作时间的分配，采用小王的工作时间分配形式。调整后，经过一周的磨合，到第二周，发现小李的成功率有了大幅度的上升，工作量反而有了一些下降。电话开拓新客户的数量为每天 36 个，成功数量上升到 22 个，客户走访量仍是 5 家，成功数量上升到 4 家。两个月后，小李的业绩已经达到小王的 90%。

上面这一案例，说明员工的工作行为对员工的工作业绩是有较大影响的。在工作分析时，通过跟踪观察，对员工的工作行为进行记录，并在此基础上进行科学分析，据以调整和引导员工的工作行为。

（四）技术会议法

这种方法是召集管理人员、技术人员举行会议，讨论工作特征与要求。由于管理人员和技术人员对有关的工作比较了解，尤其是比较了解有关工作的技术特征和工艺特征，所以他们的意见对获取有效的工作分析资料无疑是很有用的。

（五）工作日记法

这种方法要求员工在一段时间内对自己在工作中所做的一切进行系统的记录。如果记录得很详细，那么经常会提示一些其他方法无法获得或者观察不到的细节。工作日记法的优点有三个：一是可以充分地了解工作，有助于主管对员工的面谈。二是逐日或在工作活动后记录，可以避免遗漏。三是可以收集到最详尽的数据。工作日记法的缺点有两个：一是员工可能会夸张或隐藏某些活动，同时掩盖其他行为。二是费时、成本高且干扰员工工作，对员工来说的确是一个很大的负担，员工不乐意接受。

（六）工作参与法

这种方法是由工作分析人员亲自参加工作活动，体验工作的整个过程，从中获得工作分析的资料。要想对某一工作有一个深刻的了解，最好的方法就是亲自去实践。通过实地考察，可以细致、深入地体验、了解和分析某种工作的心理因素及工作所需的各种心理品质和行为模型。所以，就获得工作分析资料的质量而言，这种方法比前几种方法效果更好。

（七）关键事件法

关键事件法是指请管理人员和工作人员回忆、报告对他们的工作绩效来说比较关键的工作特征和事件，从而获得工作分析资料。一般而言，工作分析的方法可以分为职务定向方法和行为定向方法。前者相对静态地描述和分析职务的特征，收集各种有关“工作描述”一类的材料；后者集中于与“工作要求”相适应的工作行为，属于相对动态的分析。关键事件法就是一种常用的行为定向方法，这种方法要求管理人员、普通员工以及其他熟悉工作职务的人员记录工作行为中的“关键事件”——使工作成功或者失败的行为或事件。在大量收集关键事件以后，可以对它们进行分析，并总结出职务的关键特征和行为要求。关键事件法既能获得有关职务的静态信息，也可以了解职务的动态特点。

接下来的重要工作内容就是对收集的信息进行整理，与有关人员确认信息，并做适当的调整，然后编写和形成职务说明书。

单元三　职务说明书的编写

一、职务说明书的内容

职务说明书没有固定的格式，不同的组织可能各不相同，但大体应当包括以下内容：

(1) 职位的基本资料：包括职位名称、职等职级、直接上级职位、直接下级职位。

(2) 职位的本职工作：用一句话说明该职位工作的最终目标，最好 20 字以内。

(3) 职位的岗位职责：按照主次列出该职位各项直接责任、频率、重要程度、所占总业务量的比率。直接责任是指不管级别多高，都要自己完成的工作，最基层的工作人员也应该列出 10 条左右。

(4) 职位的任职资格：说明该职位需要做哪些决定，以及决定将产生的影响。

(5) 职位的工作环境：工作地点、光线、卫生、危险性等。

(6) 其他内容：和工作分析相关的其他内容，可根据实际情况填写。

需要说明的是，这几项内容贯穿在企业所制定的职务说明书中，而并不一定要按顺序罗列。

二、职务说明书编写注意事项

(1) 清晰。在职务说明书中，对工作的描述应清晰透彻，任职人员读过以后，可以明白其工作内容，无须再询问他人或查看其他说明材料。避免使用原则性的评价，专业、难懂的词汇需解释清楚。

(2) 具体。在措辞上，应尽量选用一些具体的动词，如“安装”“加工”“传递”“分析”“设计”等。指出工作的种类，复杂程度，需任职者具备的具体技能、技巧，应承担的具体责任范围等。一般来说，由于基层工人的工作更为具体，其职务说明书中的描述也更具体、详细。

(3) 内容可根据岗位分析目的进行调整，可简可繁。

(4) 为建立企业岗位分析系统，须由企业高层领导、典型职务代表、人力资源管理部门代表、外聘的岗位分析专家与顾问共同组成工作小组或委员会，协同工作，完成此任务。

三、职务说明书范例

具体如表 3-2 所示。

表 3-2　某企业行政秘书职务说明书

<table>
<tr><td rowspan="2">基本信息</td><td>职位名称</td><td>行政秘书</td><td>职位编号</td><td>7</td></tr>
<tr><td>所属部门</td><td>行政部</td><td>直接上级</td><td>办公室主任</td></tr>
<tr><td>职位概述</td><td colspan="4">负责会议安排、电话转接、邮件收发、文档管理、来访接待等日常行政事务工作</td></tr>
<tr><td rowspan="7">任职资格</td><td>学历</td><td colspan="3">大专以上</td></tr>
<tr><td>专业</td><td colspan="3">文秘、中文等相关专业</td></tr>
<tr><td>工作经验</td><td colspan="3">1 年以上相关工作经验</td></tr>
<tr><td>能力素质</td><td colspan="3">具有较强的沟通能力、表达能力、时间管理能力，条理性强，工作积极主动</td></tr>
<tr><td>业务了解范围</td><td colspan="3">掌握公司行政管理、文档管理及公关礼仪知识；了解公司内部工作及业务流程</td></tr>
<tr><td>培训经历</td><td colspan="3">受过文书写作、档案管理等方面的培训</td></tr>
<tr><td>知识</td><td colspan="3">具备文秘、公共关系、行政管理等相关知识</td></tr>
<tr><td colspan="5">职责细化描述</td></tr>
<tr><td rowspan="15">岗位职责</td><td>职责一</td><td colspan="3">行政事务处理</td></tr>
<tr><td rowspan="2">工作任务</td><td colspan="3">1. 来访接待</td></tr>
<tr><td colspan="3">2. 负责电话、邮件、传真等各种渠道信息的处理</td></tr>
<tr><td>职责二</td><td colspan="3">协助领导安排公司各种工作会议</td></tr>
<tr><td rowspan="2">工作任务</td><td colspan="3">1. 按照上级指示列席会议，并做好会议记录</td></tr>
<tr><td colspan="3">2. 相关文件的起草、打印、登记、存档管理</td></tr>
<tr><td>职责三</td><td colspan="3">办公设备管理</td></tr>
<tr><td rowspan="2">工作任务</td><td colspan="3">1. 负责办公室办公设备、用品的使用与管理，并建立管理台账</td></tr>
<tr><td colspan="3">2. 协助相关工作人员定期对办公设备进行检查、检修，确保办公设备正常使用</td></tr>
<tr><td>职责四</td><td colspan="3">沟通协调</td></tr>
<tr><td rowspan="2">工作任务</td><td colspan="3">1. 负责协调上级与各部门的联络与交流</td></tr>
<tr><td colspan="3">2. 协助完成对外联络事宜</td></tr>
<tr><td>职责五</td><td colspan="3">文档资料管理</td></tr>
<tr><td rowspan="2">工作任务</td><td colspan="3">1. 协助制定公司文档管理制度</td></tr>
<tr><td colspan="3">2. 做好公司文件登记、归档管理工作</td></tr>
</table>

单元四　工作设计

一、工作设计的概念

工作设计又称岗位设计，是指根据组织需要，并兼顾个人的需要，规定每个岗位的任务、责任、权力以及组织中与其他岗位关系的过程。它是把工作的内容、工作的资格条件和报酬结合起来，目的是满足员工和组织的需要。工作设计问题主要是组织向其员工分配工作任务和职责的方式问题，工作设计是否得当对于员工的积极性、满意度以及工作绩效都有重大影响。

岗位设计是在工作分析的基础上，研究和分析为促进组织目标的实现，工作应当如何做，以及如何使员工在工作中满意以调动员工的工作积极性。

小案例

零售新媒体运营岗位通用要求之岗位认知

5.1　岗位认知

5.1.1　掌握岗位职责

应掌握岗位职责及相关要求，包括但不限于：

a）岗位具体工作任务、流程；

b）岗位任职资格要求；

c）岗位绩效目标。

5.1.2　熟知新媒体平台规则

应熟知各类新媒体平台规则，包括但不限于：

a）国家法律法规（包括广告法、视频运营法、互联网法、版权法等）；

b）主流新媒体运营平台（包括抖音、快手、微博、小红书、微信公众号等）规则；

c）主流新媒体平台的运营规则、机制（包括曝光规则、流量规则、用户互动机制等）。

5.1.3　产品认知

5.1.3.1　应能通过相关渠道或方法（包括对接供应商、设计师、产品经理等），了解产品的生产流程、特点等。

5.1.3.2　应分析产品卖点、优势，并能通过内容来充分展示产品优势。

5.1.3.3　应熟知主营业务的产品形态（包括实体产品、服务、体验等）。

资料来源：团体标准《零售新媒体运营岗位通用要求》（T/GZBZ 9—2021）节选内容.（2021-05-08）[2021-12-06]. http：//std. samr. gov. cn/tb.

二、工作设计影响因素

具体进行工作设计时，必须考虑以下几方面的因素：

（一）员工

人是组织活动中最基本的要素，员工需求的变化是工作设计不断更新的一个重要因素。工作设计的一个主要内容就是使员工在工作中得到最大的满足。只有重视员工的要求，并开发和引导其兴趣，给他们的成长和发展创造有利条件和环境，才能激发员工的工作热情，增强组织吸引力，留住人才。

（二）组织

工作设计最基本的目的是提高组织效率，增加产出。这就要求工作设计时全面权衡经济效率原则和员工的职业生涯与心理上的需要，找到最佳平衡点，保证每个人满负荷工作，使组织获得生产效益和员工个人满意度两方面的收益。

（三）环境

环境因素包括人力供给和社会期望两方面。工作设计必须从现实情况出发，不能仅凭主观愿望，而要考虑与人力资源的实际水平相一致。

三、改进工作设计的方法

（一）岗位工作扩大化和丰富化

1. 岗位工作扩大化

专业化分工使员工能力高度专一，提高了劳动效率，但也容易造成员工产生单调感、厌倦工作；同时高度的专业化不利于岗位之间的信息沟通，容易导致缺乏活力、抑制创新。因此，很多企业在岗位设置时会适当扩大岗位工作范围，以避免以上问题。

2. 岗位工作丰富化

在岗位现有工作的基础上，通过充实工作内容，增加岗位的技术和技能的含量，使岗位的工作更加多样化、充实化，消除因工作单调乏味而产生的厌倦情绪，从心理、生理上满足员工的合理要求。

（二）团队化工作方式

企业越来越多地采用团队工作的模式，比如研发团队、市场策划团队以及其他强调创意的团队，在团队工作中，只存在大致的分工，而没有绝对的岗位界限，团队成员更强调各自在团队中的角色定位，按照能力而不是岗位发挥作用。如果在团队中强调岗位，反而会破坏团队工作氛围，抑制团队工作优势。

（三）弹性岗位设置

有人提出基于能力的岗位设置方法，其主要特征为：岗位工作目标和职责比较模糊，员工不必拘泥于岗位职责范围，从而有利于发挥个人特长，进而使企业具有应对市场变化的弹性。这种形式在第三产业尤为突出，因为第三产业是高度依赖于人的，员工的能力和积极性对工作任务的影响非常大。

（四）劳动环境优化

劳动环境指的是劳动者所在的劳动场所的外部环境条件。劳动环境优化是指利用现代科学技术，改善劳动环境中的各种因素，使之适合于劳动者的生理和心理特点，建立起“人-机-环境”的最优化系统。

案例分析

某公司工作分析案例

A公司是我国中部省份的一家中型公司。近年来，随着公司的发展和壮大，员工人数大量增加，众多的组织和人力资源管理问题逐渐凸显出来。

公司现有的组织机构，是基于创业时的公司规划，随着业务扩张的需要逐渐扩充而形成的，在运行的过程中，组织与业务上的矛盾已经逐渐凸显出来。部门之间、职位之间的职责与权限缺乏明确的界定，推诿扯皮的现象不断发生。有的部门抱怨事情太多，人手不够，任务不能按时、按质、按量完成；有的部门又觉得人员冗杂，人浮于事，效率低下。

在人员招聘方面，用人部门给出的招聘标准往往比较含糊，招聘主管经常无法准确地理解，使得招来的人大多不能胜任工作。同时目前的许多岗位不能做到人事匹配，员工的能力不能得以充分发挥，严重挫伤了士气，并影响了工作的效果。公司员工的晋升以前由总经理直接做出决定。现在公司规模大了，总经理几乎没有时间与基层员工和部门主管打交道，基层员工和部门主管的晋升只能根据部门经理的意见来做出。而在晋升中，上级和下属之间的私人感情成为决定性的因素，有才干的人往往不能获得提升。因此，许多优秀的员工由于看不到自己的前途而另谋高就。在激励机制方面，公司缺乏科学的绩效考核和薪酬制度，考核中的主观性和随意性非常严重，员工的报酬不能体现其价值与能力，人力资源部经常可以听到大家对薪酬的抱怨和不满，这也是人才流失的重要原因。

面对这样严重的形势，人力资源部开始着手进行人力资源管理的变革，变革首先从进行职位分析、确定职位价值开始。职位分析、职位评价究竟如何开展，如何抓住职位分析、职位评价过程中的要害点，为公司本次组织变革提供有效的信息支持和基础保证，是摆在A公司面前的重要课题。

首先，他们开始寻找进行职位分析的工具与技术。在阅读了国内目前流行的基本职位分析书籍之后，他们从其中选取了一份职位分析问卷，作为收集职位信息的工具。然后，人力资源部将问卷发放到了各个部门经理手中，同时还在公司的内部网上也发了一份关于开展问卷调查的通知，要求各部门配合人力资源部的问卷调查。

据反映，问卷在下发到各部门之后，一直搁置在各部门经理手中没有发下去。很多部门是直到人力资源部开始催收时才把问卷发放到每个员工手中。同时，由于大家都很忙，很多人在拿到问卷之后，没有时间仔细思考便草草填写完事。还有一些人在外地出差，或者任务缠身，自己无法填写，而由同事代笔。此外，据一些较为重视这次调查的员工反映，大家都不了解这次问卷调查的意图，对问卷中一些术语，何为职责、何为工作目的，许多人并不理解。很多人想就疑难问题向人力资源部进行询问，却不知道具体该找谁，因此，只能凭借个人的理解来填写问卷，无法把握填写的规范和标准。

一个星期之后，人力资源部收回了问卷。他们发现，问卷填写的效果不太理想，有一部分问卷填写不全，一部分问卷答非所问，还有一部分问卷根本没有收上来。辛苦调查的结果却没有发挥它应有的价值。

与此同时，人力资源部也着手选取一些职位进行访谈。但在试着谈了几个职位之后，发现访谈的效果也不好。因为，在人力资源部，能够对部门经理访谈的人只有人力资源部经理一人，主管和一般员工都无法与其他部门经理进行沟通。同时，由于经理们都很忙，能够把双方凑在一块，实在不容易。因此，两个星期过去之后，只访谈了两个部门经理。

人力资源部的几位主管负责对经理级以下的人员进行访谈，但在访谈中，出现的情况却出乎意料。大部分时间都是被访谈的人在发牢骚，指责公司的治理问题，抱怨自己的待遇不公等。而在谈到与职位分析相关的内容时，被访谈人往往又闪烁其词，顾左右而言他，似乎对人力资源部这次访谈不太信任。访谈结束之后，访谈人都反映对该职位的情况还是停留在模糊的阶段。这样持续了两个星期，访谈了大概1/3的职位。王经理认为不能拖延下去了，因此决定开始进入项目的下一个阶段——撰写职务说明书。

可这时，各职位的信息收集还不完全。怎么办呢？人力资源部不得不另觅他途。于是，他们通过各种途径从其他公司中收集了许多职务说明书，试图以此作为参照，结合问卷和访谈收集到一些信息来撰写。

在撰写阶段，人力资源部还成立了几个小组，每个小组专门负责起草某一部门的职务说明书，并且还要求各组在两个星期内完成任务。在起草职务说明书的过程中，人力资源部的员工都颇感为难，一方面不了解别的部门的工作，问卷和访谈提供的信息又不准确，另一方面大家又缺乏写职务说明书的经验，因此，写起来都感觉很费劲。规定的时间快到了，很多人为了交稿，不得不急急忙忙，东拼西凑了一些材料，再结合自己的判定，最后成稿。

最后，职务说明书终于出台了。人力资源部将成文的职务说明书下发到了其他部门，同时，还下发了一份文件，要求各部门按照新的职务说明书来界定工作范围，并按照其中规定的任职条件进行人员的招聘、选拔和任用。但这却引起了其他部门的强烈反对，很多直线部门的管理人员甚至公开指责人力资源部，说人力资源部的职务说明书是一堆垃圾文件，完全不符合实际情况。

于是，人力资源部专门与相关部门召开了一次会议来推动职务说明书的应用。人力资源部经理本来想通过这次会议来说服各部门支持这次项目。但结果却恰恰相反，在会上，人力资源部遭到了其他部门的一致批评。同时，人力资源部由于对其他部门不了解，对于其他部门所提的很多问题，也无法进行解释和反驳，因此，会议的最终结论是让人力资源部重新编写职务说明书。后来，经过多次重写与修改，职务说明书始终无法令人满意。最后，职位分析项目不了了之。

人力资源部的员工在经历了这次失败的项目后，对职位分析彻底丧失了信心。他们开始认为，职位分析只不过是“雾里看花，水中望月”的东西，说起来挺好，实际上却没有什么大用，而且认为职位分析只能针对那些治理先进的大公司，对中小企业来说，根本就行不通。原来雄心勃勃的人力资源部经理也变得灰心丧气，而且他一直对这次失败耿耿于怀，对项目失败的原因也是百思不得其解。

思考：

1. 该公司为什么决定从职位分析入手来实施变革？这样的决定正确吗？为什么？
2. 在职位分析项目的整个组织与实施过程中，该公司存在哪些问题？

实用工具

职务说明书设计框架

岗位名称		所在部门		岗位定员数	
岗位编号		部门编号		薪酬等级	
直接上级		直接下级			
岗位图					
工作综述					
岗位职责					

续表

<table>
<tr><td>序号</td><td>工作项目</td><td colspan="7">具体职责</td><td>工作权重（%）</td><td>绩效指标</td></tr>
<tr><td>1</td><td></td><td colspan="7"></td><td></td><td></td></tr>
<tr><td>2</td><td></td><td colspan="7"></td><td></td><td></td></tr>
<tr><td>3</td><td></td><td colspan="7"></td><td></td><td></td></tr>
<tr><td>4</td><td></td><td colspan="7"></td><td></td><td></td></tr>
<tr><td>5</td><td></td><td colspan="7"></td><td></td><td></td></tr>
<tr><td>6</td><td></td><td colspan="7"></td><td></td><td></td></tr>
<tr><td>7</td><td></td><td colspan="7"></td><td></td><td></td></tr>
<tr><td>8</td><td></td><td colspan="7"></td><td></td><td></td></tr>
<tr><td rowspan="2">工作协作关系</td><td>内部</td><td colspan="9"></td></tr>
<tr><td>外部</td><td colspan="9"></td></tr>
<tr><td rowspan="11">任职资格</td><td colspan="2">任职资格项目</td><td colspan="8">要求</td></tr>
<tr><td colspan="2">受教育程度</td><td colspan="8"></td></tr>
<tr><td colspan="2">专业（工种）</td><td colspan="8"></td></tr>
<tr><td colspan="2">工作经验</td><td colspan="8"></td></tr>
<tr><td colspan="2">知识水平</td><td colspan="8"></td></tr>
<tr><td colspan="2">上岗证/资格证</td><td colspan="8"></td></tr>
<tr><td colspan="2">身体健康程度</td><td colspan="8"></td></tr>
<tr><td rowspan="3">专业技能</td><td>技能</td><td></td><td></td><td></td><td></td><td></td><td></td><td colspan="2"></td></tr>
<tr><td>级别</td><td></td><td></td><td></td><td></td><td></td><td></td><td colspan="2"></td></tr>
<tr><td colspan="9">需求程度的级别　很强：5；强：4；较强：3；一般：2；无要求：1</td></tr>
<tr><td colspan="10"></td></tr>
<tr><td rowspan="3">其他</td><td>工作环境</td><td colspan="9"></td></tr>
<tr><td>工作时间特征</td><td colspan="9"></td></tr>
<tr><td>使用的主要工具设备</td><td colspan="9"></td></tr>
<tr><td>述职签字</td><td>任职人</td><td colspan="2"></td><td>任职人上级</td><td colspan="2"></td><td>人力资源部</td><td colspan="3"></td></tr>
</table>

实训应用

实训项目：

以自己所在班级为例，编写班干部职务说明书。

实训目的：

1. 让学生掌握工作分析的内容、程序和方法。
2. 能够设计职务说明书模板并规范地编写职务说明书。

实训组织：

1. 组建工作分析小组。
2. 编写工作人员分工和工作计划书。
3. 利用调查法或访谈法收集工作岗位信息，并编写职务说明书。
4. 学生代表陈述自己的职务说明书，教师进行点评。

管理链接

工作时间管理，HR 事务“永远的痛”

在以人为本、以绩效论英雄的今天，宽松的工作环境、灵活自由的工作时间已成了员工们越来越强烈的呼声。对员工工作时间的管理的确是 HR 事务“永远的痛”：员工对迟到早退的紧张和牢骚，考勤事务给 HR 部门带来的繁杂和压力，企业工作时间和工作绩效的不相称，等等。此时，HR 们不得不去重新考量“朝九晚五”的工作法则，开始接触一种新兴的、更适合时代发展的工作方式——弹性工作制。

弹性工作制（Flexible Work Time）指在完成规定的工作任务或固定的工作时间长度的前提下，员工可以灵活地、自主地选择工作的具体时间，以代替统一、固定的上下班时间的制度。在 20 世纪 90 年代，像花旗银行、施乐、惠普、杜邦等 40%以上的欧美大公司就已经不同程度地实行了这一制度。目前，弹性工作制比较流行的无外乎以下三种形式：核心工作时间与弹性工作时间结合制（以下简称“弹性工时制”）、成果中心制、紧缩工时制。其中，弹性工时制又因其自身的相对优势而被普遍推行，特别是在我国的一些工厂和企业，这是因为，一方面，弹性工时制受 HR 制度建设的制约较少，如相对成果中心制和紧缩工时制而言，可以减缓 HR 细化岗位职责、量化工作目标、固化考核指标的压力；另一方面，对工作设施条件的依赖性还不是太突出，可以暂时避开移动办公（M-Working）、网络沟通、数据互联等环境配置的高成本和难以普及的现状。

弹性工时制是指企业在限定一定周期内的日平均工作时间的前提下，控制部分核心工作时间，让员工自由支配其余工作时间的一种工时制度。企业将员工每天的工作时间分成核心工作时间和弹性工作时间两部分，核心工作时间是每天某几个小时所有员工必须到班的时间，这部分时间用于员工之间的沟通和协作，弹性工作时间是员工自主选定上下班的时间，这部分时间由员工根据自己的安排来工作，但为了保证工作时间充足，一般限定在一定周期（如周、月、季）内，平均每个工作日的工作时间仍不少于法定工作时间（一般为 8 小时）。

从心理学角度分析，弹性工时制给予了员工更多的自主权和责任感，顺应了员工的精神需求。它不仅给员工自主安排上下班时间留有宽松的余地，减少了员工对上下班匆忙和拥挤的焦虑，使员工处理家庭及个人社交事务有较为自由和充足的时间，员工的“自我管理”得到了尝试并受到尊重，也使得 HR 管理深入人心，激发了员工自主贡献的热情，从另一个侧面展示出企业高效率的工作氛围。

由于弹性工时制还仅仅是一种半开放的工作时间管理模式，因此 HR 仍不可能完全放开考勤这根“缰绳”。所以，设计并应用好一套相适应的考勤系统将是实行这一制度的有力保障。

明德强技

直播带货乱象频出，《网络直播营销行为规范》实施！

如今越来越多的企业看到了网络直播营销对于品牌宣传推广和营销市场的影响，开始选择其作为营销新战场。一些有实力的广告公司也转型提供直播营销服务，企业和品牌代言人纷纷走进直播间，加入主播行列。

为了规范网络直播营销活动，促进其健康发展，中国广告协会在前期工作基础上，经过充分调研，征求意见，并得到市场监管总局有关单位、中国消费者协会的大力支持，依据《中华人民共和国电子商务法》《中华人民共和国消费者权益保护法》《中华人民共和国广告法》《中华人民共和国产品质量法》《中华人民共和国反不正当竞争法》等法律、法规、规章和有关规定，制定了《网络直播营销行为规范》（以下简称《规范》）。

《规范》对于商家明确规定：商家应具有与所提供商品或者服务相应的资质、许可，并亮证亮照经营。

《规范》对于主播明确规定：主播在直播活动中，应当保证信息真实、合法，不得对商品和服务进行虚假宣传，欺骗、误导消费者。

主播向商家、网络直播营销平台等提供的营销数据应当真实，不得采取任何形式进行流量等数据造假，不得采取虚假购买和事后退货等方式骗取商家的佣金。

《规范》对于网络直播营销平台明确规定：电商平台类的网络直播营销平台经营者，应当加强对入驻本平台内的商家主体资质规范，督促商家公示营业执照及与其经营业务有关的行政许可信息。

内容平台类的网络直播营销平台经营者应当加强对入驻本平台的商家、主播交易行为规范，防止主播采取链接跳转等方式，诱导用户进行线下交易。

社交平台类的网络直播营销平台经营者应当规范内部交易秩序，禁止主播诱导用户绕过合法交易程序在社交群组进行线下交易。

模块三在线练习

模块四

员工招聘与录用

学习目标

1. 知识目标

◆ 熟悉招聘各环节工作的流程

◆ 掌握员工招聘渠道的选择

◆ 熟知录用环节各项工作

2. 技能目标

◆ 能够编制员工招聘过程中的基本文书，并设计相关表格

◆ 能够利用员工招聘的相关理论组织模拟面试

3. 素养目标

◆ 具有诚信、守法、公正的工作态度

◆ 培养乐观、自信的人生态度

◆ 培养热爱事业、关心民生的社会责任感

本模块的主要任务是根据组织内的岗位需要及工作岗位职责说明书，利用各种方法和手段，从组织内部或外部吸引应聘人员，经过资格审查，从应聘人员中初选出一定数量的候选人，再经过严格的考试进行筛选，确定最后录用人选。企业的人员招聘和录用工作直接关系到企业人力资源的数量和质量，它解决的是"人从哪儿来"的问题，因而是企业人力资源管理工作的重要工作内容。

以下是某公司员工招聘与录用的典型工作任务，其他公司可能会在某些方面与之不尽相同，但基本上大同小异。这个典型工作任务可以让你了解这一模块的学习内容是对应未来工作岗位上的什么工作任务。

典型工作任务

某公司员工招聘与录用的典型工作任务

1. 根据现有编制及业务发展需求，确定招聘目标，汇总岗位需求数量和人员需求数量，制订并执行招聘计划。

2. 调查公司所需人才的外部人力资源存量与分布状况，并进行有效分析，对招聘渠道实施规划、开发、维护、拓展，保证人才信息量大、层次丰富、质量高，确保招聘渠道能有效满足公司的用人需求。

3. 发布职位需求信息，做好公司形象宣传。

4. 搜集简历，对简历进行分类、筛选，安排聘前测试，确定面试名单，通知应聘者前来面试（笔试），对应聘者进行初步面试（笔试）考核，出具综合评价意见。

5. 组织相关部门人员完成复试工作，确保面试工作的及时开展及考核结果符合岗位要求。

6. 对拟录用人员进行背景调查，与拟录用人员进行待遇沟通，完成录用通知。

7. 负责招聘广告的撰写，招聘网站的维护和更新以及招聘网站的信息沟通。

8. 招聘费用的申请、控制和报销。

9. 总结招聘工作中存在的问题，提出优化招聘制度和流程的合理化建议，完成招聘分析报告。

10. 负责建立企业人才储备库，做好简历管理与信息保密工作。

讨论：

1. 上述员工招聘与录用的十大典型工作任务涉及哪些部门、哪些人？

2. 在上面给出的“某公司员工招聘与录用的典型工作任务”中，你认为最难的是哪几项？最简单的是哪几项？

3. 如果你是该公司人力资源部的一位工作人员，哪些工作任务你不经过进一步学习现在就可以很好地完成？哪些需要深入学习才能胜任？

思考：

1. 通过各种途径寻找其他企业的员工招聘与录用的典型工作任务，看看与我们给出的有什么不同，为什么会不同？

2. 将来你工作后，实际工作中员工招聘与录用的典型工作任务可能与我们学过的不尽相同，你将怎么办？

单元一　招聘的目的与流程

一、招聘的目的

招聘的最直接目的就是弥补企业人力资源的不足，这是招聘工作的前提。具体地说，企业的招聘一般源于以下几种目的：

（1）企业目前的人力资源总供给量不能满足企业或各个岗位的总任务目标（即计划总

业务量或计划总产量），需要补充。

（2）企业或各个岗位正常替补流动引起了职位空缺，需要补充。

（3）满足因企业或各个岗位的生产技术水平或管理方式变化所引起的对人力资源的可能需求。

（4）满足新规划事业或新开辟业务所需的人员需求。

（5）满足企业规模扩张所引起的人员需求等。

（6）未来的人才储备。

小思考

管理培训生（Management Trainee，简称 MT）是一个外来术语，是一些大企业自主培养企业中高层管理人员的人才储备计划。你了解管理培训生招聘的相关信息和内容吗？

当企业人力资源绝对或相对不足时，企业有很多解决办法，如延长员工工作时间或增加工作负荷量、进行平行性岗位调动、增加临时性员工和使用退休员工、通过人才租赁公司租借所需人员等，以上可统称为提高效率弥补法。但与提高效率弥补法相比，以招聘为主的数量弥补法更为有效、快捷，因为提高效率弥补法需要一定的时间，无法满足企业急迫的用人需求。因此，目前各企业解决人力资源不足问题最快捷也最实用的方法仍然是招聘。

当然，招聘和录用需要较高的成本，包括寻找、面试、支付代理费以及重新安置和培训新员工等的成本。因此，企业在选择招聘之前可先尽量采取加班、增加临时工等方法。

要注意，工作空缺并不由人力资源部来判断，人力资源部不懂技术，所以无法判断是否确实有工作空缺，而只能请部门经理想一想是否确实存在岗位空缺。

小案例

关于藏东南文化遗产博物馆公开招聘讲解员的公告

因工作需要，藏东南文化遗产博物馆面向社会公开招聘讲解员，现将有关事宜公告如下：

一、招聘人数

招聘非正式在编讲解员 2 名，每年签订《劳动合同》。

二、岗位职责

1. 承担面向公众的展览解说、观众接待及短期临展的讲解词撰写等博物馆宣传教育工作。

2. 协助参与开展各项博物馆活动策划和社会教育活动。

3. 协助做好参观秩序的维护工作。

4. 完成博物馆交办的其他工作。

三、任职条件

1. 具有中华人民共和国国籍，遵守中华人民共和国宪法和法律，具有良好的品行，无违法犯罪记录；

2. 热爱博物馆事业，责任心强，具有较强的团队协作和服务意识；

3. 年龄在 20 周岁以上，专科及以上学历，具有播音主持、旅游管理文史及有文博单位工作经验者优先考虑；

4. 擅长人际沟通，口语表达能力强，形象良好、仪态端庄；

5. 面、颈、手臂等身体裸露部位不能有纹身。

四、招聘程序

1. 报名时间：招满为止。

2. 报名方式：采取现场报名方式。应聘人员应持身份证，学历、学位以及相关证书原件到藏东南文化遗产博物馆办公室报名。

3. 资格审查：应聘人员应对提供的信息、材料真实性负责，凡发现报名人员与报考条件不符、弄虚作假，一经查实，立即取消其应聘资格。

4. 面试：面试时间暂定为报名结束后的 3 个工作日内组织，具体时间以电话通知为准。

资料来源：https：//news. qq. com/rain/a/20250210A02UP700.

二、招聘和录用流程

人员招聘和录用程序大体如图 4－1 所示，不同的企业会根据实际情况有所删减。

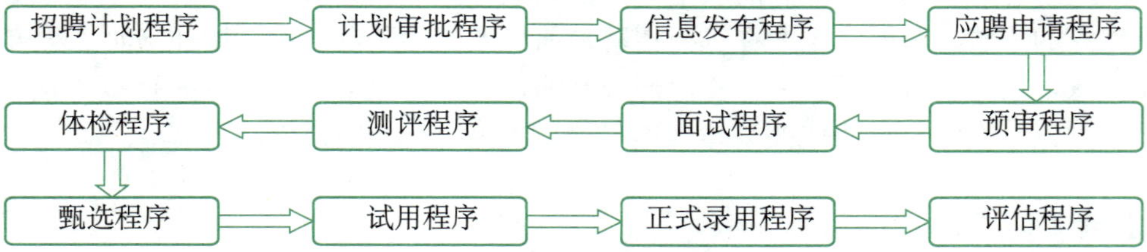

图 4－1　人员招聘和录用程序

（一）招聘计划程序

企业一般的招聘计划程序如图 4－2 所示。

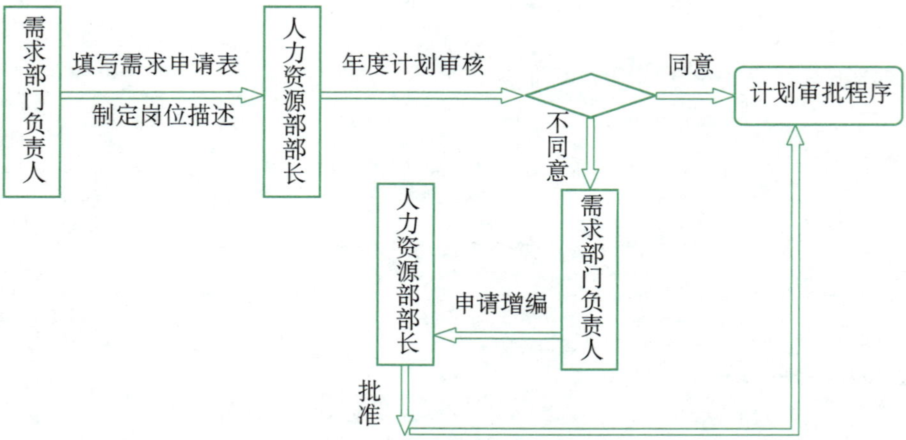

图 4－2　招聘计划程序

说明：

（1）需求部门负责人填写需求申请表，制定岗位描述，交人力资源部部长审核。

（2）人力资源部部长根据年度计划进行审核，计划以内的审批后交招聘专员；计划以外的，需求部门负责人填写申请增编表，人力资源部部长批准后，转招聘专员。

（二）计划审批程序

企业一般的招聘计划审批程序如图 4－3 所示。

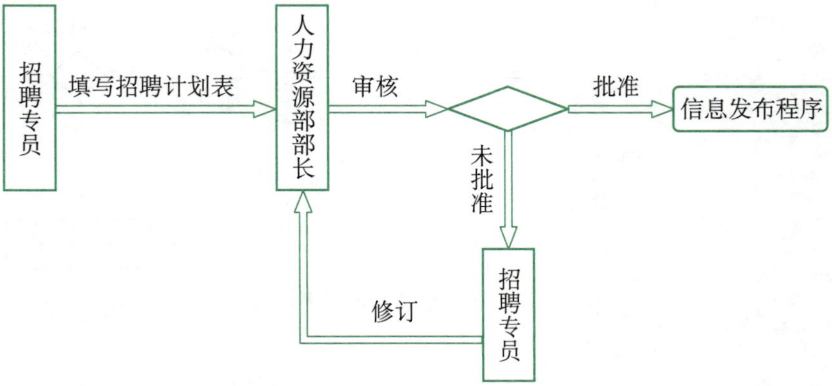

图 4－3　招聘计划审批程序

说明：

（1）招聘专员根据需求申请表和岗位描述书，确定信息发布的方式，并预算经费，填写招聘计划表，交人力资源部部长审批。

（2）人力资源部部长审核招聘计划表，如批准，转入信息发布程序；未批准，提出修改意见，招聘专员重新填写招聘计划表，交人力资源部部长审核，通过后转入信息发布程序。

（三）信息发布程序

企业一般的信息发布程序如图 4－4 所示。

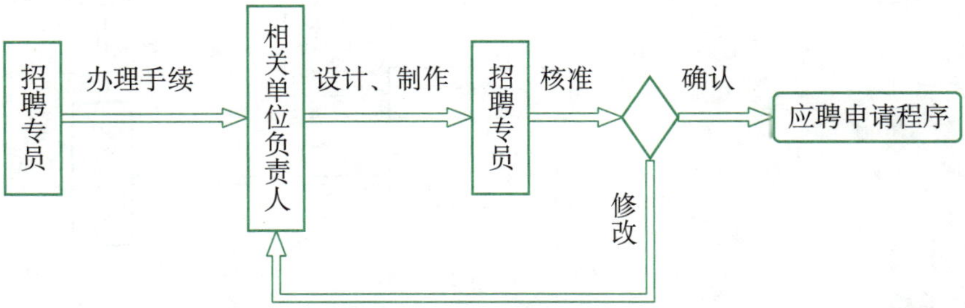

图 4－4　信息发布程序

说明：

（1）招聘专员确定信息发布的内容及时间、渠道，与相关单位联系，办理相应的手续。

（2）相关单位进行信息发布设计、制作，招聘专员进行修改，确认之后，由相关单位发布信息，转入应聘申请程序。

（四）应聘申请程序

企业一般的应聘申请程序如图 4－5 所示。

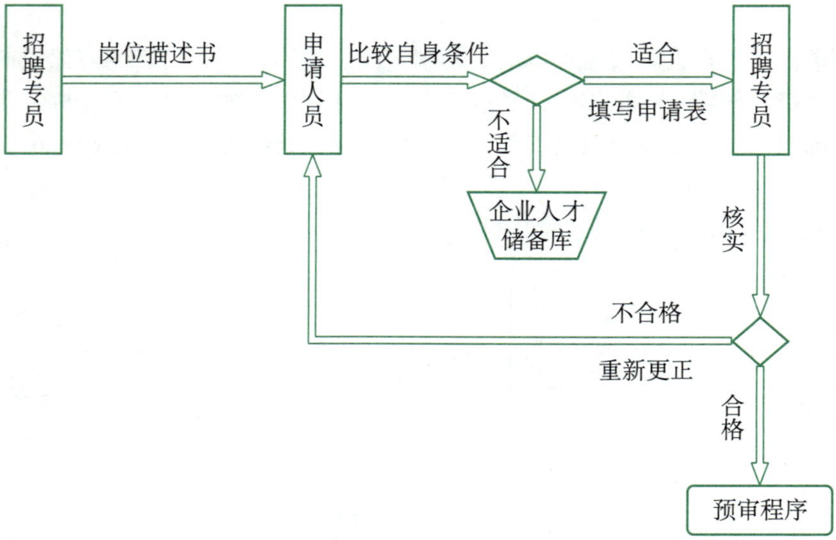

图 4-5　应聘申请程序

说明：

招聘专员提供岗位描述书，申请人员根据自身的情况，如果适合，填写应聘申请表，提供相关资料及复印件，招聘专员予以核实，合格的转入预审程序，如应聘者不适合，可转入企业人才储备库。

（五）预审程序

企业一般的预审程序如图 4-6 所示。

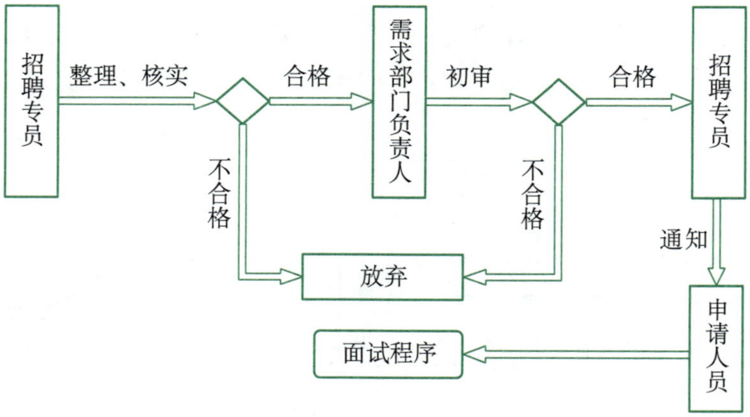

图 4-6　预审程序

说明：

（1）招聘专员对应聘者的资料进行调查核实，不合格者予以放弃，合格者转交需求部门审核。

（2）需求部门负责人对应聘者的资料进行初审，合格者返给招聘专员，不合格者予以放弃。

（3）招聘专员根据应聘者提供的联系方式，通知面试的时间、地点，转入面试程序。

（六）面试程序

企业一般的面试程序如图 4-7 所示。

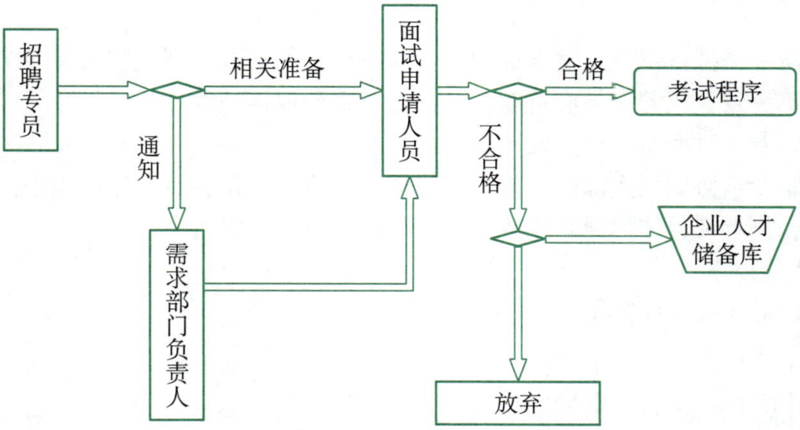

图 4-7　面试程序

说明：

(1) 招聘专员拟订面试计划，做好相应准备。

(2) 邀请需求部门负责人参加面试，合格者进入考试程序。

(3) 不合格者视情况而定，或放入企业人才储备库，或放弃。

(4) 面试过程中招聘专员应做好应聘申请者的接待和企业文化宣传工作。

(七) 测评程序

企业一般的测评程序如图 4-8 所示。

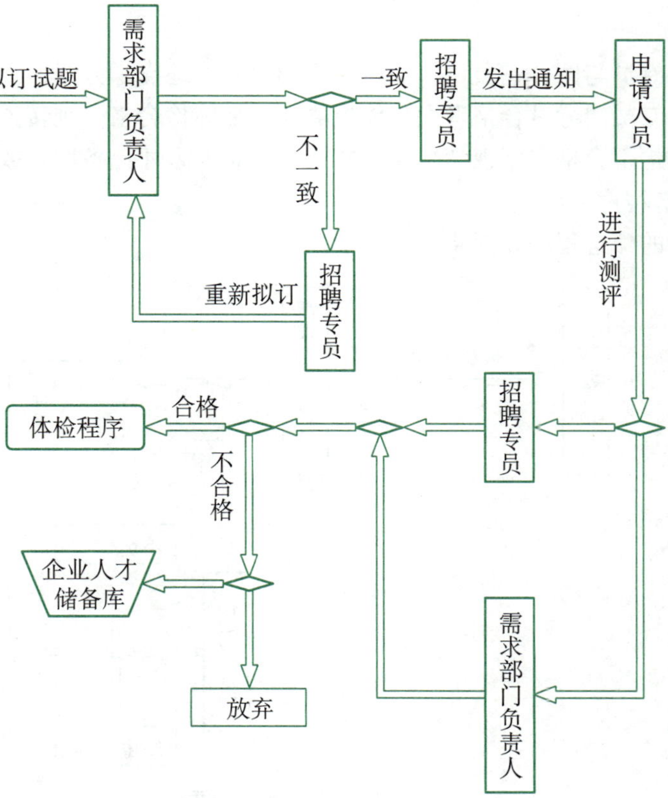

图 4-8　测评程序

说明：

（1）招聘专员拟订试题交需求部门负责人审核，如一致，则通知面试合格人员测评。

（2）如不一致，招聘专员应重新拟订试题，直至取得一致。

（3）招聘专员对面试合格者发出考试通知。

（4）招聘专员协助用人部门负责人对测评作评价，合格者转入体检程序。

（5）不合格者视具体情况，或放弃，或放入企业人才储备库。

（八）体检程序

企业一般的体检程序如图 4－9 所示。

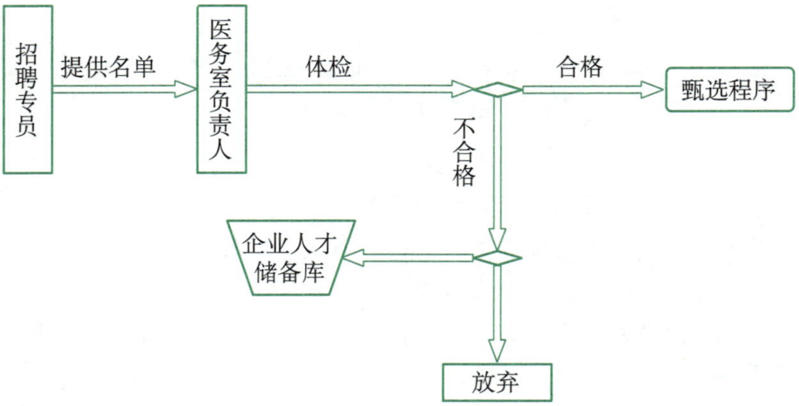

图 4－9　体检程序

说明：

（1）招聘专员与医务室负责人商定体检的时间、地点、方式。

（2）招聘专员向考试合格者发出体检通知，如体检合格，则转入甄选程序。

（3）如体检不合格，则视情况而定，或放入企业人才储备库，或放弃。

（九）甄选程序

企业一般的甄选程序如图 4－10 所示。

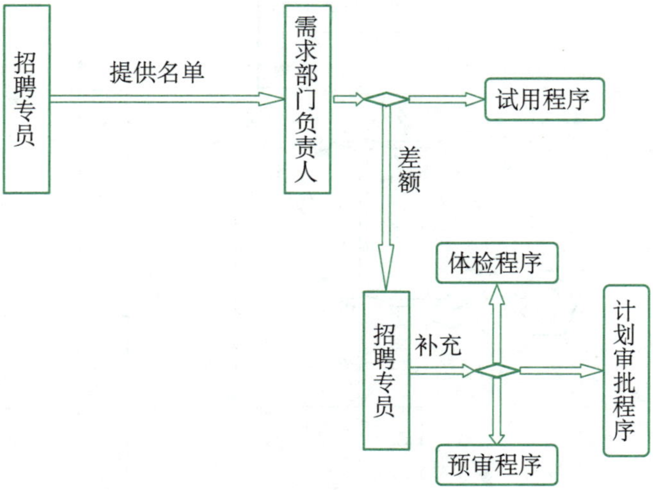

图 4－10　甄选程序

说明：

(1) 招聘专员将体检合格者名单交需求部门负责人，进入试用程序。

(2) 需求部门负责人根据需求，如出现人员差额，可要求招聘专员补充招聘。

(3) 招聘专员从企业人才储备库中搜索所需的人才，返回执行体检程序。

(4) 如预审程序后没有所需人才，则返回执行预审程序。

(5) 如仍未达成满额，则返回执行计划审批程序。

(十) 试用程序

企业一般的试用程序如图 4－11 所示。

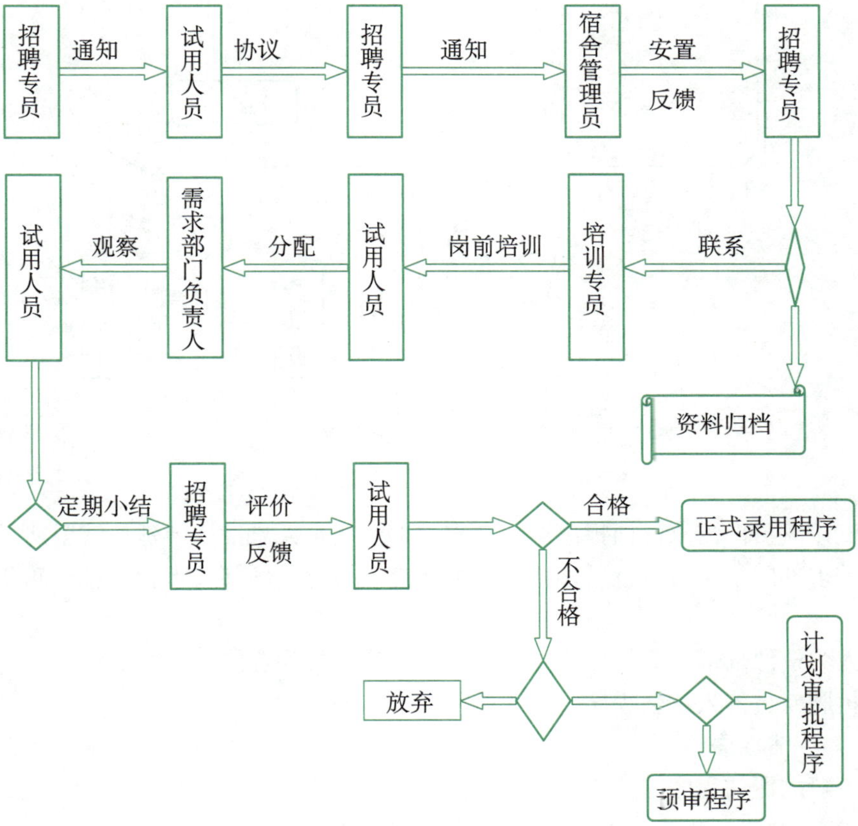

图 4－11　试用程序

说明：

(1) 招聘专员根据最终名单通知合格者。

(2) 合格者签订试用协议，招聘专员将需住宿人员名单交宿舍管理员，进行安排。

(3) 招聘专员将新进试用人员交培训专员进行岗前培训。

(4) 招聘专员将资料进行归档。

(5) 试用人员培训结束后，分配到需求部门，需求部门对新进人员进行观察，形成记录。

(6) 试用人员试用期内需进行定期小结，需求部门负责人与招聘专员对小结进行评价，并反馈到试用人员本人。

（7）试用人员在试用期内不能达到要求，予以放弃。

（8）试用人员在试用期内符合要求，进入正式录用程序。

（十一）正式录用程序

企业一般的正式录用程序如图 4-12 所示。

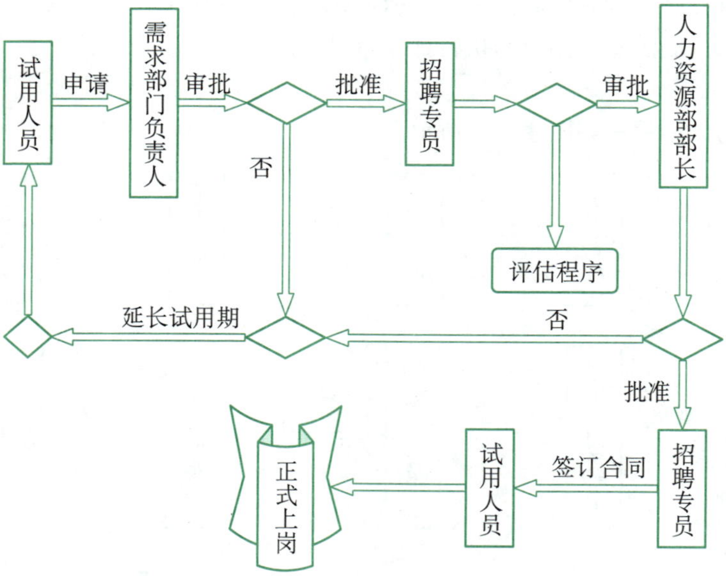

图 4-12　正式录用程序

说明：

（1）试用人员向需求部门提出申请，需求部门负责人未批，则延长试用期。

（2）需求部门负责人审批后，招聘专员递交人力资源部部长审批，如未审批，则延长试用期。

（3）人力资源部部长审批后，则与试用人员签订劳动合同，正式上岗。

（4）招聘专员进入评估程序。

（十二）评估程序

企业一般的评估程序如图 4-13 所示。

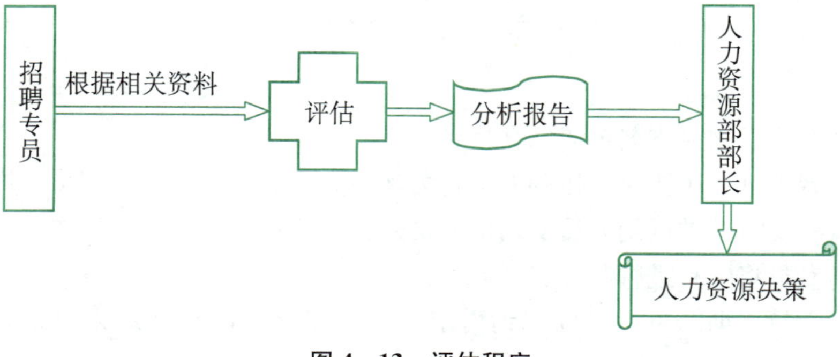

图 4-13　评估程序

说明：

（1）招聘专员对整个招聘工作进行信度和效度的评估，形成分析报告。

（2）招聘专员将分析报告提交人力资源部部长，形成相应的人力资源决策，修改人力资源规划。

单元二 招聘计划的制订

招聘计划是根据组织人力资源规划，在进行工作分析的基础上，通过分析与预测组织内岗位空缺及合格员工获得的可能性，制定关于实现员工补充的一系列工作安排。

一、招聘计划的内容

一般来说，招聘计划包含以下内容：

（1）招聘目标。主要包括：快速招聘到大量人才，树立企业形象，节约招聘成本，建立与人才中介的良好关系，选拔优秀人才等。

（2）人员需求清单。包括招聘的岗位、人数和职位要求。

（3）招聘信息发布的时间和渠道。

（4）招聘小组人选。包括小组人员姓名、职务、各自的职责。

（5）应聘者的甄选方案。包括甄选方法、拟订的场所、大体时间等。

（6）招聘的截止日期。

（7）新员工上岗时间。

（8）招聘费用预算。招聘费用的种类和内容具体参见表 4－1。

（9）招聘工作时间表。从招募公告起草到新员工上岗这一过程的具体时间安排。

（10）招聘广告样稿。

表 4－1 招聘费用的种类和内容

费用种类	重要内容
招募费用	广告费、摊位费、招募差旅费、中介费
甄选费用	测评工具费、测评人员费、应聘人员接待费
录用费用	背景调查、体检、建档等费用
安置费用	新员工迁移和安家费
招聘人员费用	工作人员的工资和福利费
其他费用	各项费用之外的其他费用

招聘计划由人力资源部门制订并进行复核，特别是要对人员需求量、费用等项目进行严格复查，签署意见后交上级主管领导审批。

二、招聘计划范例

下面以 SYZL 公司为例，介绍该公司的人力资源招聘计划。

20××年 SYZL 公司业务要取得突破性的发展，必须大力引进各级各类人才，并提高员工的工作积极性，特别是要加强优秀研发人才和营销人才的引进与培养。为此，根据人力资源规划，特制订 20××年 SYZL 公司人力资源招聘计划。

（一）招聘需求的确定

人力资源规划确定了公司未来业务拓展的人员需求，工作分析确定了公司当前岗位变化的人员需求。在 SYZL 公司，一方面，通过战略目标分解和业务梳理，从上至下让各分公司、各部门负责人明确了其辖区内的未来人员需求；另一方面，各分公司、各部门通过工作岗位分析，对各岗位的工作负荷、工作环境和工作关系等进行了摸底。在这两方面工作的基础上，各分公司、各部门通过填写表 4－2，将其 20××年的人员需求提交给公司人力资源部。人力资源部通过填写表 4－3，将全公司年度人力资源需求情况按部门汇总，并报上级领导审批。

表 4－2　SYZL 公司 20××年度员工招聘申请表

申请部门：　　　　　　　　　　　　　　　　　　　　　　申请时间：

招聘部门名称	岗位名称	工作内容（简）	是否新增岗位	拟聘人数	拟聘原因	到岗时间	聘用条件				
							学历	专业	工作经验	性别与年龄	其他
部门负责人意见											
主管副总意见											
人力资源部或行政人力副总意见											

注：拟聘原因请选：A. 扩大编制　B. 储备人力　C. 离职补充　D. 新业务所需

表 4－3　SYZL 公司 20××年度员工招聘需求汇总及审批表（人力资源部拟订）

拟订时间：

招聘部门	现有人数	聘用人数	聘用岗位	聘用原因	到岗时间	聘用条件				
						学历	专业	工作经验	性别与年龄	其他
行政人力副总意见										
总经理意见										

注：聘用原因请选：A. 扩大编制　B. 储备人力　C. 离职补充　D. 新业务所需

SYZL 公司最终决定，20××年招聘机械工程类产品研发工程师 90 名，机械工艺工程师 30 名，电子工程类产品研发工程师 30 名，机械工程类售后服务工程师 22 名，区域营销经理 3 名，营销主管 12 名，营销代表 20 名，营销人员 120 名，行政管理人员 30 名，翻译类人员 16 名，高级财务经理 12 名，共计招聘大学专科以上学历各类人才 385 名。

（二）招聘工作

1. 确定招聘目标

尽管 SYZL 公司这几年发展很快，社会知名度不断提高，但是由于公司地处内陆城市、品牌价值不高，所以，外省求职者、其他行业的求职者对公司了解不够，会影响到优秀人才的加盟，这对于快速发展的 SYZL 公司来说，是一件不利的事情。因此，公司确定这次招聘工作的主要目标只有两个：一是吸引大量合适的求职者来应聘；二是通过招聘活动宣传公司，树立良好的企业形象。

2. 确定招聘信息发布渠道

为了实现公司的招聘目标，必须做好招聘信息的发布工作。SYZL 公司经过经理会议讨论，决定采用以下几种信息发布渠道：

（1）在公司内部网站“人力资源”栏目和浮动广告中发布招聘信息，鼓励公司员工应聘和推荐候选人。

（2）到××大学、××大学、××大学、××大学等发布招聘信息，招聘初级技术、营销和行政人才。

（3）在××、××两大门户网站首页刊登浮动广告。

（4）在××人才网、××人才网、××人才网刊登招聘广告，并从这些网站的人才库中检索所需人才。

（5）在《××晚报》《××晨报》《前程无忧》等报刊上刊登招聘广告。

（6）在本省卫视上播出招聘广告——主要播出关于春节后在本市举行公司专场招聘会的信息。

3. 确定招聘时间与地点

（1）20××年春节前，分别到××大学、××大学、××大学、××大学等高校开展现场招聘活动。

（2）20××年春节后到××人才市场、××人才市场和××人才市场参加现场招聘活动。

（3）20××年春节后的第一周在公司所在经济开发区举行专场招聘会。

4. 确定招聘人员

由于公司招聘的人员较多，涉及的岗位类型较广，采用的招聘方式较多，因此，招聘参与人员只能视情况而定。

（1）省内高校的招聘活动以人力资源部招聘人员为主，甄选工作可请候选人来公司进行。

（2）省外高校的招聘活动，需要人力资源部招聘人员和用人部门的负责人一同参与，这样有利于提高招聘效率，降低招聘成本。

（3）到省外人才市场开展的现场招聘活动，人力资源部招聘人员和用人部门的负责人一同参与，这样有利于快速做出决策，降低候选人流失比率。

（4）在本市的公司专场招聘会，主要的参与人员有人力资源部全体员工、部分保安人员、行政后勤人员、外聘人员（保卫、医疗、招聘专家等）、用人部门负责人。

（5）网络简历投递和文字简历投递由人力资源部招聘专员和专职秘书负责接收，并初步筛选后传送到用人部门负责人处。

（三）选择合适的甄选方法

根据各岗位的职务说明书，针对不同的能力素质，选择适当的面试与测评方法，如

表 4－4 所示。

表 4－4　甄选方法选择表

考察指标	甄选方法
战略管理能力	文件筐
团队管理能力	文件筐
领导技能	无领导小组讨论
自我管理能力	无领导小组讨论、结构化面试
分析与解决问题能力	文件筐
成就需求	心理测评
市场意识	心理测评
公共关系能力	结构化面试、无领导小组讨论
关注细节与秩序	结构化面试
专业能力	专业技能测试

（四）拟订招聘预算

20××年整体性的招聘活动是一项庞大的“工程”，由于采用了多种媒体发布招聘信息，并采用了多种方式进行招聘活动，因此，招聘的费用相当高。人力资源部招聘人员通过与各方联络，确定各种费用，然后做出了初步预算（略）。

（五）编制招聘广告

通常来说，不了解公司的应聘者是通过招聘广告来获得对公司的初步印象的，招聘广告效果的好坏，直接影响到企业能否吸引到优秀的人才。所以，SYZL 公司采用了全视角、多方位的招聘信息发布渠道：公司内网、门户网站、人力资源专门网站、校园信息网、报纸、电视。不同的广告媒体、不同的招聘对象，需要不同的招聘广告，为此，SYZL 公司人力资源部拟订了多种有针对性的招聘广告。

单元三　招聘渠道的选择

企业招聘渠道主要分为企业内部招聘和企业外部招聘。

一、企业内部招聘

企业内部招聘指企业的岗位空缺由企业或组织内符合岗位要求的人员来补充。企业内部招聘一般有两种方法。

（一）公开招聘法

这种方法的基本做法是：把企业岗位空缺情况、应聘人员要求、招聘岗位的薪酬和福利待遇、应聘方法和程序等公之于众，鼓励企业内所有符合条件的人员应聘，然后由企业组成专门招聘和录用小组层层筛选，最后成绩优异者当选。

这种方法的最大特点是公开透明和公平竞争。它使企业有更多的选择机会，也使员工有公平的晋升和选择机会，有利于发挥组织中现有人员的工作积极性，提高士气，因此是激励员工职业发展的好方法。但这种方法需要相对较长时间和较高成本，所以这种方法经常只用于晋升性职位和竞争性强的职位筛选。

（二）人事档案筛选法

人事档案筛选法是指利用现有人事档案中的相关信息，筛选符合招聘要求的人选。这种方法的优点是省时省钱，缺点是不够全面，所以这种方法往往用于层次较低的职位招聘和中高级职位招聘中的初级筛选。

二、企业外部招聘

企业外部招聘是指在企业外部招聘企业所需人员，比较普遍采用的外部招聘方法有以下几种：

（一）广告招聘

广告招聘是现在应用很广泛的一种方法，它是通过在大学校园里的布告栏、报纸、杂志、电视和网站等媒体上发布有关招聘信息，如岗位、人数、待遇、工作任务、应聘条件等，招聘企业所需人员的方法。

这个方法的优点是招聘信息发布广，可供企业选择的人员范围广，同时还对外宣传了企业的形象。

（二）校园招聘

每年都有许多学生从大专院校毕业，企业越来越重视校园招聘这一重要渠道。从个体差异假说来看，校园招聘上的应聘者普遍是年轻人，学历较高，工作经验少，可塑性强。这类员工进入工作岗位后能较快地熟悉业务、进入状态，所以这个招聘渠道一般适用于招聘专业职位或专项技术岗位人员，如果招聘企业重在员工知识结构的更新和人力资源的长期开发，则校园招聘是首选。当然，校园的应聘者由于缺乏工作经验，公司在将来的岗位培训上成本较高，且不少学生由于刚步入社会，对自己的定位还不清楚，工作的流动性也可能较大。

（三）现场招聘会

现场招聘会是公司招聘最常用的一种渠道，在招聘会上，用人企业和应聘者可以直接进行洽谈和交流，节省了企业和应聘者的时间，还可以为招聘负责人提供不少有价值的信息。随着人才交流市场的日益完善，现场招聘会呈现出向专业方向发展的趋势，比如有中高级人才现场招聘会、应届生双向选择会、信息技术人才交流会等。现场招聘会由于应聘者集中，人才分布领域广泛，企业的选择余地较大，通过参加现场招聘会，企业招聘人员不仅可以了解当地的人力资源素质和走向，还可以了解同行业其他企业的人事政策和人力需求情况。但通过这一渠道的应聘者多数比较适合公司的中基层职位，高级人才一般较少参加这种现场招聘会，所以在招聘的数量和质量上都可能受到较大的限制。随着其他招聘渠道的发展，现场招聘会的局限日益突出，目前，即使较优秀的基层专业技术人才和管理人才也不太愿意到现场应聘了。

（四）委托各种职业中介机构招聘

随着经济的发展、社会的进步，人才流动现象越来越普遍，越来越活跃。为了适应这种需求，许多城市出现了人才交流中心或职业介绍所等。这些机构扮演着双重角色，既为企业、单位选人，同时也为求职者选工作单位。通过专业机构推荐的人员一般都经过筛选，因此应聘成功率比较高，上岗效果也比较好。一些规范化的交流中心还能提供后续服务，使招聘企业感到放心。针对性强、费用低廉是该渠道的优点所在。

（五）委托猎头公司招聘

猎头公司渠道是职业中介机构中比较特殊的一种，通过这一渠道招聘的多是公司中高层职位。通过猎头公司招募的人员特点是工作经验比较丰富，在管理或专业技能上有着特殊之处，在行业中和相应职位上都是比较难得的人才。这个渠道在公司招聘中也存在一定的需求，因为企业的中高层岗位一般都有现职人员，在没有物色到更佳的替换对象前，调整决定尚掌握在企业领导层面，不适宜通过媒体大张旗鼓地进行公开招聘，影响现职人员的工作积极性。另外，能够胜任这些岗位的候选人也多已名花有主，薪水、地位相当有保障，不会轻易跳槽，即便有换单位的意向，也较倾向于“秘密操作”，不愿在去向未定时让领导、同事知道，他们投寄应聘材料和参加招聘会的可能性不大，所以猎头公司能在公司和个人需求之间进行较好的平衡。

（六）数字化招聘

数字化招聘是人力资源管理数字化转型的重要组成部分，它通过整合大数据、人工智能、云计算等技术，将传统招聘流程中的各个环节（如职位发布、简历筛选、面试安排、候选人跟踪等）转移到线上平台，实现招聘流程的自动化、智能化和数据化。

数字化招聘主要包括在线招聘平台招聘、社交媒体招聘、直播招聘、AI 招聘、视频招聘、VR 招聘、元宇宙招聘、数据驱动招聘等，目前使用较多的数字化招聘形式是 AI 招聘和直播招聘，随着技术的发展，这两种招聘形式颇受企业欢迎。

1. AI 招聘

AI 招聘指利用人工智能技术优化和提升招聘流程的各个环节，包括简历筛选、职位匹配、面试评估等，以提高招聘效率、精准度和公平性。通过 AI 技术，企业能够快速处理大量求职信息，减少人工操作，提升招聘质量。

AI 招聘的特点包括：

（1）高效性：AI 能够快速处理和分析大量数据，显著缩短招聘周期。

（2）精准匹配：通过自然语言处理（NLP）和机器学习算法，AI 可以精准解析职位需求和候选人简历，实现人岗精准匹配。

（3）减少偏见：AI 技术基于数据和算法进行筛选和评估，减少了人为偏见，使招聘过程更加公平。

（4）自动化流程：从职位发布到候选人筛选、面试安排，AI 可以实现全流程自动化。

（5）个性化体验：AI 可以根据候选人的特点提供个性化的职位推荐，提升候选人体验。

2. 直播招聘

直播招聘指企业通过网络直播技术，直接与求职者进行交流与互动的一种招聘方式。企业可以通过直播展示企业文化、岗位需求、工作环境等，同时实时回答求职者的问题。这种招聘方式的特点包括：

（1）实时互动：求职者可以随时提问，企业 HR 即时回答，增强互动性。

（2）多元化展示：企业可以通过视频展示工作环境和团队氛围，让求职者更直观地了解企业。

（3）高效沟通：简化传统招聘流程，求职者能够直接了解企业信息。

直播招聘的优势包括：

（1）提高招聘效率：通过直播，企业可以在短时间内接触到多位求职者，并进行有效筛选。

（2）扩大招聘范围：借助直播平台，企业能够打破地域限制，吸引全国甚至全球的求职者。

（3）提升企业形象：通过直播展示企业文化和价值观，吸引优质候选人。

小思考

AI 招聘与直播招聘的区别与联系有哪些？

AI 招聘与直播招聘的区别与联系

小案例

不会用 AI 很难招聘 智联招聘上线 AI 招聘助手 DeepSeek 版

想必很多面试者、HR 都用过 AI 简历、AI 面试等功能，不会用 AI，已经很难适应新型招聘方式。AI 大模型深度融入招聘平台，到底可以实现哪些功能？

2025 年 2 月 6 日，智联招聘宣布接入 DeepSeek-R1 大模型，以提升人岗匹配的精准度和效率。2 月 28 日，智联招聘正式发布“AI 招聘助手”DeepSeek-R1 版，企业可以在招聘后台体验“AI 发布职位”“AI 推荐人才”功能，可以更精准地匹配到人才。

DeepSeek-R1 版加持下的“AI 发布职位”，可利用大模型自动抽取职位描述中的核心要求，优化文案表达，快速生成更具行业特点、多样语言风格的职位信息，让招聘职位更准确、更有吸引力。“AI 推荐人才”则可以通过 AI 对话的方式引导 HR 充分表达招聘诉求，还可辅助 HR 与求职者沟通，针对招聘岗位推荐匹配人才并给出具体推荐理由，把 HR 从繁重的筛选和搜寻中解放出来。

DeepSeek 正在深入改变 AI 招聘。除了“AI 发布职位”“AI 推荐人才”功能外，智联招聘的 AI 招聘助手“艾琳”还能提供 AI 筛简历、AI 帮聊、AI 易面等多样化功能，各功能在陆续开放计划中。

资料来源：孙妍．不会用 AI 很难招聘 智联招聘上线 AI 招聘助手 DeepSeek 版．(2025 - 03 - 05) [2025 - 03 - 24]. https：//baijiahao. baidu. com/s? id=1825747297470848889&wfr=spider&for=pc.

（七）通过人才租赁公司租借所需人员

人才租赁是我国近年来出现的一种派生的人才服务项目，是指用人单位根据自己的工作需要，向人才中介组织提出所需人才的标准条件和工资、福利待遇，人才中介组织通过查询自己的人才库、向社会招聘等方式搜索符合条件的人才，经严格挑选，把人才派往用人单位工作。

一般来说，人才租赁主要有两种形式：一种是按一定期限租赁人员；另一种是以完成某个工作项目为目的租赁人员。

人才租赁实行管人与用人的分离。租赁单位与所租人才不发生人事隶属关系，由专门机构对各类人才实行社会化集约化管理，使用人单位摆脱了具体、琐碎的人事管理事务，可以集中精力搞生产经营的主业，从而有效地减轻用人单位的管理负担。

（八）“走进来”的方式

“走进来”的方式是指应聘者直接找上门求职，这一渠道在实际中的应用还较少，但随着市场的发展，这种渠道也会渐渐成为公司的招聘方式之一。由于“走进来”的应聘者一般对公司有较深的了解，对应聘职位有系统的准备，这类人员在入职后的工作中也会有较好的表现。在西方国家，这是成功率较高的招聘方式之一，由于文化、就业环境等因素的差异，这一方式在我国的效果并不太好，同时，企业方面往往不太鼓励这种方式。

三、内部招聘与外部招聘的比较

内部招聘与外部招聘的利弊比较见表 4－5。

表 4－5　内部招聘与外部招聘的利弊比较

	内部招聘	外部招聘
优点	对人员了解全面，选择准确性高；人员了解本组织，适应更快；能鼓舞士气，激励性强；费用较低	来源广，有利于招到高质量人员，带来新思想、新方法；有利于树立组织良好形象
缺点	来源少，难以保证招聘质量；可能会因操作不公造成内部矛盾	筛选难度大，时间长；新员工进入角色慢；对员工了解少，决策风险大；招聘成本高；影响内部员工积极性

内部招聘与外部招聘各有利弊，两者的优点与缺点基本上是互补的，所以企业在选择招聘渠道时，应尽量将两者进行综合利用，既发挥内部招聘和外部招聘的各自优势，又可以在一定程度上避免其不足。总之，公司在新员工招聘中最好不要局限于采用单一渠道，而应考虑各种渠道的特点，灵活使用。

单元四　招聘广告和招聘申请表设计

一、招聘广告设计

（一）招聘广告设计的要求

一份好的招聘广告至少要达到两个目的：一是吸引人才；二是宣传企业价值观，展示企业风貌，树立企业良好形象。所以撰写与发布招聘广告应当紧紧围绕这两个目的，认真思考两个问题：在招聘广告中应该编制哪些内容？应该选择什么样的广告媒体发布信息？

招聘广告设计的要求主要包括以下几点：

1. 客观准确

招聘广告是人才资源需求的客观反映，必须忠实地反映企业人力资源需求的基本情况，反映现状和发展趋势。不能做出无法遵守的承诺来误导工作，对于晋升机会、挑战、责任等要诚实列出，给人以可信度，树立以诚待人的企业形象。

2. 引人注意

招聘广告要能抓住读者的注意力，促使他们深入阅读。招聘广告要想使人理解、领会，形成记忆，就要做到文字简洁、清晰易读；标题要反复推敲，而且要运用突出的字体，激发读者细读广告的兴趣，使其深入理解广告内容。

3. 条件清楚

招聘广告的信息具体化、鲜明化有助于增强应聘者的信心和决心，应重点突出招聘的岗位名称、任职资格、工作职责、工作地点、薪酬水平、福利待遇等。

（二）招聘广告的内容要求

一般来说，招聘广告的内容包括以下几部分：

1. 单位情况简介

招聘广告中，单位情况最好以简洁的语言介绍，同时介绍的内容应该是单位最具特色和富有吸引力的特点，千万不可长篇大论、词不达意。在广告中最好能使用单位的标识，并提供单位的网址，以便感兴趣的读者浏览单位的网页以获取更进一步的信息。

2. 岗位情况介绍

招聘广告中，对招聘岗位的介绍通常包括岗位名称、所属部门、主要工作职责等。起草招聘广告时参考一下岗位说明书会比较有帮助。但要注意的是，招聘广告中的岗位情况介绍应该从读者的角度出发来考虑，以读者能够理解和感兴趣为主，切不可照搬岗位说明书。

3. 岗位任职资格要求

招聘广告中，还必须对应聘者的基本任职条件提出要求，包括专业范围、工作经验。

4. 相应的人力资源政策

招聘广告中，如果需要，可以提及应聘岗位能够享受的相应人力资源政策，包括薪酬水平、劳动合同、培训机会等内容。

5. 应聘者的准备工作

招聘广告中，如果需要，可以注明应聘者必须准备哪些材料，例如中英文简历、学历学位证书复印件、资格证书复印件、身份证复印件、照片等，以及对薪酬的要求和户口所在地等信息。

6. 联系方式

应聘者大多采用将简历和应聘材料通过信件、电子邮件等方式发送到招聘单位，因此招聘广告中需要提供公司的通信地址、电子邮件地址，一般情况下不必提供电话号码。

除了以上几部分外，还应该提供招聘的时间范围或截止日期。

小案例

××汽车有限公司招聘广告

××汽车有限公司系由××汽车公司、××投资股份有限公司、韩国××株式会社共同组建的中外合资轿车制造企业。主产品以先进技术精心打造而成，具备极强的竞争力。现具备年产74万辆的产能，拥有10款以上车型，已成为一家大型的现代化、综合性乘用车制造企业，是全国最具发展前景的乘用车企业之一，位居行业前10位。

20××年，××汽车有限公司年销量54.7万辆，同比增长13.8%；该年年底已建成621家4S专营店，遍布全国31个省、自治区、直辖市（港澳台地区除外），售后服务体系不断完善，以最快的速度、最佳的服务满足用户需求。

秉承“挑战、精诚、和合、超越”的企业理念，全体员工以顾客至上为宗旨，不断挖掘企业蓬勃的创造力，在“激情超越梦想”的品牌精神鼓舞下，向中国消费者奉献安全环保、超越期望的汽车产品以及完善的售后服务，为消费者创造更美好、更便捷的汽车生活。

现诚聘以下高级管理人才：

1. 培训讲师1人

岗位职责：

- 新增店课程培训；

● 专营店礼仪课程培训；
● 销售顾问基础培训；
● 课件开发；
● 专营店培训需求调查及效果评估。

岗位要求：

● 5 年以上汽车类工作经验；
● 具有较强的表达能力和应变能力；
● 熟练掌握办公软件；
● 汽车类、管理类、营销类专业；
● 本科及以上学历。

职位月薪：

8 000～10 000 元/月

2. 业务拓展员 1 人

略。

地　址：××××××××　　邮　编：××××××
联系人：××××××××　　联系电话：××××××××××××
传　真：××××××××　　电子信箱：××××××××
Q　Q：××××××××

二、招聘申请表设计

（一）招聘申请表的作用

招聘申请表是由单位设计，包含了工作岗位所需的基本信息，并用标准化的格式表示出来的一种初级筛选表，其目的是筛选出那些背景和潜质都与职务规范所需的条件相当的候选人，并从合格的应聘者中选出参加后续选拔的人员。

一般来说，招聘申请表有以下作用：

1. 节省时间

经过精心设计、恰当使用的申请表可以使筛选过程节省很多时间，加快预选的速度，是较快、较公正、准确地获取与候选人有关的资料的最好办法。

2. 准确了解应聘者

当然，有些企业可能仅仅需要应聘者递交简历，而不用填写事先印好的招聘申请表。但相对简历而言，招聘申请表可能更可靠，因为招聘申请表是单位决定填写哪些信息，并且所有应聘者都要按表中所列项目提供相应的信息，其中通常包括教育、工作经历以及个人爱好一类的信息，所以可以使单位比较准确地了解候选人的历史资料。

3. 提供后续选择的参考

招聘申请表有助于单位在面试前设计出具体的或有针对性的问题，有助于在面试过程中做交叉参考，看看是否出现什么矛盾。

（二）招聘申请表的内容

不同的单位在招聘中使用的申请表的项目是不同的，而且不同岗位因职务说明书存在差别，招聘申请表内容的设计也有一定的区别。一般来说，招聘申请表的内容要根据职务说明书来设计，每个栏目均有一定的目的，不要烦琐重复。不管何种形式的招聘申请表，都应当包括以下一些信息：

（1）个人基本情况：年龄、性别、住址、通信地址、电话、婚姻状况、身体状况等。

（2）求职岗位情况：求职岗位、求职要求（收入待遇、时间、住房等）。

（3）工作经历和经验：以前的工作单位、职务、工作时间、离职原因、证明人等。

（4）教育与培训情况：学历、所获学位、所接受过的培训等。

（5）兴趣和特长：个人在学业和其他方面的兴趣、特长等。

（6）其他：获奖情况、能力证明（语言和计算机能力等）、未来的职业发展目标等。

（三）招聘申请表样本

具体见表 4－6。

表 4－6　某公司招聘申请表

<table>
<tr><td rowspan="9">个人情况</td><td>姓名</td><td></td><td>性别</td><td></td><td>出生年月</td><td></td><td>民族</td><td></td><td>政治面貌</td><td></td><td rowspan="5">一寸照片</td></tr>
<tr><td>毕业院校</td><td colspan="3"></td><td>学历</td><td></td><td>专业</td><td></td><td>学位</td><td></td></tr>
<tr><td>普通话水平</td><td colspan="3"></td><td>婚姻状况</td><td></td><td>结婚时间</td><td></td><td>子女个数</td><td></td></tr>
<tr><td>籍贯</td><td colspan="3">省　市（县）</td><td>户籍地址</td><td colspan="5"></td></tr>
<tr><td colspan="3">健康状况（曾患何种疾病）</td><td colspan="3">○有（　　　）○良好</td><td>身份证号码</td><td colspan="3"></td></tr>
<tr><td>家庭地址</td><td colspan="5"></td><td>邮编</td><td></td><td>电话</td><td colspan="2"></td></tr>
<tr><td>现住址</td><td colspan="5"></td><td>邮编</td><td></td><td>电话</td><td colspan="2"></td></tr>
<tr><td>招聘渠道</td><td colspan="5">○报纸○网络○推荐
○校园招聘○其他</td><td>E-mail</td><td></td><td>手机</td><td colspan="2"></td></tr>
<tr><td>紧急联系人</td><td colspan="2"></td><td>关系</td><td colspan="2"></td><td>电话</td><td colspan="4"></td></tr>
<tr><td rowspan="2">教育情况</td><td>阶段</td><td>起止年月</td><td colspan="3">毕业学校</td><td>院系</td><td>专业</td><td>学位</td><td colspan="3">全日制/在职</td></tr>
<tr><td>高中（中专）</td><td></td><td colspan="3"></td><td></td><td></td><td></td><td colspan="3"></td></tr>
<tr><td>工作经历</td><td>起止年月</td><td colspan="4">工作单位</td><td colspan="3">所在部门及职务</td><td colspan="3">人事部门电话</td></tr>
<tr><td>技能及培训</td><td>职称</td><td colspan="4">外语</td><td colspan="3">计算机</td><td colspan="3">其他证书及特长</td></tr>
<tr><td colspan="13">我保证上述表格中所填内容完全真实，如有虚假愿承担一切责任。

签名：　　　　　　日期：</td></tr>
<tr><td colspan="13">人力资源部初步审核：　满意□　不满意□　　　部门审核：　满意□　不满意□
签字：　　　　　　　　　　签字：</td></tr>
</table>

单元五 甄 选

一、面试

（一）面试方式

面试的方式多种多样，不同的面试方式适用于不同的岗位需求和招聘场景。下面对常见的面试方式进行分类介绍。

1. 按面试形式分类

（1）面对面面试。

定义：面试官与候选人面对面交流，是最传统的面试方式。

优点：能够直接观察候选人的言谈举止、沟通能力和应变能力。

缺点：成本较高，尤其是跨地域招聘时，需要安排交通和住宿。

适用场景：适用于大多数岗位，尤其是需要直接沟通和互动的岗位。

（2）视频面试。

定义：通过视频会议工具（如 Zoom、腾讯会议）进行远程面试。

优点：节省时间和成本，便于跨地域招聘，灵活性高。

缺点：可能缺乏面对面交流的氛围，网络不稳定可能会影响效果。

适用场景：适用于初步筛选或跨地域招聘。

（3）电话面试。

定义：通过电话进行面试，通常用于初步筛选。

优点：成本低，节省时间和资源。

缺点：无法观察候选人的非语言行为，信息有限。

适用场景：适用于初步筛选，尤其是候选人数量较多时。

（4）AI 面试。

定义：利用人工智能技术进行面试，包括视频面试和文字面试。

优点：高效、客观、节省时间和成本。

缺点：可能缺乏人性化，对技术要求较高。

适用场景：适用于初步筛选、大规模招聘和远程招聘。

2. 按面试内容分类

（1）结构化面试。

定义：根据岗位要求设计一系列标准化的问题，对所有候选人进行统一的面试。

优点：标准化程度高，便于比较不同候选人的表现。

缺点：可能缺乏灵活性，无法深入了解候选人的个性。

适用场景：适用于需要客观评估的岗位，如行政、技术等。

（2）半结构化面试。

定义：结合结构化面试和非结构化面试的特点，既有标准化问题，也有灵活的追问。

优点：既有一定的标准化，又能深入了解候选人的具体情况。

缺点：对面试官的提问技巧要求较高。

适用场景：适用于需要综合评估的岗位，如管理、销售等。

（3）非结构化面试。

定义：没有固定的问题和流程，面试官根据实际情况灵活提问。

优点：能够更全面地了解候选人的个性和能力。

缺点：缺乏标准化，难以进行客观比较。

适用场景：适用于需要深入了解候选人的岗位，如创意、设计等。

（4）行为面试。

定义：通过询问候选人过去的行为和经历，预测其未来的表现。

优点：能够评估候选人在实际情境中的表现。

缺点：需要面试官具备较高的提问技巧。

适用场景：适用于需要评估实际工作能力的岗位，如管理、销售等。

（5）情境面试。

定义：通过模拟实际工作场景，评估候选人的应对能力。

优点：能够评估候选人在实际工作中的表现。

缺点：设计和实施成本较高。

适用场景：适用于需要评估实际工作能力的岗位，如客服、技术支持等。

3. 按面试目的分类

（1）初步筛选面试。

定义：初步评估候选人的基本素质和能力，决定是否进入下一轮面试。

方法：电话面试、视频面试或 AI 面试。

优点：节省时间和资源，快速筛选大量候选人。

缺点：信息有限，可能无法全面评估候选人。

适用场景：适用于大规模招聘或跨地域招聘。

（2）专业能力面试。

定义：评估候选人的专业技能和实际操作能力。

方法：技能测试、案例分析、编程测试等。

优点：能够直接评估候选人的实际能力。

缺点：设计和实施成本较高。

适用场景：适用于技术岗位、专业岗位，如软件开发、设计等。

（3）综合能力面试。

定义：评估候选人的综合素质，包括沟通能力、团队合作能力、应变能力等。

方法：小组讨论、案例分析、角色扮演等。

优点：能够全面评估候选人的综合素质。

缺点：评估过程复杂，需要专业人员进行观察和分析。

适用场景：适用于管理岗位、团队协作岗位，如项目经理、销售经理等。

（4）背景调查面试。

定义：通过联系候选人的前雇主或推荐人，了解候选人的工作表现和职业素养。

方法：电话访谈、邮件调查等。

优点：能够获取第三方对候选人的评价。

缺点：可能受推荐人主观因素的影响。

适用场景：适用于需要深入了解候选人背景的岗位，如高级管理岗位。

4. 按面试环境分类

（1）现场面试。

定义：在企业或指定地点进行面试。

优点：能够直接观察候选人的言谈举止，评估其适应性。

缺点：成本较高，尤其是跨地域招聘时。

适用场景：适用于大多数岗位，尤其是需要直接沟通和互动的岗位。

（2）远程面试。

定义：通过视频会议工具或电话进行远程面试。

优点：节省时间和成本，便于跨地域招聘。

缺点：可能缺乏面对面交流的氛围，网络不稳定可能影响效果。

适用场景：适用于初步筛选或跨地域招聘。

5. 按面试方式分类

（1）一对一面试。

定义：一位面试官对一位候选人进行面试。

优点：能够深入交流，评估候选人的综合素质。

缺点：面试官的主观因素可能影响评估结果。

适用场景：适用于大多数岗位，尤其是需要深入了解候选人的岗位。

（2）小组面试。

定义：多位面试官对一位候选人进行面试。

优点：能够从多个角度评估候选人，减少主观偏见。

缺点：面试过程复杂，需要协调多位面试官的时间。

适用场景：适用于重要岗位或需要多方面评估的岗位，如高级管理岗位。

（3）集体面试。

定义：多位候选人同时参加面试，通常用于评估团队合作能力和沟通能力。

方法：小组讨论、团队任务等。

优点：能够评估候选人在团队中的表现。

缺点：评估过程复杂，需要专业人员进行观察和分析。

适用场景：适用于需要团队合作的岗位，如销售团队、项目团队等。

面试是招聘流程中的关键环节，不同的面试方式适用于不同的岗位需求和招聘场景。企业可以根据自身需求和资源，选择合适的面试方式或者综合多种面试方式，提高招聘质量和效率。

（二）面试职位的维度

一个职位最好只找 5 个维度，也就是说，这个职位的岗位说明书上要干的事可能有二三十件，面试时只要从中挑选出 5 个最基本的技能和素质，把它们组成 5 个维度，在一小时左右的面试时间里，专门盯住这 5 个设计好的问题，让面试者答出真实的内容来，这次面试就成功了，就能得到有用的信息了。

小资料

你认为销售代表应该具备一些什么基本素质和技能？如果要确定5个维度，应该是哪5个呢？建议如下：

(1) 会自我指导和自我激励。如果我们把人分成A型和B型，典型的B型人表现为特别平和、与世无争、慢条斯理，遇到困难时可能想往后退。那么A型人呢？正相反，特别外向，有股冲劲儿，越是艰险越向前，困难越大干劲越足。显然A型人更适合干销售。

(2) 有良好的沟通技巧。换句话说，就是会跟别人和谐相处，这是做销售最关键的一种技能，就是对人特别敏感。有的人专爱跟数字打交道，有的人专爱跟事儿打交道，有的人专爱跟人打交道，销售人员就要爱跟人打交道，各岗位对维度的要求是不一样的。

(3) 有说服力、影响力。要能卖出去东西，首先要善于说服别人，这样才有可能是一个好的销售员。

(4) 交流技术信息。对部门经理而言，他对销售员还有一些硬性的规定，即必须跟客户交流技术信息，一个重要的维度是销售员要懂得产品的基本知识。

(5) 专业的言谈举止。要求形象健康、仪表整洁、谈吐文雅。

有了这5个维度以后，对所有应聘销售代表的人都围绕这5个维度设计问题并提问，其他的问题不必问了，因为别的都不是经理们认为最重要的。所以工作流程是部门经理确定主要维度，然后设立工作标准，所有同职位的人都采用同样的维度。面试组织工作就能变得很容易，只要把这5个问题设计成不同的题来询问对方，并设计一张面试维度测试记录表，如下表所示，就能得出可靠、有效的信息。

面试维度测试记录表

<table>
<tr><td>候选人排序</td><td></td><td>姓名</td><td></td></tr>
<tr><td>应聘职位</td><td></td><td>面试主持人</td><td></td></tr>
<tr><td colspan="4">从简历中发现的尚需进一步核实的问题：
(1)
(2)
(3)
(4)</td></tr>
<tr><td rowspan="3">(1)</td><td>A.</td><td colspan="2"></td></tr>
<tr><td>B.</td><td colspan="2"></td></tr>
<tr><td>C.</td><td colspan="2"></td></tr>
<tr><td rowspan="3">(2)</td><td>A.</td><td colspan="2"></td></tr>
<tr><td>B.</td><td colspan="2"></td></tr>
<tr><td>C.</td><td colspan="2"></td></tr>
<tr><td rowspan="3">(3)</td><td>A.</td><td colspan="2"></td></tr>
<tr><td>B.</td><td colspan="2"></td></tr>
<tr><td>C.</td><td colspan="2"></td></tr>
</table>

续表

需考察的维度	针对性问题	面试者的回答记录
（4）	A.	
	B.	
	C.	
（5）	A.	
	B.	
	C.	
第一次面试综合评价：		

上表中每个维度有三个问题，要留足够的空白注明这个候选人对每一个问题的答案。面试时5个维度的问题都问完了，你会发现这张纸上已整整齐齐地记录着此人过去的行为表现。比如，今天来了5个人，等人都走了，你再把这5份记录摆在面前，再次确认谁是最适合这个职位的人，就相对容易多了，这就是结构化面试的优势。

（三）面试问题的设计

结构化面试

在面试中，招聘人员经常这样问："如果你是一个部门的领导，你会怎么表现呢?""如果给你巨大的压力，你应该怎么做呢?""如果给你一个团队，你将会怎么领导呢?"事实上，这样的问题无论问多少结果都等于零，因为这样的问题给面试者设定的是真空里的情景，面试者的回答是真空里的答案。面试者的回答可能很完美，但他会不会这样做就没法知道了，所以不要给面试者一个不存在的情景，应该不断地跟踪了解面试者的过去："你过去曾怎么做?""你过去有没有受到过巨大的压力，当时你怎么做?"换成这样的问题，都用过去来说话。为了避免问真空里的问题，推荐使用如图4-14所示的STAR方法。

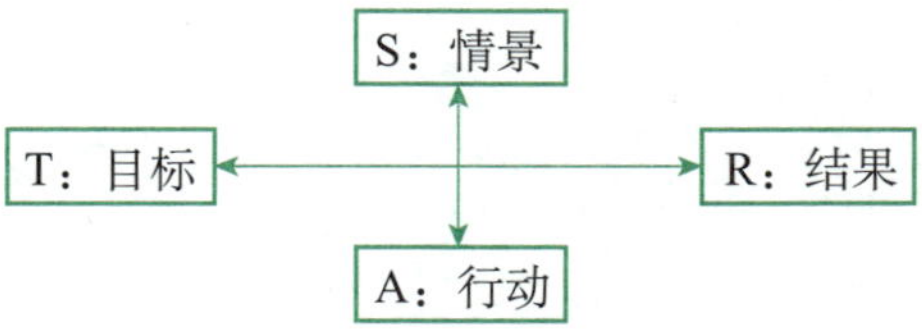

图4-14　STAR方法

STAR是四个单词的首字母的组合，组成了"四个角"：

S是Situation——情景，即你过去在一个什么样的真实场景。

T是Target——目标，即你要干什么。

A是Action——行动，即你为了达到目标采取了哪些行动。

R是Result——结果，即你干了这件事最后的结果怎么样。

也就是说，对每一个问题，如果面试者能答出这"四个角"来，这个问题就是一个好问题。所以“你谈谈你自己”就不是一个好问题。再如，“你是一个好的领导吗?”“你能承受压力吗?”“你的团队协作能力如何?”这些问题能引出这“四个角”吗？不能。我们把它叫作封闭问题（Close Question）。

换成这样的例子：“请你举一个过去跟客户打交道最困难的例子。”面试者听到这个问题，肯定会说：“让我想想啊，在我上一家公司有一个客户，当时客户是什么情况，我为了赢得这个客户，我做了一些什么事情，最后我获得了这笔大单子。”“四个角”齐了，这时面试者的答案就是可信的，因为是他过去做过的事情，情景、时间、地点、人物、中心思想全都齐了。其实问这个问题的中心思想是想知道面试者沟通和处理问题的能力怎么样。

小练习

下表给出了面试中常见的错误问法，你能将它改成正确的问法吗?

面试问题的纠正

错误的问法	正确的问法
(1) 你是怎样分派任务的? 是分派给已经表现出有能力完成任务的人，还是分派给有兴趣完成该任务的人，或者是随机分配?	
(2) 你觉得人生中最大的激励是从金钱还是从工作中获得的?	
(3) 你的前任主管是一个严厉的人还是一个随和的人?	
(4) 你的团队沟通能力好不好?	
(5) 在你今后的职业生涯中，你会继续在这个领域工作还是会做一些别的事情?	

（四）面试提问应注意的问题

（1）尽量避免提出引导性的问题。不要问带有提问者本人倾向的问题，例如以“你一定……”或“你没……”开头的问题。不要让应聘者了解你的倾向、观点和想法，以免应聘者为迎合你而掩盖他真实的想法。

（2）有意提问一些相互矛盾的问题，引导应聘者做出可能矛盾的回答，来判断应聘者是否在面试中隐瞒了真实情况。

（3）面试中非常重要的一点是了解应聘者的求职动机，这是一件比较困难的事，因为一些应聘者往往把自己真正的动机掩盖起来。但我们可以通过对他的离职原因、求职目的、个人发展、对应聘岗位的期望等方面加以考察，再与其他的问题联系起来综合加以判断。如果应聘者属于高职低求、高薪低求，离职原因讲述不清，或频繁离职，则须引起注意。在这个方面，一定要注意通过应聘者的工作经历分析应聘者的价值取向，而不要轻信应聘者自己的说法。

（4）所提问题要直截了当，语言简练，有疑问可马上提出，并及时做好记录。而且不要轻易打断应聘者的讲话，对方回答完一个问题，再问第二个问题。

（5）面试中，除了要倾听应聘者回答的问题，还要观察他的非语言行为，如面部表情、眼神、姿势、讲话的声调语调、举止，从中可以反映出对方是否诚实、是否自信等情况。

小资料

有一些非语言信息也可以告诉我们他是在说谎还是在陈述事实。通过面部表情、姿势、手势表现出来和语言行为一致或不一致，就很能说明问题，所以要提醒大家，千万不能还没见着人，仅通过电话就同意雇用他，或者不雇用他，因为电话里声音是能装假的，但是身体姿势是天性的表达，很难装假。下表给出了非语言信息的含义。

非语言信息的含义

非语言信息	典型含义
目光接触	友好、真诚、自信、果断
不做目光接触	冷淡、紧张、说谎、缺乏安全感
打哈欠	厌倦
踮脚	紧张、不耐烦、自负
双臂交叉于胸前	生气、防卫、不同意
身体前倾	注意、感兴趣
坐在椅子边缘上	焦虑、紧张
摇椅子	厌倦、自以为是

二、心理测评

心理测评包括知识测评、智力测评、能力倾向性测评、气质测评、价值观测评、兴趣测评、态度测评、动机测评、成就测评和需要测评等形式。一般情况下，被测评者的知识水平、智力状况、能力结构、个性特点、职业倾向、兴趣爱好、成就动机等素质情况会影响其在工作中的行为过程和行为结果，所以，心理测评结果能够为人员甄选提供科学的参考依据。我们以上述招聘计划中的 SYZL 公司为例，SYZL 公司拟招聘区域营销经理，针对招聘对象的胜任能力标准，决定对候选人进行气质测评和成就动机测评。

（一）气质测评

气质是个体中那些与神经过程的特性相联系的行为特征，是个体心理活动和外显动作所表现的某些关于强度、灵活性、稳定性与敏捷性等方面的心理特征的综合。它表现在情绪和情感的发生速度、向外表现的强度以及动作的速度与稳定性等方面。

（二）成就动机测评

成就动机的核心是一种追求高标准的倾向。成就动机是个人对自己认为重要的或有价值的任务，不但愿意去做，而且力求达到更高标准的内在心理过程。其表现包括完成有难度的任务、高效率地完成任务、超越自我或他人等。成就动机测评最初用于教育、体育领域，当前亦用于商业人才选拔领域。以下是某单位用于成就动机测评的试题。

小资料

指导语：

请仔细阅读以下25个题目并认真作答：如果你的答案是“符合”，赋分为“2”；如果你的答案是“部分符合”，赋分为“1”；如果你的答案是“不符合”，赋分为“0”。把总分加起来，参照“结果分析”来解释你的得分。

测试题：

(1) 如果一个并不比我聪明的人，却取得了比我更大的成绩，我便会感到烦恼。

(2) 我很注意别人是否赏识我。

(3) 如果我觉得电视节目的内容对我有益，即便枯燥无味，我也要看下去。

(4) 我努力训练，克服自己的弱点。

(5) 解决一道难题，就能激励我更加努力拼搏。

(6) 我常为自己树立一个希望达到的目标。

(7) 我常在课余时间努力学习。

(8) 我很想知道怎样才能取得更好的成绩。

(9) 在学校，我从来没有真正满意过自己的成绩。

(10) 我是一个不肯认输的人。

(11) 我喜欢同别人比成绩。

(12) 不能得到别人赏识的活动，我是没有兴趣参加的。

(13) 我很重视别人的批评。

(14) 我总感到自己的知识储备不足，能力不够。

(15) 在学校，我很愿意成为班级学习的尖子生。

(16) 我认为一无所成的人在世界上价值不大。

(17) 我喜欢游戏，因为我总是想赢。

(18) 我认为学习比任何事情都重要。

(19) 我宁愿选择有风险但有前途的事做，而不愿选择平淡而无望的事做。

(20) 我愿意成为团队的领导人。

(21) 我崇拜那些取得辉煌成就的人。

(22) 我应该做出比父辈更大的成绩。

(23) 如果我是运动员，我绝不参加注定要失败的比赛。

(24) 如果我是公司经理，我会在各方面都做得比下属更好。

(25) 只有当我学习取得成就时，我才对自己满意。

结果分析：

35～50分：你的抱负水平很高。你决心要在学习中取得成绩，来增加你的社会价值。不过，你还要适当降低你的成就动机水平，因为太强的抱负反而会影响你的成就。

31～34分：你的成就目标明确，希望通过取得好成绩来赢得社会的承认。请你注意太强的抱负的负面效应，它会影响你取得更好的成绩。

21～30分：你的抱负水平在正常范围之内，但有增强的趋势。

14～20分：你的抱负水平在正常范围之内，但有减弱的趋势。你没有要取得伟大成就的强烈愿望，也不太关心别人如何评价你的成就。

0～13 分：在你的生活中，成就水平只有很小的作用。你并不希望通过杰出的成就来获得社会的承认。因为你的成就水平很低，所以对成绩无所谓。你的低下的抱负水平，很可能导致别人对你有消极的看法。

三、文件筐测试

文件筐测试，通常又叫公文处理测验，是评价中最常用和最核心的技术之一，是评价担任特定职务的管理人员在典型职业环境下获取有关资料，恰当处理各类信息，准确做出管理决策，有效开展协调和控制工作的能力及其现场表现行为的综合测试。

文件筐测试的具体程序为：首先向应试者发一套文件，包括下级呈送的报告、计划、请示，上级的指示、批复、规定、政策，供应商、政府等的函电、传真及电话记录等，然后要求应试者在规定的时间将这些公文处理完毕，要求说明这样处理公文的原因，且形成公文处理报告，以此考察应试者在规定条件下处理问题的能力。

这种测试方法可以有效反映应试者在管理方面的计划能力、组织协调能力、推理判断能力、分析决策能力、领导能力等。此外，还反映了应试者对信息的收集和加工处理能力、解决问题的条理性和灵活性。

以 SYZL 公司为例，SYZL 公司为了在招聘营销经理时采用这种测试方法，招聘团队拟订了 15 个文件，问题涉及公司营销总部新任务的下达和人员的调遣、公司财务部关于营销经费的质疑、应收账款的问题、营销人员失职的问题、客户投诉的问题、竞争对手竞争策略的问题、地方政府基础建设规划的问题等。

四、无领导小组测试

无领导小组测试是让受试者 5～7 人组成一个讨论小组，在给定的主题下自由讨论，要求在讨论结束时给出小组达成的一致意见（答案或方案）。其程序一般是将被测评人员引入一间有一张桌子、数张椅子的屋子，通常没有人安排小组人员就座，不指定主持小组讨论的“组长”，发给小组成员材料，即介绍一种管理情境，其中包括若干个待处理的问题和决策，以便引导小组成员的讨论。测评者自始至终不出面、不干涉小组的行为，令其在自然的环境下自发进行。最后，由观察者通过观察到的应试者各自的行为表现及其所起的作用，来给应试者评分。评判者通常从主动性、鼓动宣传、说服力、口头沟通能力、组织协调能力、自信、创造力、心理承受能力等方面展开评价。无领导小组测试所体现的个体素质和能力是通过应试者在讨论中扮演角色的行为表现出来的。

以 SYZL 公司为例，SYZL 公司请一家营销咨询公司的 2 名专家和一家人力资源咨询公司的 2 名专家共同设计了无领导小组讨论题，并请营销咨询专家和人力资源专家各 1 名，加上营销总监 1 名、营销部长 1 名、资深区域营销经理 2 名、招聘经理 1 名，共 7 人，分两次对 12 名营销经理候选人进行了无领导小组测试。

五、情景模拟法

招聘策略是招聘计划的具体实施方法。它要求正确地选择适当的方法使企业能花费最少的招聘成本，达到最好的招聘效果。从国外一些知名大企业的做法看，为了达到这一目的，他们往往配合一些简单直接的情景模拟法淘汰一批应聘者，再运用其他常见的招聘方法选择最终录用人员。

情景模拟法的优点是简单直接，而且也有一定的心理学和生理学等理论依据。

单元六　录　用

人员录用是依据选拔的结果作出录用决策，并进行安置的活动，其中最关键的内容是做好录用决策。录用决策是依照人员录用的原则，避免主观武断和不正之风的干扰，把选拔阶段多种考核和测验结果组合起来，进行综合评价，从中择优确定录用名单。

一、录用决策的标准

企业录用决策受众多因素的影响，决策标准的选择是录用决策的关键，它直接决定决策的结果。决策标准从理论上讲，是以工作描述和职务说明书为依据而制定的录用标准，又称为因事择人。这应该是录用效果最佳的方法。但在现实中，它会随着招聘情况的不同而有所改变，出现不同类型的录用决策标准。

（一）以人为标准

这是指将人员安置到最合适的岗位上，实现人尽其才、才尽其用。即从人的角度，按每人得分最高的一项给其安排职位，这样做可能出现多人在该项职位上得分都高的现象，但因只能选择一个而使优秀人才被拒之门外。

（二）以职位为标准

这是指按照岗位要求选择最合适的人选。即从职位的角度出发，每个职位都挑选最合适的人来做，但这样做可能会导致一个人同时被好几个职位选中。

（三）以双向选择为标准

由于单纯以人为标准和单纯以职位为标准均有欠缺，因此结合使用这两种方法，即从职位和人双向选择的角度出发，合理配置人员。这样的结果有可能并不是最合适的人去做每一项职位，也不是每个人都安排到其得分最高的职位上去，但因其平衡了两方面的因素，又是现实的，从总体的效果来看是好的。

二、录用决策的主体

录用决策的主体是指最后决定录用的人或机构。录用的原则是：谁用人，谁拥有决定权，谁就有责任选准人，即“谁用人谁决策”。一般而言，参与决定的人应该包括那些直接负责考察应聘者工作表现的人，以及那些会与应聘者共事的人，如部门的主管或同事。

由于企业的需要不同和职位不同，录用决策主体也会不同，对于一般办事人员或一线工人来说，一般由其主管或人力资源主管单独决定；对于管理人员来说，除了该职位的主管以外，人力资源部或相关共事人员有时也参与决策；而对于高层的管理人员来说，最终的录用提议应由用人部门主管提出，报总经理或董事会核准后才能决定录用。

在确定决策主体时要注意以下两点：一是如果人力资源部门与用人部门在人选问题上意见有冲突，应尊重用人部门的意见；二是限制参加决策的人数。

小思考

应该录用谁?

在人力资源决策中，常常遇到一个矛盾：例如，某公司招聘人力资源经理，张三的能力和经验都达到甚至超出了要求，但其性格和个人愿望都与人力资源经理的要求不太匹配；李四的能力和经验略有欠缺，但个性很适合做人力资源经理，又有着很强的获得这个职位的愿望。到底录用张三还是录用李四？能力和经验有点欠缺反而会更激励其积极地开展工作，会使其更加珍惜这个岗位的工作。只要个性与愿望适合，能力和经验就可以通过学习和积累获得。而如果个性不太适合，则很难改变。因此，李四可能是最好的人选。

三、录用管理

（一）录用通知

在通知被录用者方面，最重要的是及时。如果企业不能及时发出录用通知，就有可能使企业损失重要的人力资源，因此录用决策一旦做出，就应该马上通知被录用者。

小资料

企业应聘人员录用通知单

先生/女士：

您好！

首先感谢您对本公司的信任和大力支持。经过初次面试/复试，我们认为您基本具备加入本公司的能力，很高兴通知您，您应聘本公司__________一职，经过考核审查，本公司决定正式录用您为公司员工，请于下面要求的时间、地点到本公司人力资源部报到。

具体要求如下：

报到时间	年　月　日（星期　）　时　分
报到地点	
行车路线	
报到内容说明	
个人携带资料	报到时，请携带下列资料： □居民身份证 □户口本 □学历证书 □体检表 □____寸免冠照片____张
备　注	

注：

1. 按本公司规定，新进员工必须先行试用____个月，试用期间暂付月薪______元。
2. 接到通知后如有疑虑或困难，请直接与人力资源部联系。

联系人：　　　　　　　　联系电话：

单位名称：（盖章）

年　月　日

（二）劳动合同的签订

1. 员工安排与试用

员工进入单位后，单位要为其安排合适的岗位。一般来说，员工的岗位是按照招聘的要求和应聘者的意愿来安排的。安置工作的原则是用人所长，人适其岗，使人与事的各种差异因素得到最佳配合。员工安排是员工试用的开始。试用是对员工的能力与潜力、个人品质与心理素质的进一步考核，一般试用期是3～6个月。

员工还要与单位签订试用合同。员工试用合同是对员工与单位双方的约束与保障。试用合同的内容应包括：试用的岗位、试用的期限、员工在试用期的薪酬、员工在试用期应接受的培训、员工在试用期的工作绩效目标与应承担的义务和责任、员工在试用期应享受的权利、员工转正的条件、试用期单位解聘员工的条件与承担的义务和责任、员工辞职的条件与义务、员工试用期延长的条件等内容。

2. 正式录用

员工的正式录用即我们通常所称的“转正”，是指试用期满且试用合格的员工正式成为该单位成员的过程。员工能否被正式录用关键在于试用部门对其考核的结果如何。正式录用过程中，用人部门与人力资源部门应完成以下主要工作：员工试用期的考核鉴定；根据考核情况进行正式录用决策；与员工签订正式的劳动合同；给员工提供相应的待遇；制订员工发展计划；为员工提供必要的帮助与咨询服务等。

案例分析

在早些年航空业飞速上升、蓬勃发展的时候，西南航空公司给全世界创造了数百个职位，大概有几十种类型，包括飞行员、飞机维修师、研发人员、空中服务人员以及地勤人员。有这么多职位需求，再加上西南航空公司又是一个非常有名的公司，因此世界各地的应聘信就像纸片似的飞了过来。那么西南航空公司怎么处理这些应聘信呢？他们首先筛选掉基本技能不符合要求的候选人，其余只要跟这个职位有点相关的人，都组织进行初次面试。面试方式是把参加面试的应聘者每20人分为一组，坐在会议室里面，主考官会跟大家说：“大家好，今天大家来初次面试，你们当中有申请各种职位的，请每人演讲3分钟，内容包括：你叫什么名字？应聘什么职位？为什么应聘这个职位？只讲3分钟，时间一到就换人。”这样一来，20个人的面试只用一个小时就完成了。

思考：

如果你是主考官，在这3分钟的演讲中，你应主要考核什么？

分析：

面对这个问题，很多人都会认为是在看演讲者的口头表达和逻辑思维能力、仪表仪态方面的基本表现，同时通过他的演讲，可以观察出这个人对自己是否有一个期望，如果有，就更能和公司达成一致的前进目标。

但是，大家想一想，西南航空公司是服务型企业，所有的人都要有一种态度，就是尊重别人，都要有一种意识，也就是我们现在非常强调的客户服务意识。所以这时主考官就会看，别人在上面讲的时候，其余的应聘者在干什么。如果有的人因为演讲者表现不佳而幸灾乐祸，轻蔑之色溢于言表，或者跟别人交头接耳，这样的人就会被淘汰。如果有的人在别人演讲时看报纸、接电话，甚至来回溜达，这样的人也会被淘汰。什么样的人才能成功地进入第二轮面试呢？是那些很认真地倾听其他人讲话，不交头接耳，对讲话者有起码尊重的人。

实用工具

面试中的“降龙十八掌”

如何在最短的时间内去伪存真，去粗取精，获得应聘者的准确信息，以提高面试效率，降低用人风险，这是摆在人力资源经理面前的现实挑战。有人从十几年的面试、阅人经历中总结了十八条基本经验，简称面试中的“降龙十八掌”，以供参考。

1. 相由心生，直觉判定

“相由心生”并非无稽之谈，中国古代有“识人八相”之说，比如“威相”的人威仪刚猛，一般具有决断力与行动力；“厚相”的人厚朴稳重，一般性情温和，心胸宽广；“清相”的人清秀疏朗，气度纯和，一般性情爽朗，思维敏捷，富有创造力；“古相”的人形象古怪，一般性格内向，性情孤傲；“孤相”的人体形弱小，神色浑浊，摇摆不定，一般性格内向，心胸狭窄；“恶相”的人凶神恶煞，一般性情卑劣，不讲信用；“薄相”的人体格劣弱，身轻气怯，一般孤僻、内向、无主见；“俗相”的人粗俗鲁莽，一般喜怒无常，唯利是图……当然，面试不能仅仅以貌取人，要辅以其他测评手段来综合判断。

笔者同时从另外一个角度看待岗位与个性特质的适应度，在实践中发现：同一职业人群的个性特质在总体上有很多相似的地方。笔者曾在一家商业地产公司工作，将前台接待人员、销售人员、人力资源经理、财务出纳的个性特质做了这样的定位：前台接待人员——“顺眼不惹眼、吸引不勾引”；销售人员——“铜头、铁嘴、飞毛腿”；人力资源经理——“外圆内方、刚柔并济”；财务出纳——“四平八稳、谨慎小心”……这些是职业人群共性特质的一部分，是同一类职业人员因实际工作的需要长期形成的共性特征，具有一定的代表性，可以通过面试感觉而初步定位。当然，这需要在阅人无数、积累了丰富的识人经验后方可判断，而且只是初步判断，是否录用，一定要结合其他测评工具。

2. 兵不厌诈，验明正身

各类证件是否真假，工作经历是否属实，不一定通过网络查询、调查取证的方式进行，因为调查有一定的难度，有时费时费力。在把握不准的情况下，可以适当尝试用杜撰对方毕业学校、前工作单位等的领导或同事姓名或其他虚拟场景来试探对方，看对方的反应，如果对方唯唯诺诺，以假乱真，那一定有诈；如果对方立即纠正错误，而且清晰地告诉正确答案，说明情况属实。

3. 开门见山，直抵核心

为节约面试时间，要尽量减少寒暄，直接进入面试主题，抓住要害。结合招聘岗位的工作内容、核心素质要求以及应聘者简历的内容，直接进行实质性面试，这可以在最短时间内观察应聘者的反应能力、专业深度等情况。

4. 避实击虚，见缝插针

简历中发现的一些疑点或在面试中对方回答问题的漏洞应当引起面试考官的关注，围绕这些问题要及时进行询问与验证，以了解事情真相，避免面试盲点。

5. 顺藤摸瓜，步步为营

当我们问到某些问题的时候，对方在回答时可能会反馈出很多信息，我们要随时把握突破口，富有逻辑性地顺藤摸瓜、刨根问底，获取对面试有参考价值的信息。比如面试人力资源经理，当我们问及薪酬管理方面的问题时，如果对方在回答时涉及绩效考核、职位价值、市场调研方面的信息时，等对方把这个问题回答完毕后，我们可以接着问关于绩效管理、岗位评价等方面的问题；当谈到绩效管理时，对方若涉及企业文化或执行力的信息时，我们再接着聊关于企业文化或执行力的话题……随着问题的深入，我们会越来越清晰地了解对方的知识、经验、价值观等有效信息。

6. 案例讨论，旁观者清

招聘时，笔者有时会用案例讨论的方式进行，让几个备选人共同探讨某一个话题。作为面试考官，只在一旁静静地观察，必要时予以适当引导。这时候不仅要看发言人的表现，更重要的是观察其他备选人的反应，如果旁观者聚精会神地聆听或认真地思考，甚至记录或点头微笑，说明他具有团队合作的意识，在关注并分享他人的感受，这当然是我们对人才的基本要求。相反，如果别人发言的时候，有的人漫不经心，甚至表现出不屑一顾，这说明他不尊重别人，情商指数有待提高，他将是我们首先淘汰的对象。

7. 龙马过招，自有分明

这是在几个候选人基本条件相近，势均力敌、不分上下，让面试考官在短时间内难以选择的情况下采取的非常手段：让几个备选人互相提问（当然提问的问题与应聘岗位的工作有关），规则是提问者在对方回答完毕后，其本人也要阐述对自己所提问题的看法。通过这种过招方式，看谁能在整个过程中发挥自如、游刃有余，以此来判断谁是比较合适的候选人。

8. 真刀真枪，实力做证

在招聘某些专业技能较强的岗位人员时，可以先进行实际操作测试，再进行综合测评。例如平面设计人员可先直接上机操作，根据要求现场设计作品；招聘司机，直接在车场设置障碍物，现场测试其驾驶技术；招聘编辑人员，先直接要求其现场写一篇文章，看其文采与创作思维……有没有实力，立即会露出真实面目。

9. 车轮战术，全面评定

招聘一些需要经常与相关部门协作的岗位人员时，需要各相关部门负责人轮流面试，从不同的角度考察，相当于车轮战。这样会从多个视角全面把握这个人能否适应公司的文化，当大家都认同他时，录取后他会更快、更好地进入工作角色，与大家愉快合作。

10. 排山倒海，压力盖顶

当我们招聘业务类、公关类、管理类等要求心理承受能力较强的岗位人员时，可以采取多个面试考官集中面试，轮番提问，造成压力盖顶之势，来测试其心理素质。抗压能力差的人会经不起考验，立即败下阵来。

11. 角色模拟，渐入佳境

招聘业务类人员时，经过初步面试后，复试时可以模拟一个正常的工作情境，让其直接扮演公司业务人员向面试考官进行产品推销。在测试过程中，考官也要进入日常的业务沟通状态，故意设计一些刁钻的问题，观察其反应能力、沟通能力、推销技巧及心理素质等。

12. 历史回顾，返璞归真

与行为面试法接近，通过应聘者对过去特定情境下行为的回忆来了解其过去的表现、业绩、是否真诚等信息。需要注意的是，不仅要认真倾听，观察其表情与肢体语言，还要寻找关键点作为突破口顺势询问，以判断信息的真伪。例如，一位应聘考核主管的人回忆在上一个单位制定考核方案的情景时滔滔不绝，说方案全是他一人策划、制定的，但考官顺势提问方案中的一些制定依据及目的时，他却支支吾吾，显然他不是方案的策划人，只是执行者或参与者。

13. 重复提问，巧设迷阵

对于一些关键问题，为了验证应聘者的回答是否诚实，可以在对方回答完毕后，先询问其他问题，当对方陷入问题的“旋涡”后，过一二十分钟再问刚才的关键问题或类似刚才的问题，通过这种方式来检测对方回答的结果与刚才的回答是否一致。

14. 行为细节，考察个性

一个人的口头语言及书面语言可以掩饰内心世界，但行为细节却很难掩盖自己的个性特征，因为它往往是潜意识的自我流露。一个人表情的变化、细节的动作乃至站姿、走势都是其深层次特征的信息符号。笔者曾在招聘业务人员时，代表公司请候选人吃午饭，提前通知食堂准备三个密封的调味小瓶，分别装上酱油、醋、辣椒油，瓶上没有任何提示性标志。笔者告诉他们，某些菜加上调味品味道会更好。这时，有些人连看都没看就倒了一点调味品，然后才发现是辣椒油——不是他要的醋；有些人谨小慎微，分别打开瓶盖，仔细观察，甚至用鼻子闻闻然后再选择……因此笔者判断：前者虽然有点粗心，但富有冒险精神，敢于挑战；后者虽然心细如发，但过于谨慎，缺乏挑战精神。而当时公司发展的特定阶段要求业务人员的基本个性特质是“可以不拘小节，但必须具备挑战精神”，显然，前者在个性方面是与公司的要求相吻合的。

15. 欲擒故纵，显露胸襟

当招聘某些岗位，需要该岗位从业人员心胸宽广，同时具有较强的抗挫折能力的时候，我们可以在面试结束时故意暗示或直接表明对方不符合公司要求，当接收到这一信号时，应聘者的表现是不一样的：有的惊诧，有的黯然，有的表现不悦，有的甚至没有道别就拂袖走人……当然，我们最希望的状态是保持君子风度，不卑不亢，坦然面对，理解面试考官的同时不失自信。因为录用与否都有其特定的理由，没有录取并不代表应聘者不优秀，即使无法合作，至少也给应聘者提供了一次了解企业及自己的机会。

16. 书面改错，以假乱真

应聘者往往会对正面问题回答得比较自如，但实际经验、技能水平状况如果通过反面的改错更能反映其真实状态。比如，招聘一名秘书，可以设计一篇错误百出的公文，在格式、语句乃至标点符号、盖章位置等方面制造错误让其纠正；招聘人力资源经理，结合企业背景设计一套漏洞百出的考核方案或薪酬方案，让其对方案进行诊断与纠正……有些人在探讨理论时夸夸其谈，但改错时却无从下手，甚至越改越乱，这种情况下其实操能力已经无法掩盖了。

17. 旧主评说，透视人品

在面试过程中涉及应聘人员对过去单位的看法时，可获得应聘者一些基本道德品行的信息。有人将原雇主说得一塌糊涂；有人则客观地评价原单位，不掺杂个人的感情色彩，同时保守原公司的商业机密……事实上，人都应有感恩之心，不管过去单位如何，至少给自己付出了劳动报酬，给自己提供了一次实践的机会；同时，没有问题的企业是不存在的，如果将来离开本公司会不会同样“出卖”企业？在用人单位眼中，恪守基本的职业准则是人品的直接体现。

18. 好事多磨，表现真诚

招聘中高层人员或其他特殊类岗位，需要测试其对公司的认同度，最好不要一次性决定是否录用，可多次邀请对方来公司洽谈（也可以安排在业余时间），一方面增进对方对本公司的了解，另一方面看其合作的诚意，如果两次以后对方再也不来公司面谈，企业要果断舍弃，因为适当的放弃也是一种美。试想，如果对方没有真正认同公司的价值观，没有诚意与公司合作，即使录取了，也不会在公司久留，公司可能还要面临重新选择。

资料来源：资深 HR 讲述：注意面试中的“降龙十八掌”. 新浪教育，2008-12-28.

实训应用

实训项目：

模拟面试。

实训目的：

1. 让学生初步了解招聘流程，熟悉简历制作，掌握面试基本技巧。
2. 促使学生关注自身职业生涯规划。

实训组织：

1. 教师可联系相关企业，模拟给出招聘的相关岗位。
2. 学生分组并确定各自的角色及岗位分工。
3. 收集岗位招聘广告，设计结构化面试问题。
4. 教师组织学生模拟面试全过程并组织企业兼职教师进行点评。

管理链接

大数据强力加持企业招聘及人才保留工作

绝大多数企业和组织的人力资源部门现在都很重视企业的招聘和人才保留工作，也会通过寻找内外部标杆数据来评价和管理企业的人才保留工作，但是绝大多数公司没有考虑到其实外部的宏观经济数据会影响企业的人才去留，会影响企业的招聘工作，也就更加没有想到利用宏观数据的大数据分析结果来助力企业的招聘和人才保留工作。

事实上，华恒智信咨询公司经过长期研究，发现大数据不仅可以使用企业的内部数据，而且可以使用外部的宏观数据。例如，美国的富国银行注意到了宏观数据的价值，通过大数据分析将其从仓库中解放出来，成为企业招聘和人才保留工作的强力支持。

（一）员工保留与招聘

富国银行的数据分析负责人皮尔斯和他的团队从美国劳工统计局（Bureau of Labor Statistics）提取诸如地区失业率这样的数据，以帮助预测未来不同地区市场上的人才变化情况。通过分析，他们发现当失业率低的时候，企业现有的员工去外部寻找机会的可能性更大。相反，当失业率高的时候，人才都会涌入劳动力市场，员工就更可能继续待在原企业。通过分析失业率数据，富国银行人力资源部门能够知道什么时候要提前招聘以保持稳定的人员数量。

同时，该团队还利用宏观经济数据来掌握不同地区、不同职业可招募人才的情况。通过掌握何时何地有可招募人才的情况，富国银行制定目标明确的人才吸引战略，来招募他们需要的人才。此外，通过利用大数据，富国银行能够明确地了解到哪个城市、哪所学校能够招聘到符合他们招聘要求的员工，降低了招聘成本。

（二）员工的多样性与融合性

在该银行的经验里，绝大多数组织都只会使用全国性的标准来衡量多样性的进展，但是它们并没有区分自己的目标是整个员工队伍的多样性，还是核心人才队伍的多样性。该数据分析团队通过使用美国社区调查（American Community Survey）的数据将他们的多样性调查提升到了一个新的层次。

该团队说："当涉及多样性和融合性方面时，我们想要给领导者们设置相对合理的目标。有时候，一个更有针对性的目标会比一刀切的目标更有效。"比如说，富国银行发现在洛杉矶分部的员工更多元化，但这是因为洛杉矶的劳动力市场里的多样性人才本来就比中西部地区要多。通过利用大数据分析，他们建议领导人通过鼓励不同地区间的劳动力流动来完成人员多样性目标，给予了领导人很大帮助。此外也让他们意识到应该根据部门所处区域不同设置不同的目标。

对应富国银行的情景，大数据在这些情况下和原先相比，企业的人力资源工作发生了哪些改变呢？

首先，在招聘策略确定方面。从富国银行的案例可以判断，数据分析团队利用大数据分析判断不同地区人才情况和可招募人才信息后，制定招聘策略，该策略的招聘地点、广告投放地点都是有客观数据依据的。而企业一般的招聘策略的确定是在完成企业人才供需分析、确定招聘需求后，根据以往的招聘经验，针对不同岗位选择不同的招聘方式并对应后续的招聘流程。

其次，员工多样性方面。从富国银行自身的发展变化中就可以看出，在制定员工多元化的目标方面，以往是不同地区和部门一刀切式的目标，而在使用大数据后，不同地区的目标更具有个性化特点。而且还为企业实现多样化目标提供了新的途径。

最后，员工保留方面。富国银行通过分析地区的失业率，得出高失业率低离职率的结论，帮助企业提前预测市场人才情况并做出何时应当提前招聘以帮助企业维持稳定的人才数量。而一般情况下企业对员工保留管理上是通过内外部标杆数据的比较，对标离职率进行事后评价和管理。

由此，华恒智信咨询公司认为，大数据分析的引入将会助力企业人力资源管理工作的发展，帮助企业人力资源工作者更好地适应市场变化，实现动态化、个性化的人力资源管理；同时公司将利用长期积累的管理咨询数据和软件开发经验积极帮助有需求的企业开发人力资源大数据工具，助力企业人才管理工作。

法治护航

《民法典》中与劳动用工有关问题的梳理

第四百六十九条 当事人订立合同，可以采用书面形式、口头形式或者其他形式。

书面形式是合同书、信件、电报、电传、传真等可以有形地表现所载内容的形式。

以电子数据交换、电子邮件等方式能够有形地表现所载内容，并可以随时调取查用的数据电文，视为书面形式。

【劳动合同应当采用书面形式，电子方式签订劳动合同视为书面形式。】

第四百七十条 合同的内容由当事人约定，一般包括下列条款：（一）当事人的姓名或者名称和住所；（二）标的；（三）数量；（四）质量；（五）价款或者报酬；（六）履行期限、地点和方式；（七）违约责任；（八）解决争议的方法。

当事人可以参照各类合同的示范文本订立合同。

【劳动合同的内容大致与此相同，但必备条款有特殊规定。】

第五百零一条 当事人在订立合同过程中知悉的商业秘密或者其他应当保密的信息，无论合同是否成立，不得泄露或者不正当地使用；泄露、不正当地使用该商业秘密或者信息，造成对方损失的，应当承担赔偿责任。

【劳动者有保护商业秘密的义务。】

第五百零六条 合同中的下列免责条款无效：

（一）造成对方人身损害的；

（二）因故意或者重大过失造成对方财产损失的。

【用人单位免除自己的法定责任、排除劳动者权利的劳动合同无效。】

第五百零九条 当事人应当按照约定全面履行自己的义务。

【用人单位与劳动者应当按照劳动合同的约定，全面履行各自的义务。】

第五百三十二条 合同生效后，当事人不得因姓名、名称的变更或者法定代表人、负责人、承办人的变动而不履行合同义务。

【用人单位变更名称、法定代表人、主要负责人或者投资人等事项，不影响劳动合同的履行。】

第五百四十三条 当事人协商一致，可以变更合同。

【用人单位与劳动者协商一致，可以变更劳动合同约定的内容。变更劳动合同，应当采用书面形式。】

第五百六十二条 当事人协商一致，可以解除合同。

当事人可以约定一方解除合同的事由。解除合同的事由发生时，解除权人可以解除合同。

【用人单位与劳动者协商一致，可以解除劳动合同。】

第五百六十三条 有下列情形之一的，当事人可以解除合同：

（一）因不可抗力致使不能实现合同目的；

（二）在履行期限届满前，当事人一方明确表示或者以自己的行为表明不履行主要债务；

（三）当事人一方迟延履行主要债务，经催告后在合理期限内仍未履行；

（四）当事人一方迟延履行债务或者有其他违约行为致使不能实现合同目的；

（五）法律规定的其他情形。

【劳动合同只能在法定情形下可以解除，不可以约定解除。】

第五百六十五条　当事人一方依法主张解除合同的，应当通知对方。合同自通知到达对方时解除。

【劳动者解除劳动合同的通知送达用人单位即产生解除的法律效力，不需要用人单位同意。用人单位解除劳动合同的通知送达劳动者即产生解除的法律效力，不需要劳动者同意。】

第五百七十七条　当事人一方不履行合同义务或者履行合同义务不符合约定的，应当承担继续履行、采取补救措施或者赔偿损失等违约责任。

【用人单位违法解除劳动合同，劳动者可以请求撤销解除决定，继续履行劳动合同。】

第五百八十四条　当事人一方不履行合同义务或者履行合同义务不符合约定，造成对方损失的，损失赔偿额应当相当于因违约所造成的损失，包括合同履行后可以获得的利益；但是，不得超过违约一方订立合同时预见到或者应当预见到的因违约可能造成的损失。

【劳动者在履行劳动合同过程中，因故意或重大过失给用人单位造成损失的，用人单位可以要求劳动者赔偿损失。因劳动者违法解除劳动合同，或者违反劳动合同中约定的保密义务或者竞业限制，给用人单位造成损失的，应当承担赔偿责任。】

第五百八十五条　当事人可以约定一方违约时应当根据违约情况向对方支付一定数额的违约金，也可以约定因违约产生的损失赔偿额的计算方法。

【劳动者违反服务期约定的，应当按照约定向用人单位支付违约金。劳动者违反竞业限制约定的，应当按照约定向用人单位支付违约金。除以上两种情形外，用人单位不得与劳动者约定由劳动者承担违约金。】

第七百七十条　承揽合同是承揽人按照定作人的要求完成工作，交付工作成果，定作人支付报酬的合同。

【劳动合同的标的物是提供劳动，并按劳动的质量和时间给付报酬；承揽合同的标的物是完成一项工作，最后要提交劳动成果，并根据劳动成果给付报酬。劳动合同中的劳动者一般在对方组织管理下工作，而承揽合同中的承揽方一般独立自主地进行工作。劳动合同中的劳动者对于非自身的过失所造成的损失不承担责任，而承揽合同中的承揽方，在交付劳动成果以前，自己承担风险。】

第七百九十一条（第三款）　禁止承包人将工程分包给不具备相应资质条件的单位。禁止分包单位将其承包的工程再分包。建设工程主体结构的施工必须由承包人自行完成。

【用工单位违反法律规定将承包业务转包给不具备用工主体资格的组织或者自然人，该组织或者自然人聘用的职工从事承包业务时因工伤亡的，用工单位为承担工伤保险责任的单位。】

第八百四十七条　职务技术成果的使用权、转让权属于法人或者非法人组织的，法人或者非法人组织可以就该项职务技术成果订立技术合同。法人或者非法人组织订立技术合同转让职务技术成果时，职务技术成果的完成人享有以同等条件优先受让的权利。

职务技术成果是执行法人或者非法人组织的工作任务，或者主要是利用法人或者非法人组织的物质技术条件所完成的技术成果。

第八百四十八条　非职务技术成果的使用权、转让权属于完成技术成果的个人，完成技术成果的个人可以就该项非职务技术成果订立技术合同。

【劳动者职务行为产生的职务技术成果的归属。】

第一千零二条　自然人享有生命权。自然人的生命安全和生命尊严受法律保护。任何组织或者个人不得侵害他人的生命权。

第一千零三条　自然人享有身体权。自然人的身体完整和行动自由受法律保护。任何组织或者个人不得侵害他人的身体权。

第一千零四条　自然人享有健康权。自然人的身心健康受法律保护。任何组织或者个人不得侵害他人的健康权。

【用人单位应当严格执行劳动定额标准，不得强迫或者变相强迫劳动者加班。劳动者拒绝用人单位管理人员违章指挥、强令冒险作业的，不视为违反劳动合同。劳动者对危害生命安全和身体健康的劳动条件，有权对用人单位提出批评、检举和控告。】

第一千零一十一条　以非法拘禁等方式剥夺、限制他人的行动自由，或者非法搜查他人身体的，受害人有权依法请求行为人承担民事责任。

【用人单位以暴力、威胁或者非法限制人身自由的手段强迫劳动者劳动的，或者用人单位违章指挥、强令冒险作业危及劳动者人身安全的，劳动者可以立即解除劳动合同，不需事先告知用人单位。】

资料来源：汪正楼．重磅总结｜《民法典》中与劳动用工有关问题的梳理．(2020-06-03)［2021-12-06］．https：//baijiahao. baidu. com/s? id=1668450598851925683&wfr=spider&for=pc.

模块四在线练习

模块五

员工培训与开发

学习目标

1. 知识目标

◆ 了解并掌握员工培训与开发的流程

◆ 掌握培训需求分析的内容与方法

◆ 掌握常见的培训与开发方法

2. 技能目标

◆ 能够进行培训需求分析

◆ 能制订科学合理的培训与开发计划

◆ 能做好培训实施，并能对培训效果进行正确评价

3. 素养目标

◆ 树立终身学习的观念

◆ 充分利用红色资源，传承红色基因

员工培训与开发是指企业通过各种方式使员工具备完成现在或将来工作所需要的知识、技能，并改变他们的工作态度和价值观，以改善员工在现在或将来职位上的工作绩效，并最终实现员工与组织同步成长的一种计划性和连续性的活动。它是公司人力资源实现增值的重要途径，对企业战略发展和员工职业生涯发展至关重要，是企业人力资源管理的重要内容。

以下是某公司员工培训与开发所涉及的典型工作任务，尽管有些公司可能会在某些方面与之不尽相同，但基本上大同小异，因而这些典型工作任务对所有公司而言具有一定的普适性。

典型工作任务

某公司员工培训与开发的典型工作任务

1. 制定员工培训与开发需求调查表，对各部门进行培训需求调查，并对调查结果进行分析，形成正式的培训需求分析报告。

2. 根据培训需求分析结果，拟订员工培训与开发计划。计划应包括培训目标、培训内容、培训时间、培训地点、培训预算、培训师的选择和受训人员的选择等。

3. 组织实施员工培训与开发，特别要关注场地布置、器材到位情况、培训合同签订、培训制度、开幕式以及过程监控等环节。

4. 培训结束后，对员工培训与开发进行效果评估，形成书面的《培训与开发评估报告》。

讨论：

1. 你之前了解过上述哪些典型工作任务？是怎么了解到的？

2. 有哪些部门、哪些人参与了这些典型工作任务？他们发挥的作用各有哪些？

3. 员工培训与开发所涉及的典型工作任务，你认为哪一项最重要？为什么？哪一项最不重要？为什么？

单元一　培训与开发的流程

员工的培训与开发是一项复杂的系统工程，它基于两个理念：一是企业战略与经营目标对人力资源的要求；二是员工的职业生涯发展需要。从这两个理念出发，企业对员工进行培训与开发时，一般按照如图 5－1 所示的工作流程进行。

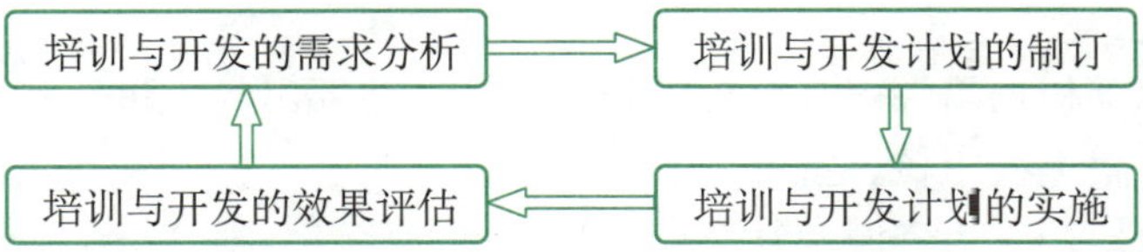

图 5－1　员工培训与开发流程

一、培训与开发需求分析的工作流程

企业在进行员工培训与开发的需求分析时，一般按照如图 5－2 所示的工作流程进行。

工作任务描述：

（1）企业各部门根据企业的战略发展目标，结合本部门工作实际，按照员工培训制度，提出员工培训与开发的需求动向，并报人力资源部。一般而言，每半年提出一次。

（2）人力资源部整理各部门的培训需求，提出培训需求调查，报上级审核、批准。

（3）人力资源部编制培训需求调查表，对培训需求进行调查。

（4）人力资源部对培训需求调查结果进行分析、确认，并形成培训需求分析报告书，报上级审核、批准。

（5）根据审批的培训需求分析报告书，制订员工培训与开发计划。

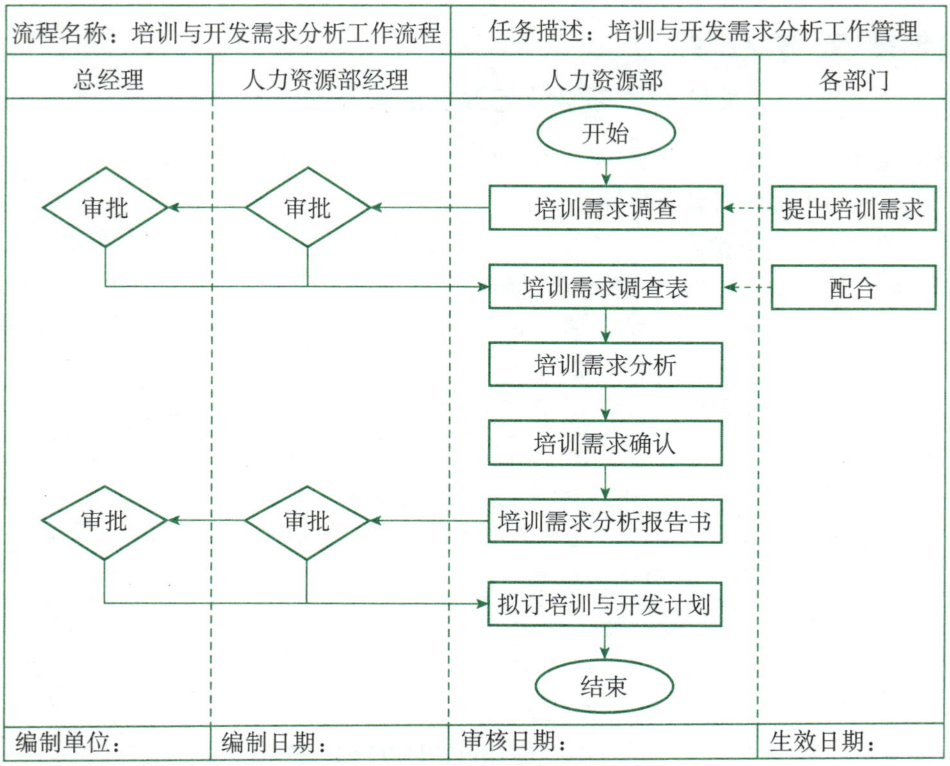

图 5－2　培训与开发需求分析工作流程

二、培训与开发计划制订的工作流程

企业在制订员工培训与开发计划时，一般采取的工作流程如图 5－3 所示。

工作任务描述：

（1）人力资源部根据培训需求分析报告书，并与各部门经理进行沟通，确定培训的目标和培训的方式，报上级审核、批准。

（2）审批通过后，人力资源部结合各部门提供的信息，拟订员工培训与开发计划。

（3）人力资源部把拟订好的员工培训与开发计划转发给各部门，各部门根据实际情况提出修改建议。

（4）人力资源部根据各部门提供的修改意见，对员工培训与开发计划进行完善，并报上级审核、批准。

（5）审批通过后，着手实施培训与开发计划。

三、培训与开发计划实施的工作流程

企业在组织实施培训与开发计划时，一般采取的工作流程如图 5－4 所示。

工作任务描述：

（1）人力资源部分解和下达培训与开发计划。

（2）人力资源部和相关部门做好培训的具体准备工作，包括落实经费、编排授课计划、选择培训师或培训机构、签订协议等，并报上级领导审核、批准。

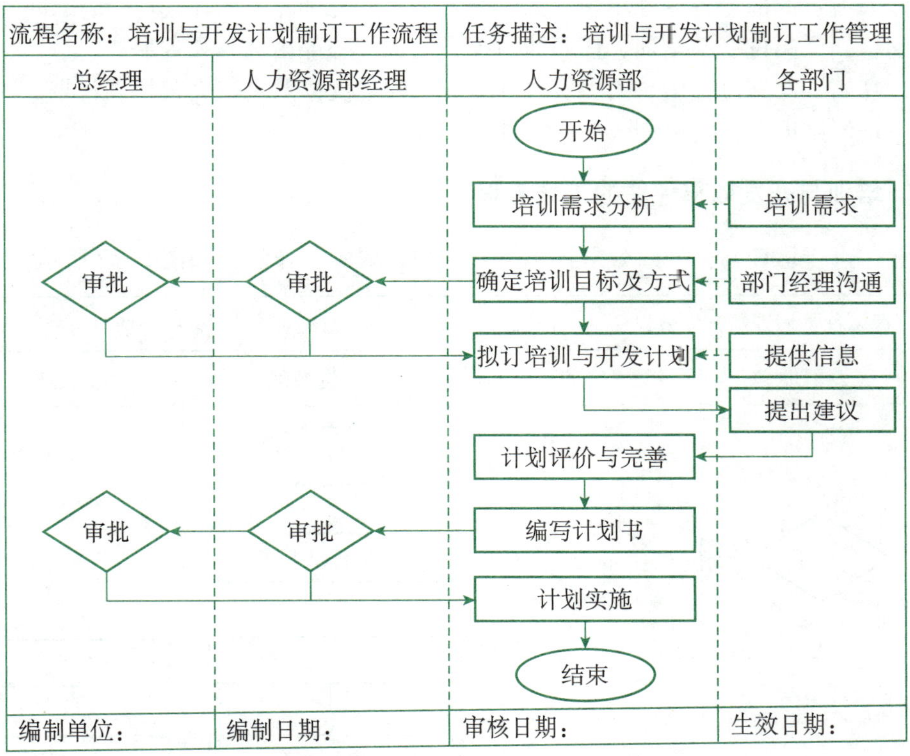

图 5-3　培训与开发计划制订工作流程

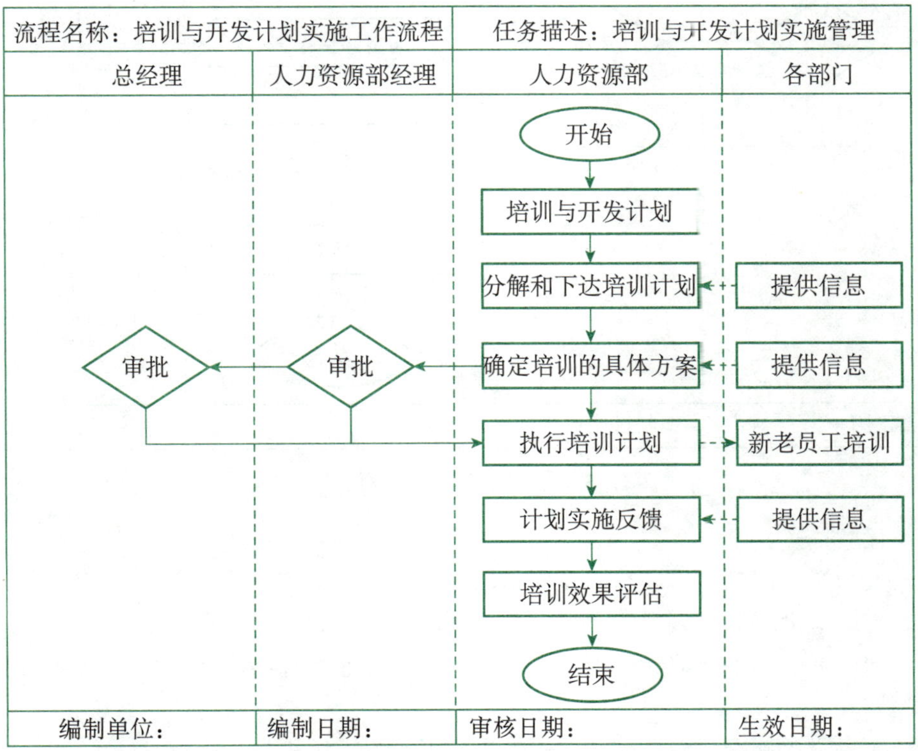

图 5-4　培训与开发计划实施工作流程

（3）人力资源部与各业务单位正式实施培训。一般而言，培训包括新员工入职培训、员工定期培训、岗位变动培训、任职能力提升培训、外部培训等几种形式。

（4）在培训实施过程中，人力资源部要注意收集反馈意见，完善培训计划。

（5）培训结束后，对培训效果进行评估。

四、培训与开发效果评估的工作流程

企业在进行培训与开发的效果评价时，一般采取的工作流程如图 5－5 所示。

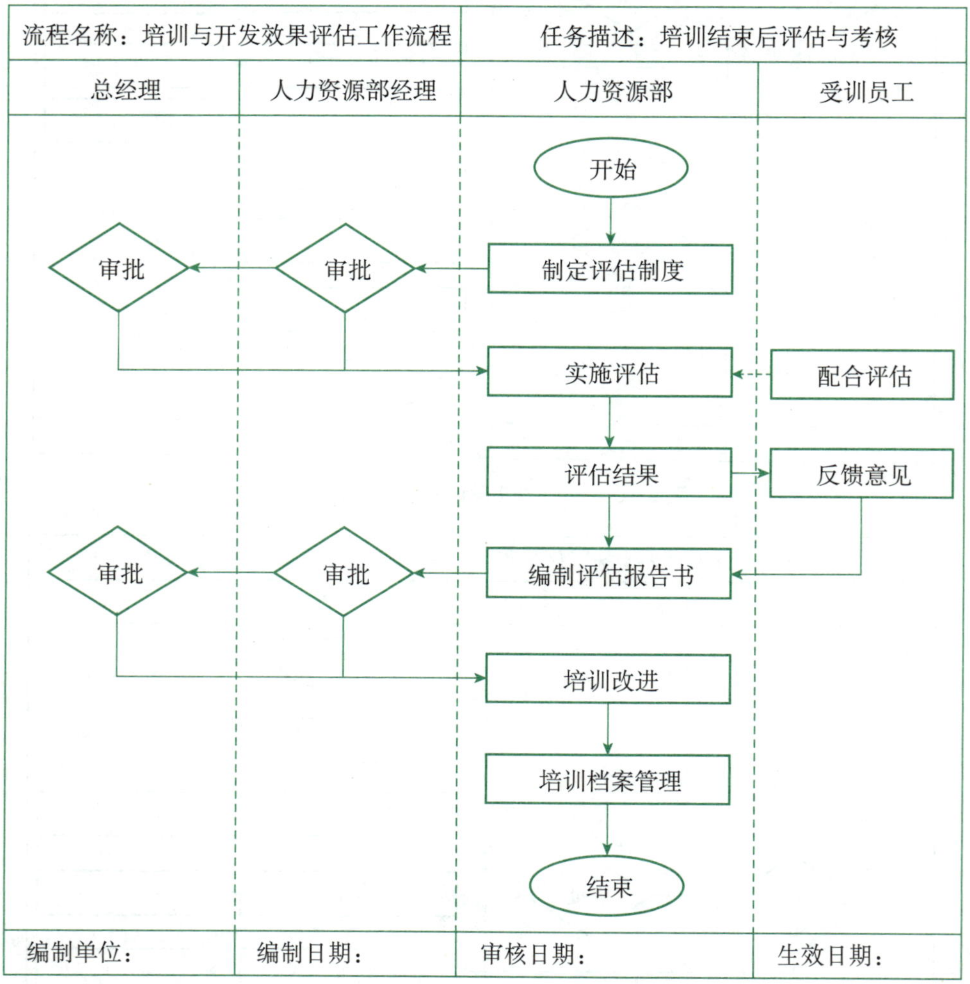

图 5－5　培训与开发效果评估工作流程

工作任务描述：

（1）人力资源部制定培训与开发评估制度，并报上级审核、批准。

（2）上级审批之后，人力资源部按照评估制度对培训效果进行评估。

（3）把评估的结果反馈给受训员工、培训师、各业务部门和上级领导，听取他们的反馈意见。

（4）人力资源部编制培训与开发评估报告书，报上级审核、批准。

（5）做好培训的档案管理工作。

单元二 培训与开发的需求分析

一般而言，培训与开发的需求分析就是为了确定企业目前到底需不需要培训、谁需要培训、需要培训什么及如何培训等问题，它是整个培训与开发工作的起点，决定着培训活动的方向和效益。

一、需求分析的内容

企业在经营过程中，经常会遇到各种各样的问题，这些问题就是产生培训需求的“压力点”，主要来源于两个层面：一是企业层面；二是个人层面。在进行培训与开发需求分析时，通常可以从三个层次来进行培训需求分析，即组织分析、工作分析和人员分析。培训与开发的需求分析可以用图 5－6 表示。

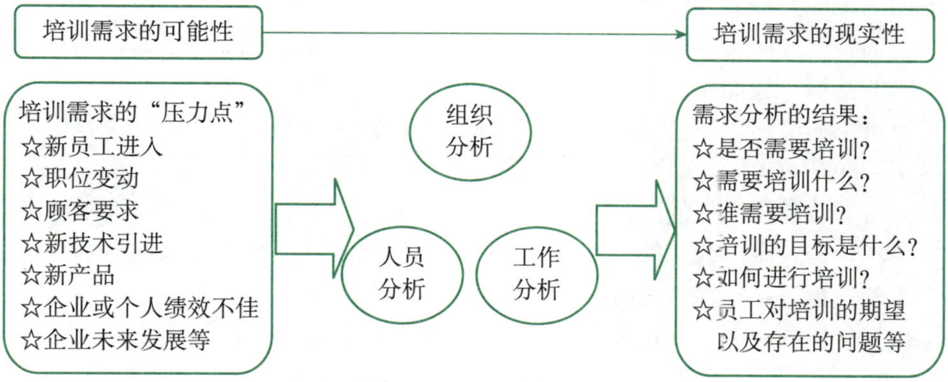

图 5－6 培训与开发需求分析示意图

(一) 组织层次的分析

组织层次的分析是指组织的长期目标、经营战略、经营计划对员工提出新的知识和技能需求而员工素质相对不足时，决定组织中哪些岗位的员工素质相对不足，以及在哪些方面素质不足的一种培训需求分析。

组织层次的分析可以从以下三个方面进行。

1. 企业经营战略分析

对员工进行培训不仅是为了提升员工的知识和技能，更重要的是为了提升企业的绩效，实现企业的战略发展目标，因此，员工培训必须与企业的经营战略、发展目标、经营计划紧密结合，才能不偏离企业发展的要求。通过对企业经营战略进行分析，可以确定出培训的方向和培训重点，使培训做到有的放矢。当然，对于不同的经营战略，相应的培训重点与培训方向也会有所不同。

2. 人力资源需求分析

企业的发展和战略目标决定了企业对人力资源种类、数量和质量的要求。人力资源需求分析就是在对企业内外部环境调研和深入分析的基础上，确定现有员工的能力、知识、行为方式或水平等是否能够满足企业运营和发展的需要，是否能够实现企业的战略目标，从而为员工培训找到明确的方向。

3. 企业的效率分析

大多数企业对生产率、盈利率、投入产出比、次品率、缺勤率、顾客满意度、顾客投诉率、服务质量、日常管理等都有具体的要求和标准。通过对这些效率指标进行分析，可以让管理者正确认识企业绩效存在的问题，从而确定需要培训的方向与环节。当然，这些效率的标准也是培训效果的评价指标。

（二）工作层次的分析

工作层次的分析是以企业现有各工作岗位和员工工作情况为分析对象的，主要确定每项工作任务的完成需要员工必须掌握的技术和能力。工作分析可以使管理者确定出各个工作岗位的员工达到理想的工作业绩所必需的知识、技能和态度，从而为员工培训指明正确的方向。工作层次的分析主要以企业岗位职责、职务说明书和工作考核情况为依据。

在进行工作层次的分析时，一般按照以下几个步骤进行：

（1）根据企业岗位职责和职务说明书的要求，确定出各工作岗位的业绩产出标准。当然，企业的岗位职责和职务说明书必须明确合理。

（2）明确各工作岗位的员工要想达到这些产出标准所必须完成的任务，以及完成这些任务所必需的知识、技能和态度。

（3）对员工的实际工作绩效进行考核，查找差距。绩效差距是培训需求的切入点，一旦发现员工存在绩效差距，就可以为培训需求分析找到依据。

（4）分析绩效差距产生的原因。并不是所有的绩效差距都可以通过培训来解决，比如因环境、技术设备、难以改变的个性特征等所产生的问题，只有当员工存在知识、技能和态度等方面的不足时，培训才是必要的，如表 5-1 所示。

（5）根据分析的原因，确定员工培训的重点和方向，完成培训需求分析。

表 5-1　绩效差距产生的原因与解决方案

绩效差距产生的原因	解决方案
缺少知识、技能和态度	给予在职培训或离职培训
个性特征不适合工作	更换工作岗位或解聘
缺少先进设备、工具和必要生产条件	改进设备、工具，排除工作干扰
工作设计或标准有缺陷	重新设计工作、修改标准
沟通与指导不够	改善沟通、提供反馈渠道和必要的信息
绩效评估方法不恰当	建立正规测量方法，修正与改进现有测量方法
激励措施不恰当	建立良好的激励制度，提高激励水平
其他	对应解决方案

（三）人员层次的分析

人员层次的分析主要是从员工个人的角度出发，评估个体现有状况与应有状况之间的差距，并在此基础上确定谁需要和应该接受培训及培训的内容。它分为两个层次：一是在各岗位对知识和技能明确要求的基础上，通过对员工实际工作绩效及工作能力的分析，找到员工的差距，并对差距进行分析，提炼出现实的培训需求；二是判断员工接受培训的意愿，如果他根本就没有接受培训的意愿，或者不愿意做好本职工作，培训对他而言是没有任何意义的。

因此，为了使培训做到有的放矢，真正对员工有所帮助，对员工进行区分是非常必要的。

根据员工的工作态度和工作技能这两项要求，可以把员工划分为四个区域，如图 5－7 所示。

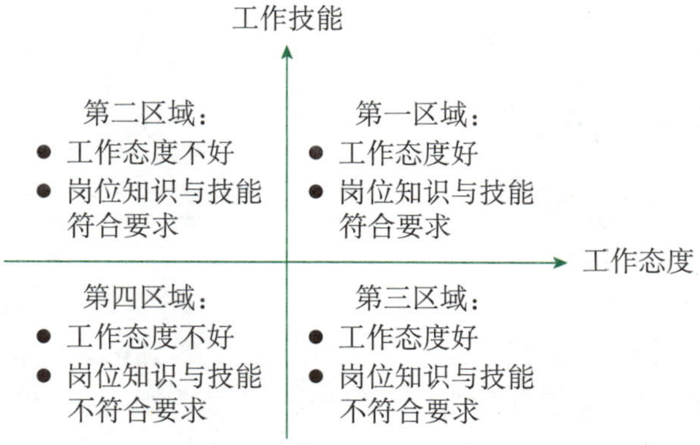

图 5－7　员工区域划分

第一区域的员工已经是（或者很快将成为）企业的骨干员工，企业应该积极地考虑他们的职业发展问题，并为这些员工规划一条在企业中积极成长的道路。企业要安排一些相应的培训，帮助员工成长，使员工尽快适应新的发展要求，从而达到激励的目的。第一区域的员工是企业培训的重点。

第二区域的员工，其岗位知识和技能虽然已经符合企业的要求，但工作态度存在不足。工作态度问题可能是由于员工个人对企业文化、管理理念和管理方式不太认同，或者是没有将自己的未来发展与企业发展相融合等而产生出来的，这就需要企业管理者及时地了解该区域员工的真实想法，如果是企业管理的问题应该及时解决，如果是属于个人发展问题，企业可以给他们提供更多的施展才华的机会。第二区域的员工应主要参加企业的常规培训，以改善其工作态度。

第三区域的员工也是企业培训的重点，与第一区域员工不同的是，他们的岗位知识与技能不符合企业要求，对他们进行培训，其目的是使他们能尽快地适应岗位的要求。由于他们有良好的工作态度，企业非常愿意对其培训，也相信通过培训后，该区域员工能更好地为企业发展服务。

第四区域的员工，工作态度不好，并且岗位知识与技能也不符合企业的要求。对他们进行培训，企业需要付出极大的努力。一般而言，企业很难容忍这些员工在工作岗位上继续下去。对于该区域的员工，人力资源部可以先分别与员工和直线上级进行谈话，全面了解实情，如果情况属实，可以要求员工在有限的时间内达到岗位的要求，改变工作态度，否则进行转岗或辞退处理。该区域的员工应主要参加企业的常规培训。

小思考

如果采用上述三个层次对培训与开发进行需求分析，你首先会从哪个层次进行分析，为什么？其次呢？

在人力资源管理的实践上，组织层次分析、工作层次分析、人员层次分析并不一定要按照某种特定的顺序来展开。但是，由于组织层次的分析关注的是企业培训是否与企业的发展目标、经营战略、经营计划相匹配，解决的主要是企业层面的问题，因此在进行培训与开发的需求分析时，往往先从组织层次的分析入手，然后才是工作层次的分析和人员层次的分析，当然，有时工作层次的分析与人员层次的分析也可混合进行。

二、需求分析的主要方法

在进行培训与开发的需求分析时，不能凭主观想象进行，而应该采取科学的方法。常用的方法有以下几种。

（一）访谈法

访谈法是通过与被访谈人进行面对面的交谈来获取培训需求的信息。在进行访谈前，最好先明确到底需要何种培训信息，然后再拟订出访谈提纲。在访谈过程中，提出的问题可以是开放式的，也可以是封闭式的。当然，封闭式的访谈结果比较容易分析，但是，开放式的访谈常常更能发现问题的本质。访谈可以是结构式的，即以标准模式向所有被访谈者提出同样的问题，也可以是非结构式的，即针对不同的对象采用不同的开放式问题，多数情况下，两种方式结合在一起使用更有利于获得培训信息。

（二）问卷调查法

问卷调查法是以标准化的问卷形式列出一组问题，通过让员工填写来收集信息进行培训需求分析的一种方法。该方法费用低，形式灵活，应用广泛，可以从大量人员中收集信息，便于归纳和总结，是培训需求分析的常用方法。但是，问卷的设计、分析工作难度较大，在运用此方法时，需要注意问卷内容的设计要科学、具体，语言简洁，尽可能采用客观问题，对于主观问题要留有足够的空间填写等，以提升问卷调查信息的准确性。

（三）观察法

观察法是通过到工作现场观察员工的工作表现，发现问题，获取信息数据，进行培训需求分析的一种方法。观察法成功的前提是观察者对要观察的工作岗位有一个正确的、深入的了解。只有知道这个岗位正确的工作方式和方法，才能准确判断出员工在工作中需要补充的知识和技能是什么。当然，员工平时的工作表现记录对观察法的成功也是一个有益的补充。

观察法最大的缺陷在于当被观察者意识到自己在被观察时，他们往往会改变自己的行为方式，给观察者传递错误的信息，使观察结果出现较大的偏差。因此，观察时应尽量适度地隐蔽自己，并进行多次观察，以提高观察结果的准确性。

观察法比较适用于生产作业人员和服务性的工作人员，不太适用于技术人员和销售人员。

（四）自我分析法

自我分析法是指员工个人通过对组织有关信息及岗位所需知识、技能的掌握程度来分析和判断自己培训需求的一种分析方法。该方法可以让员工很好地分析自己的情况，查找自己的不足，从而为培训需求寻找切入点。该方法既有利于发挥员工的积极性，也有利于企业发现员工的真正需求。

总体而言，每一种培训需求分析的方法都不是尽善尽美的。在进行培训需求分析时，最好是选取两种以上的方法混合使用，这样就会在很大程度上增强培训需求分析的准确性和完整性。

小工具

在进行员工培训与开发的需求分析时，员工培训与开发需求调查表的制定是一项非常关键的典型工作任务。下面给出员工培训与开发需求调查表的模板，供大家学习、参考和借鉴。

员工培训与开发需求调查表参考模板一

部门：　　　　　　　　　　　　　　　　　　　　　　填表日期：　　年　月　日

培训类别	培训内容	是否同意	参训人员			培训方式				
			自愿参加	指定人员参加	部门全体员工参加	课堂授课	实践演示	标杆	座谈提问	其他
公共教育	(1) 企业发展史、组织结构、主要业务									
	(2) 企业规章制度及福利待遇									
	(3) 其他（请说明）									
业务知识	(1) 计算机/IT行业动态									
	(2) 互联网方面									
	(3) 交际、谈判									
	(4) 广告创意									
	(5) 写作									
	(6) 网页制作									
	(7) 通信									
	(8) 市场调查									
	(9) 其他（请说明）									

填表说明：

(1) 上述所列内容仅供参考，在同意的项目栏中打“√”。根据实际状况，各企业可以列出自己需要的培训内容。

(2) 请您根据您所在部门员工的真实需求认真填写此表。

(3) 必要时可另附纸说明。

员工培训与开发需求调查表参考模板二

部门主管：　　　　　　　　　　　　　　　　　　　　　　　　填表人：

部门						日期				
部门工作内容/目标	应加强能力	项次	需求课程名称	内训/外训	预定月份	培训单位/讲师	时间	培训对象	预定人数	费用预计
		1								
		2								
		3								
		4								
		…								

三、需求分析报告书的撰写

培训需求调查结束之后，人力资源部应该对培训需求进行正确分析与确认，撰写培训与开发需求分析报告书。该报告书的结论要以调查分析的信息为依据，不可以有主观看法。培训与开发需求分析报告书经上级审核、批准之后，成为制订员工培训与开发计划的基础。

一般而言，培训与开发需求分析报告书通常由以下几部分组成（当然，各公司在撰写时，也可以灵活多变）：

（1）培训需求分析的背景介绍。

（2）概述需求分析实施的主要方法和过程。

（3）介绍培训需求调查的对象。

（4）阐述培训需求调查的内容及分析结果。

（5）主要建议与说明。

（6）附录、报告提要等。

小案例

某公司中层管理人员培训需求分析报告书

一、培训需求分析的背景

由于2024年初公司执行新的战略发展计划，公司的市场份额得到了迅速的提升，新开发生产的产品普遍得到了消费者的信赖与支持，公司的美誉度逐渐增加，特别是在整个华南地区。为进一步开拓新的市场，拓宽分销渠道，降低生产和营运成本，公司决定对中层管理人员进行培训需求分析，以期借助培训使公司中层管理人员提升技能，改变目前管理上的不足，推动公司战略目标的顺利实现。

二、培训需求分析的时间安排

本次培训需求分析的实施按照以下时间安排进行：

（1）2024年8月1日—8月10日，准备工作。

（2）2024年8月11日—8月26日，调查问卷设计与完善。

（3）2024年8月27日—9月10日，问卷发放与回收。

（4）2024年9月11日—9月30日，分析调查问卷、撰写培训需求分析报告。

三、培训需求的调查对象

1. 调查部门

公司人力资源部。

2. 调查对象

公司各职能部门主要负责人、主管级以上的中层管理人员（36人）。

四、培训需求的调查方法

本次培训需求调查采取访谈和问卷调查相结合的方式进行。

1. 访谈

由人力资源经理作为此次培训需求分析的主要负责人，同中层管理人员分别组织座谈，了解相关信息，并与公司部分高层人员分别就这些中层管理人员的工作表现进行沟通。

2. 问卷调查

人力资源部共发出培训需求调查问卷36份，回收有效问卷36份，所有中层管理人员都根据实际情况认真填写了问卷。问卷采取客观题与主观题相结合的方式进行。

五、调查内容分析（本部分省略了部分饼状图、直方图等，并进行了节选）

1. 调查对象的岗位任职时间（见下表）

调查对象的岗位任职时间表

任职时间	1年以内	1～2年	2年及以上
中层管理人员人数	18	7	11
所占比例（总人数36人）	50%	19.44%	30.56%

从岗位任职时间表中可以看出，69.44%的中层管理人员到现任职位的任职时间都不足2年，更有50%的中层管理人员到现任职位的任职时间都不足1年，足以说明其管理经验尚待提高。

2. 管理幅度（见下表）

管理幅度调查表

管理幅度	无	1～3人	4～6人	6～10人	10人及以上
中层管理人员人数	4	3	17	6	6
所占比例（总人数36人）	11.11%	8.33%	47.22%	16.67%	16.67%

从管理幅度调查表中可以看出，有88.89%的中层管理人员有直接下属，其中，16.67%的中层管理人员的直接下属为10人及以上，63.89%的中层管理人员的直接下属有4～10人，仅有4个中层管理人员没有直接下属，但公司高层说这是暂时的。因此，管理者角色认知是其必备的管理知识之一。

3. 工作计划制订

通过调查得知，有97.22%的中层管理人员制订了月度工作计划，仅有1人没有制订，80.56%的中层管理人员制订了季度工作计划，30.56%的中层管理人员制订了长期工作计划。在访谈中还得知，在如何围绕总目标制订具体的可行性计划、如何确保计划的实现等问题上，中层管理人员存在诸多不足之处。

4. 授权与激励（见下表）

授权与激励调查表

授权与激励	愿意授权	不同意授权	愿意接受授权培训
中层管理人员人数	31	5	30
所占比例（总人数36人）	86.11%	13.89%	83.33%

授权与激励是管理者的重要管理技能之一，根据授权与激励调查表，可以看出，有86.11%的中层管理人员表示愿意授予下属一定的权力，13.89%的中层管理人员明确表示不愿意授权，原因是不太相信下属的能力。另外，83.33%的中层管理人员表示愿意接受在工作中进行授权与激励的相关培训。

5. 团队建设

团队作用发挥得好，就能产生1+1>2的效果，同时又能调动员工的积极性。但团队建设是一项复杂的工作，经过调查，有 77.78%的中层管理人员明确表示尚缺乏团队建设与领导方面的技能。

6. 员工培训（见下表）

员工培训调查表

员工培训	有培训计划并能有效执行	有培训计划但没落实	认为员工培训可有可无	没有时间进行培训
中层管理人员人数	6	12	12	6
所占比例（总人数 36 人）	16.67%	33.33%	33.33%	16.67%

所有作为此次培训对象的中层管理人员都表示会对员工进行培训。只有 16.67%的中层管理人员制订了员工培训计划并能有效执行，33.33%的中层管理人员制订了员工培训计划但没有落实，33.33%的中层管理人员对员工培训的看法为可有可无，随意性较大，有 16.67%的中层管理人员认为目前没有时间对员工进行培训，可见，中层管理人员对培训技巧的掌握还需要进一步学习。

7. 其他（略）

六、培训需求分析的建议

通过培训需求的调查分析，了解到公司中层管理人员大部分任职时间较短，在管理能力方面存在很大不足，这些不足已经影响到公司战略目标的顺利实现，因此，特提出以下培训建议，以指导中层管理人员培训计划的安排与制订。

1. 培训对象：中层管理人员

为更好发挥培训作用，建议把培训对象划分为两个层次：一为任职不足 2 年的中层管理人员；二为任职 2 年以上的中层管理人员。

2. 培训时间、地点安排

培训的时间定在 2024 年 11 月 1—7 日进行，为期 7 天。

培训地点选择在公司报告厅、公司会议室。

3. 培训内容

培训内容分为三个层次：业务技能培训、管理技能培训、自我开发技能培训。建议先进行业务技能培训，包括角色认知、信息处理、授权、时间管理、创新、财务运营、谈判、经营战略、计划制订等具体内容的培训；然后进行管理技能培训，包括激励艺术、冲突管理、心理学、团队建设、沟通技巧、企业伦理等；最后进行自我开发技能培训，包括系统思考、生涯管理、压力管理、自我超越等。

培训内容的安排一定要考虑培训对象的不同层次。不同层次的培训对象，培训内容应有所不同，同时培训的学时也应有所不同。

4. 培训机构

建议选择比较好的管理咨询公司协助培训。培训师最好是咨询公司专家和本公司的高层领导。

5. 其他（略）

七、附录（略）

单元三　培训与开发计划的制订

一、培训与开发的目标

培训与开发目标的确定依赖于培训需求分析，一般而言，通过培训需求分析，可以明确员工的现有状况与应有状况之间的差距，而消除这个差距，就是培训与开发的目标。培训总目标是宏观的、抽象的，它需要不断分层细化，使其具体化、可操作化。目标越具体、越具有可行性，就越有利于总体目标的实现。

二、培训与开发的内容

培训与开发的内容应服务于培训所要达到的目标。每一次培训与开发，企业都希望员工能掌握所需的知识或技能，改变某种行为与态度，提高员工的胜任力或发展潜力，推动企业向前发展。为实现这一目的，培训与开发内容的选取必须科学、合理，符合企业战略和员工实际工作需要，还要具有一定的前瞻性，能根据不同的对象和不同的时期而有所变化。一般而言，培训与开发内容包括三个层次，即知识培训、技能培训和素质培训。

（一）知识培训

知识培训是培训开发中的第一个层次。知识培训可以使员工具备完成本职工作所必需的知识，这些知识包括基本知识和专业知识两种类别。知识培训虽然简单易行，但员工容易忘记，而且，如果公司仅仅停留在知识培训的层次上，就很难产生较大的培训效益。

知识培训的主要内容包括以下几个方面：

（1）具备完成本职工作所必需的基本知识。

（2）熟悉掌握公司的发展战略、目标、经营状况、组织结构、各项规章制度、市场环境等。

（3）了解公司各部门的工作内容与沟通关系。

（4）明确岗位职责，了解与工作岗位相关的市场状况。

（5）掌握节约和控制成本的措施。

（6）培养和掌握一定的管理知识，如计划、组织、领导和控制等。

（7）学习一些必备的社会学理论知识，如社会政治文化、伦理道德等方面的相关知识。

（8）其他有关的知识。

（二）技能培训

技能培训是培训开发中的第二个层次。技能培训可以使员工掌握完成本职工作所必备的技能，提高工作业绩，提升发展潜力。技能培训是公司组织培训的重点。

技能培训的主要内容包括以下几个方面：

（1）熟练掌握本工作岗位所需要的基本技能，包括工艺操作技能等。

（2）掌握和运用经营管理技术、生产技术、监控技术、工程技术、工艺技术、信息技术等为企业经济效益服务的各类技术。

（3）学会人际沟通、执行控制、时间管理、项目管理、领导力、判断能力、规划能力、调查能力、计划制订、战略管理、安全与健康管理、创新管理等各类管理技能。

（4）其他相关的各类技能。

（三）素质培训

素质培训是培训开发的最高层次。对员工进行素质培训，可以使员工形成正确的价值观，积极的工作态度，良好的思维习惯，较强的团队合作意识和相互信任、相互支持的工作氛围。素质培训是组织培训的难点。

素质培训的主要内容包括以下几个方面：

（1）个人与他人、个人与组织等关系认知的培训。

（2）员工自信心的培养。

（3）团队精神、团队合作意识等方面的培训。

（4）职业发展规划等方面的培训。

（5）树立正确人生观、价值观和工作责任心等方面的培训。

（6）其他相关的素质培训。

小思考

你所在的地区有哪些红色资源？这些红色资源可以开发什么内容的培训项目？

三、培训与开发的时间

培训与开发的时间安排是有讲究的，如果培训时间的选择滞后于社会的发展、企业自身的发展、同业竞争对手的发展、部门及工作岗位的需要，则培训开发就是被动的，甚至是无效的。但有时如果过于主动和超前，同样也是不可取的。许多企业往往是在时间比较方便或培训与开发费用比较便宜的时候才提供培训，结果使培训的作用大打折扣，很难有效地实现培训与开发的目标。

因此，企业应该在需要培训的时候就及时地进行培训安排，这不仅体现在时机的选择上，也体现在培训持续时间的安排上。一般而言，培训持续的时间长短受培训与开发内容、培训费用、学员的素质、学员的工作时间、学员的生活时间等因素的影响。

四、培训与开发的方式

企业的培训与开发的方式主要有两种：一种是企业自己组织的培训与开发；另一种是外包给专业的培训机构来进行的培训与开发。这两种方式各有利弊，企业自己在承担培训与开发时，可以根据实际状况灵活地安排培训时间、培训方式、培训对象及培训内容，针对性比较强，但可能存在范围窄、模式陈旧、人力不足、投入过大、时间限制等缺陷。外包的最大优点是专业化水平高，技术手段先进，宏观视野开阔，能提供多层次的培训开发服务，但缺乏针对性和适用性。因此，在进行培训与开发时，最好的办法是取长补短，优势互补，合理划分，适合企业自己组织的就由自己来承担，适合外包的就由专业培训机构来承担。

一般而言，对于技术性、制度性、组织性、流程性等方面的培训，以企业自己承担为主，对于前瞻性、宏观性、观念性、理论性、专业性等方面的培训，外包给专业的培训机构效果会更好。

企业在选择培训与开发方式时，除了要考虑两种培训方式的特点、培训内容的特定性之外，还要考虑以下一些因素：

（1）培训与开发预算。“有多少钱办多少事”，在培训与开发预算固定的情况下，企业自己组织培训还是外包，是不得不考虑的问题，毕竟超出预算的培训与开发计划将不可能实现。

（2）受训者的人数。受训者的人数较少，可以考虑外包服务。如果受训者人数较多，企业就要根据实际情况考虑自己组织培训了。

（3）培训的频度。如果企业的培训与开发活动经常进行，外包服务可能是不划算的事情，但如果偶尔进行培训与开发活动，则依靠专业培训机构可能更好。

（4）是否有合适的培训师。如果企业内部找不到合适的培训师，可以考虑通过外部培训机构来寻找。

（5）培训设施状况。培训设施包括培训场地、培训器材、培训材料等，如果企业不具备这些相应的硬件条件，可以考虑通过外包来解决。

五、培训与开发的方法

（一）课堂讲授法

课堂讲授法是一种传统的教育培训方法，也是培训与开发中应用最普遍的一种方法。它是培训教师通过语言表达，系统地向受训者传递知识，期望受训者能掌握课程中的特定知识和重要观念的一种方法。该方法的优缺点如表 5－2 所示。

表 5－2　课堂讲授法的优缺点

课堂讲授法的优点	课堂讲授法的缺点
有利于受训者系统地学习知识	学习效果易受培训教师水平的影响
传授内容多，有利于培养各类人才	内容多，受训者难以完全吸收、消化
容易掌握和控制学习进度	单向传授不利于教学双方互动
培训费用较低	学过的知识不易被巩固
可以同时对多人进行培训	不能满足受训者的个性需求
对培训环境的要求不高	传授方法较为单一
有利于受训者理解难度大的问题	理论与实践相脱节

（二）研讨法

研讨法是以工作中的某个课题或问题为研讨主题，受训者组成团队进行讨论、辩论和提问，并最终得出共同结论。研讨法的优缺点如表 5－3 所示。

表 5－3　研讨法的优缺点

研讨法的优点	研讨法的缺点
受训者能够主动提出问题，表达个人感受，有助于激发学习兴趣	讨论课题选择的好坏直接影响到培训的效果

续表

研讨法的优点	研讨法的缺点
受训者能够积极思考，有利于其能力开发	不利于受训者系统地掌握各种知识和技能
受训者可以取长补短，互相学习，有利于知识和经验的相互交流和启发	受训者自身的水平会影响到培训的效果
有利于受训者发现自己的不足，拓展思路，加深对知识的理解，促进能力的提高	对培训师的要求过高

研讨法以集思广益为基础，收集众人的智慧并相互激发，最终达到创造性的培训效果。根据讨论的组织方式，研讨法可以分为演讲、小组讨论、沙龙、集体讨论、委员会式讨论、系列研讨式六种形式。

（三）工作指导法或教练法

工作指导法或教练法一般是由一位有经验的技术能手或直接主管人员在工作岗位上对受训者进行现场培训。该方法通过培训师的现场操作演示，把受训者要学的技术、程序、技巧或规则呈现给受训者，让受训者在理解的基础上进行反复的模拟练习，使其操作逐渐熟练直到符合规范的程序和要求，达到运用自如的程度。工作指导法或教练法的优缺点如表 5 - 4 所示。

表 5 - 4　工作指导法或教练法的优缺点

工作指导法或教练法的优点	工作指导法或教练法的缺点
有助于培养培训者与受训者之间的良好关系，有利于工作开展	培训者（师傅）不容易挑选，有些培训者（师傅）担心“教会徒弟会饿死自己”而不愿倾尽全力，因此应挑选那些具有较强的沟通能力、监督和指导能力以及胸怀宽广的培训者（师傅）
培训者出现调动、提升、退休或辞职时，可以让训练有素的受训者顶替	

工作指导法或教练法是一种既有在职培训又有课堂培训的方法，大多用于技能培训，受训者重在模仿，创新性不足，不太适用于实施差异化战略的企业。

（四）岗位轮换法

岗位轮换法是指企业有意识地让受训者在预定时期内更换不同的岗位或职务，以获取不同岗位或职务的知识、技能和经验，为企业培养复合型人才的一种在职培训方法。岗位轮换法的优缺点如表 5 - 5 所示。

表 5 - 5　岗位轮换法的优缺点

岗位轮换法的优点	岗位轮换法的缺点
能识别受训者的长处和短处，了解受训者的专长和兴趣爱好，更好地开发受训者潜能，增进受训者对各部门管理工作的了解，为完成跨部门、合作性的任务打下基础	如果轮换的时间太短，不利于受训者学到更深入的知识、技能和管理经验
能丰富受训者的工作经历和经验	该方法鼓励“通才化”，不适用于专业人员培训

岗位轮换法适用于规模大小不等的公司，这种方法主要面向的是企业重点培养和准备提拔的人员，通过岗位轮换，有助于全能型人才的培养。

（五）案例分析法

案例分析法是指围绕一定的培训目的，把实际工作中的真实情景加以典型化处理，形成供受训者思考分析和学习的案例，再通过受训者对案例的独立分析和相互讨论，提高受训者分析及解决实际问题的能力。案例分析法的优缺点如表 5－6 所示。

表 5－6　案例分析法的优缺点

案例分析法的优点	案例分析法的缺点
提供了系统的思考方式	案例过于概念化并带有明显的倾向性
在案例研究的学习过程中，受训者可得到一些有关管理方面的知识与原则	
有利于使受训者参与企业实际问题的解决	案例的来源往往不能满足培训的需要
正规案例分析使受训者得到锻炼机会，积累经验	
容易使受训者养成积极参与和向他人学习的习惯	需时较长，对受训者和培训师的要求较高
教学方式生动具体，直观易学	

（六）角色扮演法

角色扮演法是指模拟一个最接近现实状况的工作环境，指定参加者扮演某种角色，借助于角色的演练来理解角色的内容，模拟处理工作事务，从而提高主动地面对现实和解决各种问题的能力。角色扮演法适用于新员工、岗位轮换和职位晋升的员工，主要目的是使其尽快适应新的岗位和新的环境。角色扮演法的优缺点如表 5－7 所示。

表 5－7　角色扮演法的优缺点

角色扮演法的优点	角色扮演法的缺点
有助于训练基本动作和技能	扮演中的问题分析仅限于个人，不具有普遍性
能提高受训者的观察能力和解决问题的能力	
活动集中，有利于培训专门技能	容易影响受训者的态度，而不易影响其行为
容易使受训者养成积极参与并向他人学习的习惯	人为性较强
特定的模拟环境和主题有利于增强培训效果	易受受训者的心理因素影响等
能学会换位思考、理解问题等	

除了上述培训方法之外，还有很多其他的方法被企业所选择，如头脑风暴法、户外拓展训练法、模拟训练法、虚拟培训法等。企业可以根据自己的实际情况，灵活选择各种培训方法，以增强培训效果。

六、培训与开发的对象

培训与开发的对象不能仅仅限于企业的个别人或个别人群，而应包含所有的员工，但由于组织资源的有限性，企业不可能提供足够的资金、人力、物力在同一时间对所有人进行培训，这就需要企业根据组织目标和工作岗位的需要来选择合适的培训对象，以确保急需人才的培训与开发。

一般而言，组织内有几种人员需要培训。

（一）新入职员工

新入职员工需要参加岗前培训，以尽快熟悉企业的工作环境，掌握工作岗位所要求的基本技能，消除紧张情绪，加快融入新岗位角色的进程。

（二）需要改进目前工作的人

对于一些存在绩效差距的员工，需要对其进行相关培训，以提升他们的知识、技能与素质，弥补不足，提高工作绩效。

（三）新晋升人员或岗位轮换人员

新的岗位或职务要求具备新的知识和技能，对于新晋升的员工或岗位轮换的员工，为使其尽快适应新的岗位或职务，需要对其进行相关的培训，以提升他们的知识、技能与素质，满足新岗位或职务所提出的各项要求。

（四）有潜力的人员

对于有能力也有潜力的人员，企业希望他们能够掌握不同的管理知识、技能或更复杂的专业技术，以安排他们到更重要或更高层的位置上去，为企业承担更大的责任。对于这部分人员，企业也更愿意花费更多的资源对其进行相关培训。

七、培训师

培训师是培训成败的关键因素之一，他在培训与开发过程中具体地承担培训与开发任务，向受训者传授知识与技能，并改变受训者的观念与态度，使其符合企业的目标和要求。培训师的素质高低、教学能力以及职业态度关系到培训效果的好坏与质量的高低，因此，选择合适的培训师对企业组织培训而言非常关键。

一般而言，优秀的培训师应具备以下条件：

（1）关心学员，帮助学员，倾听学员的心声，能与学员建立融洽的关系。

（2）能结合培训环境、培训对象、培训内容对教学方式进行不断创新。

（3）具有从事培训工作所需要的相关知识和教学经验。

（4）具备良好的沟通和表达能力。

（5）心态积极，热爱培训工作。

（6）宽容、有耐心，对学员无偏见。

（7）具有一定的组织管理能力，能够控制培训过程。

（8）具有激励他人的能力，能学会变通，对信息进行转化处理。

（9）其他。

培训师的选择除了要考虑其素质之外，还要考虑其来源。担任企业培训活动的讲师一般来自两种渠道：一种是企业内部，另一种是企业外部。内部培训师一般是指企业的领导、具有特殊知识和技能的优秀员工，外部培训师则包括大学教师、企业经理人员和专职培训师。

究竟应该选择内部培训师还是外部培训师，这主要取决于培训的内容以及可利用的培训资源。一般而言，企业应该先选择内部培训师，只有在组织业务确实繁忙或培训资源相对不足时，才考虑选择外部培训师。但不管怎样，把外部资源和内部资源结合在一起使用，效果可能会更好一些。

八、培训与开发预算

在制订培训与开发计划时，组织者要考虑的重要问题之一就是培训与开发的预算问题。如果企业的培训与开发预算不能支持培训与开发计划，培训与开发计划制订得再完美也没有实际意义。

组织者应根据需求分析的结果，对即将开展的培训与开发活动进行成本估计，在合理分析的基础上，分项计算培训与开发费用，然后加总得出培训与开发的总预算额。一般而言，培训与开发活动所涉及的费用包括直接费用和间接费用两种。

直接费用包括培训与开发项目的运作费用和管理费用，由以下几部分构成：（1）场地费；（2）食宿费；（3）培训器材、教材费；（4）培训人员的工资以及培训师的报酬；（5）交通差旅费；（6）管理费及其他费用。

间接费用主要包括受训者培训期间的正常工资、顶替受训者工作所额外支付的报酬、相关的机会成本和生产力的浪费等。

当然，组织者也可以参考同行业企业的同类型培训预算数据，或者自己每年划定专项的培训经费来安排培训与开发的费用，但不管如何，都应考虑企业的培训需求和提供经费的可能性。培训与开发的预算一旦确定，便决定了经费使用的基本框架。

培训与开发预算经常与培训计划产生冲突，最主要的冲突是培训与开发预算无法完成培训计划所涉及的培训，当然也会有培训预算费用剩余的情况。如果培训与开发预算费用低于培训计划的要求，而企业又要完成这一培训计划，那最有效的解决办法就是加强内部培训或者让员工分担培训费用，以达到降低培训费用的目的，同时也可在一定程度上确保培训的质量和效果。

小思考

员工培训与开发计划中哪些内容必不可少？为什么？

小工具

下面提供员工培训与开发计划表（见下表）以供借鉴。

员工培训与开发计划表

培训编号：　　　　　　　　　　　　制表人：　　　　　　　　　　　　制表时间：　年　月　日

<table>
<tr><td colspan="2">培训名称</td><td colspan="2"></td><td colspan="2">培训开发对象/人数</td><td colspan="2"></td></tr>
<tr><td colspan="2">培训与开发内容</td><td colspan="2"></td><td colspan="2">培训与开发时间</td><td colspan="2"></td></tr>
<tr><td>课程</td><td>培训时间</td><td>培训地点</td><td>培训机构</td><td>培训师</td><td>培训方法</td><td>预期效果</td><td>费用预算</td></tr>
<tr><td></td><td></td><td></td><td></td><td></td><td></td><td></td><td></td></tr>
<tr><td></td><td></td><td></td><td></td><td></td><td></td><td></td><td></td></tr>
<tr><td></td><td></td><td></td><td></td><td></td><td></td><td></td><td></td></tr>
<tr><td colspan="2" rowspan="4">参加人员名单</td><td colspan="2">姓名</td><td colspan="2">职位</td><td colspan="2">部门</td></tr>
<tr><td colspan="2"></td><td colspan="2"></td><td colspan="2"></td></tr>
<tr><td colspan="2"></td><td colspan="2"></td><td colspan="2"></td></tr>
<tr><td colspan="2"></td><td colspan="2"></td><td colspan="2"></td></tr>
<tr><td colspan="2">备注</td><td colspan="6"></td></tr>
<tr><td colspan="2">人力资源部经理</td><td colspan="2"></td><td colspan="2">总经理</td><td colspan="2"></td></tr>
</table>

填写说明：

（1）培训机构可以是内部部门，也可以是外部培训企业。

（2）培训方法为：课堂讲授、研讨、案例分析、角色扮演、工作指导、拓展训练、视听法等。

（3）员工培训与开发计划表须报人力资源部经理和总经理审批。

单元四　培训与开发计划的实施

一、落实培训场所与设施

培训场所和培训设施对培训与开发的效果有着重要的影响，因此，人力资源部和其他相关部门必须在组织实施培训前落实培训所需的场所和设施，做好培训环境的布置工作。

培训场所主要包括教室、车间、培训中心、专门培训基地、宾馆的会议室、室外空地等；培训设施主要有桌、椅、黑板、麦克风、笔记本、投影仪、电脑、教材、笔等。

选择合适的培训场所或培训地点，对培训者和受训者而言都是非常重要的。目前很多培训都是在室内进行的，在选择室内培训场所时需要考虑以下一些事项。

（一）参加培训的人数

参加培训的人数基本上决定了培训的地点，要使培训场所的大小与参加培训的人数相匹配。

（二）培训场所的空间大小

培训场所的空间大小要足够容纳培训的人数，并且能够适合桌椅的各种摆放，以利于营造良好的学习氛围。

（三）灯光

培训教室的灯光一定要合适，既能让学员看清培训演示的内容，又能让学员记笔记。当然，光线强度究竟达到何种程度为宜，有待培训师的调节。

（四）环境的噪声

噪声或干扰会分散学员的注意力，因此，尽可能选择隔音效果较好的房间或远离噪声的场所，以避免影响课堂培训的效果。

（五）服务设施

培训组织部门应该安排好各种服务设施，如休息室、饮用水和卫生间等，做好培训的后勤保障工作。

（六）其他

其他一些因素也是非常重要的，如音响设备的效果、通风状况、空调的运行状况、交通便利状况、摆放资料的储藏间等。

舒适美观的培训场所对培训氛围的营造和学员学习兴趣的提升都起到了非常重要的作用，因此，人力资源部一定要慎重选择培训场所并做好环境的合理布置。

当然，培训设施的选择也非常重要，借助它可以使培训形式更加灵活多样，培训效果更易达到。但究竟选择何种培训设施，这主要取决于培训的内容和培训的人数。一般而言，像展示架、投影仪、电脑、白板、麦克风等都是比较常见的。

小思考

新技术正在赋能学习，降低成本，提升学习效率。京东物流已经在用VR技术进行员工培训，通过虚拟场景模拟仓库分拣、拣货和配送操作等实际工作中可能遇到的复杂任务，让新员工快速适应岗位需求并提升操作熟练度，大幅降低了培训成本。你知道还有哪些新技术的利用给培训行业带来了变化？

新技术给培训行业带来的变化

二、备齐各种培训资料

培训与开发需要的资料包括培训教材、培训授课计划表、培训须知、培训考核办法、培训师简介、学员名册等，这些资料必须在正式实施培训前印发给学员和培训师，以保证学员和培训师对此次培训有一个正确的认识，并做好各项准备。

在培训与开发所涉及的各项资料当中，培训教材的准备非常重要，它必须和培训内容或培训课程高度一致，符合培训的目的和目标，否则，培训的最终效益肯定无法实现。一般而言，企业选择的培训教材可以是培训师的讲义，也可以是公司自编教材，或者改编别人的教材，或者直接利用培训机构开发的教材等，但不管选择何种教材形式，最好事先和培训师进行沟通，听取培训师的意见。

当然，如果培训的地点选择在酒店或室外培训基地，人力资源部还应该备齐一些风险防范手册或相关行为规范等。

三、签订培训与开发的相关协议

培训与开发涉及公司的利益，为保证培训的效果，在正式实施前必须和培训师或培训机构签订相应的培训与开发协议，明确双方的责任、权利和义务，寻求法律上的支持与保护。当然，有的企业为防止培训之后出现受训者辞职跳槽的现象，也可以与受训者签订相应的培训协议，明确企业与受训者的责任、权利与义务，最大限度地避免自身利益受损。除此之外，企业可能还涉及与提供租赁场地、租借设备的酒店或机构签署相关的租赁协议。

四、制定相应的培训与开发制度

培训与开发的实施需要相应的制度来保证。一般而言，培训与开发的制度主要包括奖惩制度、培训员工管理制度、培训师管理制度、培训质量跟踪监控制度、培训档案管理制度、预算审批制度、培训效果评估制度等。企业在组织实施培训时，应严格按照培训制度的规定，对培训进行管理、监督与控制，以保证培训向着培训计划预定的目标迈进。当然，培训与开发制度必须根据培训目的、培训内容和企业实际事先拟订。

五、做好培训介绍

很多企业在正式实施培训时，通常会有一个开班仪式或开幕式，在开班仪式或开幕式上，培训负责人或培训组织者会对本次培训与开发项目进行介绍，以便让培训学员对培训有一个大致的了解，推动培训与开发活动顺利开展。

培训介绍是正式实施培训活动的重要步骤，一般包括对培训目的的介绍、课程或培训内容的介绍、培训师的介绍或培训机构的介绍、相关的管理规则介绍以及学员需要注意的其他事项等。为活跃培训气氛，可能还包括学员彼此之间的介绍等。

当然，人力资源部和其他相关部门还需要做好经费的支取，以保证及时付清相关费用，做好培训后的评估准备工作等。除此之外，人力资源部和其他相关部门还应做好培训过程中的管理、监督与控制，以保证培训与开发的顺利实施。

小工具

下面提供培训与开发活动课前准备检查表（见下表）以供借鉴。

培训与开发活动课前准备检查表

填表日期：　年　月　日

序号	检查内容	进度日	完成情况	如未完成应采取何种行动
1	确认课程目标			
2	需求调查表发放与需求访谈			
3	受训学员资历调查与分析			
4	与需求部门协调课程表，并与上级确认			
5	确认场地和设备			
6	邀请培训师			
7	发放课程通知			
8	接受报名，统计人数			
9	制作签到表			
10	确认与制作课程讲义			
11	幻灯片制作			
12	制作课后行动			
13	确认分组名单			
14	准备餐饮			
15	布置教室，准备上课文具			
16	设计课程串场活动			
17	前一天提醒培训师上课			
18	住宿与交通安排			
19	培训各项制度制定			
20	其他			

单元五　培训与开发的效果评估

培训与开发的效果评估是整个培训流程的最后环节，它既是对整个培训与开发活动实施成效的评价与总结，同时又是今后培训活动开展的重要信息来源。通过评估，企业可以了解培训师和培训内容的选择是否合适，培训方法是否得当，员工是否掌握了知识和技能以及培训的投入与产出，并为今后的培训改进提供方向。但由于培训效果存在滞后性，要想客观、全面地评估培训与开发的效果还是比较困难的，因此，很多企业把培训效果的评估看成是培训流程中最难实现的一个环节。

在实施培训评估时，企业首先应该明确评估的目的。评估的目的是对培训与开发项目的前景做出决定，对培训系统的某些部分进行修正，或是对培训项目进行整体修改，使其更加符合企业的需要。其次，企业还应建立培训与开发的评估标准，以此衡量员工培训前后的变化。除此之外，企业还需要着重做好以下几个方面的工作：

一、确定培训评估的层次

培训评估最著名的模型是美国学者唐·柯克帕特里克 1959 年提出的，至今仍在国内外广泛运用。柯克帕特里克从评估的深度和难度出发，将培训效果分为四个递进的层次，即反应层次、学习层次、行为层次和结果层次。在进行培训评估时，人力资源部要确定最终的培训评估层次，因为这将决定培训评估要收集的数据种类。

（一）反应层次

反应层次的评估主要了解受训人员对培训项目的看法，包括对培训项目是否有兴趣，对培训科目、培训方法、培训师、培训设施、培训材料和培训收获是否满意等。

反应层次的评估的主要方法是问卷调查。问卷调查提供的信息不一定能反映出培训与开发对企业实际绩效所产生的作用，但就像评估顾客满意度一样，它反映了培训对象对培训项目的满意程度，是培训对象对培训的一种主观评价。

问卷调查一般在培训与开发项目结束时进行，通常只需几分钟时间。如果问卷设计合理，更易于进行分析和总结。问卷调查虽然可以收集到培训对象对培训项目的看法，但这种看法毕竟是一种主观评价，它建立在培训对象在测试时的意见和情感之上，有时存在一定的片面性，再加上培训对象易受他人评价的影响，从而在一定程度上影响了评估结果的有效性。因此，培训主管部门应该做好问卷调查前的宣传工作，让大家正确认识培训的重要性，客观公正地对培训进行评价。

（二）学习层次

学习层次的评估主要测量的是受训人员对培训的知识、技能的掌握程度，它是培训与开发效果评估中最常用的一种评估方式。学习层次评估的方法主要有笔试、技能操作、工作模拟以及心得体会等，通过这些方法，培训组织者可以了解到受训人员在培训前后知识、技能发生改变的程度，进而衡量培训的价值。

需要注意的是，笔试是了解受训人员知识（如原理或事实）掌握程度的最直接的方法，而对于一些技术工作，如焊工、车工等，则可以通过技能操作、绩效考核或工作模拟等方法来测量他们技术提高的程度。另外，强调对学习效果的评价，也有利于增强受训人员的学习动机。

（三）行为层次

行为层次的评估往往发生在培训与开发结束后的一段时间，由上级、同事、下级或客户观察受训人员的行为在培训前后是否发生改变，他们在工作中是否运用了培训中所学的知识与技能。该层次可以通过绩效考核、下属和同事以及直接上级对其培训前后行为变化的对比来获取评估信息。如果评估得出的结果是员工的行为并没有发生太大的改变，这就说明过去的培训是无效的，是浪费资源的。

（四）结果层次

结果层次的评估已经上升到组织的高度，它主要指培训与开发活动是否积极地影响了组织的效益，是否导致事故率、员工流动率的降低以及生产率、质量、员工士气的提高，受训者在经过培训之后是否对组织或他们的工作产生了更加积极的态度等。总之，结果层次的评估主要考核的是培训与开发活动是否真正提高了企业或组织的绩效。

二、选择合适的培训评估方法

在进行培训评估时，培训主管部门应根据不同的培训目的和培训内容选择合适的评估方法。一般而言，培训评估的方法主要有两大类：一是定性评估法；二是定量评估法。

（一）定性评估法

定性评估法比较偏向于主观上的评价，很多企业都经常采用。它主要包括如下几种方法：

1. 笔试法

对受训者参加培训前和培训结业时的学识、技能状况进行测试，如果培训后测试的成绩高于培训前，或测试的成绩达到一定的标准，则表明培训是有效的。

2. 意见反馈法

受训者在培训中和培训后必然会对培训活动形成自己的一些评价或意见，这些评价或意见涉及培训与开发活动的各个方面，如培训目标是否合理、培训内容是否实用、培训师是否有水平、培训方法是否合适等。通过受训者的评价或意见反馈，培训主管部门可以了解到受训者对培训的看法，进而重新设计培训或继续培训。

当然，意见反馈不仅指受训者的意见反馈，还包括受训者的上级、下级、同事或顾客的反馈，这些相关人群的意见反馈，更能让培训主管部门了解到培训所取得的效果。

意见反馈常采用调查或面谈的形式进行。

3. 跟踪观察法

培训主管部门可以采取跟踪观察的方法来了解培训对象培训后的变化，如工作量有无增减、工作质量有无提高、处理工作是否比以前更加熟练等。如果受训后的员工的确在工作技能、工作态度和工作业绩上有所提高，则说明培训是有效果的。

（二）定量评估法

定量评估法在培训效果评估中运用得比较少，这主要在于很难把培训效果数字化，但由于定量评估着重以数据说话，因此也是一种比较重要的评估方法。

定量评估法有成本效益分析法、边际分析法、目标成本法、假设检验法等，其中比较常用的是成本效益分析法。成本效益分析法有两种评估途径：一是计算培训效益；二是计算培训投资回报率。

培训效益是指培训所获得的总效益减去总成本之后所得到的净收益，培训效益越高，说明培训效果越好。培训的总收益可以通过受训人员与未受训人员的比较进行判断，培训的总成本包括直接成本和间接成本。培训效益的公式如下所示：

$$TE=(E_2-E_1)\times TS\times T-C \qquad \text{（公式 5-1）}$$

式中：TE——培训效益；

E_1——培训前每个受训人员一年内产生的效益；

E_2——培训后每个受训人员一年内产生的效益；

TS——参加培训的人数；

T——培训效果可持续的年限；

C——培训成本。

培训的投资回报率是指培训效益与培训成本之比，可以用如下公式表示：

培训投资回报率＝培训效益/培训成本×100%　　（公式 5-2）

三、做好评估结果的反馈

评估结束后，应当将评估结果及时反馈给相关人员和相关部门，以便进一步改进培训工作。一般而言，评估的结果应当反馈给受训者、培训师、受训者上级、公司高层以及培训主管部门等。通过评估结果的反馈，可以达到如下目的：让受训者个人明白自己在培训中存在的不足，找到进一步努力的方向；使培训师不断改进培训课程，提高培训技能；使受训者上级了解受训者知识与技能的变化，从而为受训者创造更加适宜的环境；使公司高层了解培训取得的效果，进一步做好未来的发展规划等。

四、撰写评估报告书

评估后的结果要形成正式的书面报告，这是对整个评估过程的综合反映。一份完整的评估报告应包括以下内容：（1）导言，包括培训与开发项目的概况、评估的目的、评估的类型及以前是否有过类似的评估等；（2）概述评估实施的过程，包括评估采用的工具、调查内容及范围、调查测试的方法等；（3）阐明评估结果；（4）解释、评论评估结果和提供参考意见；（5）结论；（6）附录及其他。

案例分析

某企业车间操作人员培训评估分析报告（节选）

一、导言

1. 培训与开发背景

今年年初，人力资源部通过调查分析，发现车间操作人员的工作绩效和行为表现存在诸多问题，有很多员工工作业绩较差、工作方向模糊，而且还存在岗位环境混乱、技术参差不齐、工序流程不畅等现象。为改变这种状况，进一步提高员工的技术水平和工作效率，公司决定于×月×日在企业报告厅举行针对车间操作人员的技术能力培训，培训时间为三天，各车间操作人员共×人参加了培训。

2. 培训评估的目的

本次培训评估的目的在于了解车间操作人员技术、工作效率、工作态度、工作行为、工作业绩的改变状况，以衡量本次培训的效果，为进行下一步培训提供参考和依据。

二、评估实施的过程和方法

本次评估的内容主要包括四个层次，即反应层次的评估、学习层次的评估、行为层次的评估及结果层次的评估。

评估时采用的主要方法有问卷调查、笔试、实践操作、跟踪观察以及成本效益分析法。

评估的时间持续到培训结束后两个月。

评估所用的调查工具是由人力资源部设计的。

评估对象包括人力资源部、培训师、培训对象以及车间管理者等。

三、评估结果说明与分析

1. 反应层次的评估

反应层次的评估主要采用问卷调查。在培训结束后，人力资源部发放培训效果调查问卷×份，当场回收×份，有效问卷符合要求。以下是问卷分析结果。

（1）对于课程是否符合工作实际需要的评价，如下表所示。

满意程度	优良	良好	尚可	较差	极差
所占比例	59%	37%	4%	0%	0%

从上表可以看出，受训人员中有96%的人认为课程比较符合工作实际需要。

（2）对培训师准备是否充分的评价，如下表所示。

满意程度	优良	良好	尚可	较差	极差
所占比例	38%	47%	15%	0%	0%

从上表可以看出，85%的受训人员认可培训师的准备状况。

（3）本次培训内容在工作中运用的机会的评价，如下表所示。

满意程度	有很多机会	有机会	说不清楚	完全没有
所占比例	30%	63%	7%	0%

从上表可以看出，93%的受训人员认为本次培训内容在工作中有机会加以运用。

（4）其他（省略）。

本次评估调查的基本满意度达到85%以上，85%以上的受训人员均对此次培训给予了良好的评价。培训内容与受训人员的工作密切结合成为本次培训的亮点。

2. 学习层次的评估

学习层次的评估的内容主要是受训人员掌握了多少培训的知识与技能。本层次的评估主要采用笔试和实践操作两种考核方式。成绩如下表所示。

考核成绩	0～59分	60～69分	70～79分	80～89分	90～100分
所占比例	2%	14%	22%	57%	5%

从上表可以看出，有98%的受训人员都达到了及格水平，其中有62%的受训人员较好地掌握了所学的知识与技能。只有2%的受训人员没有掌握，这些学员必须重新学习。

3. 行为层次的评估

行为层次的评估主要采取的是跟踪调查的方法，如下表（节选）所示。

<table>
<tr><td>培训课程</td><td colspan="2">操作人员技术能力培训</td><td>培训日期</td><td>××××年×月×日</td></tr>
<tr><td>观察对象</td><td colspan="2">受训人员的全部工作过程</td><td>观察记录员</td><td>×××</td></tr>
<tr><td>项目</td><td colspan="4">具体内容</td></tr>
<tr><td rowspan="6">观察到的现象</td><td rowspan="3">培训前</td><td colspan="3">工作岗位环境脏乱，乱丢废弃物，有烟头</td></tr>
<tr><td colspan="3">操作工具乱丢乱放，经常无序摆放</td></tr>
<tr><td colspan="3">工作流程无序，前后衔接不流畅，许多工作有头无尾</td></tr>
<tr><td rowspan="3">培训后</td><td colspan="3">工作岗位环境得到改善，地面无废弃物，成品摆放到位，无烟头</td></tr>
<tr><td colspan="3">操作工具合理归位，摆放符合培训内容要求</td></tr>
<tr><td colspan="3">工作流程基本理顺，工作衔接流畅，操作程序完整有序</td></tr>
<tr><td rowspan="2">结论</td><td colspan="4">工作环境和工作面貌得到改善，工作效率有了很大提高</td></tr>
<tr><td colspan="4">应当继续开展类似培训，巩固这种工作状态</td></tr>
</table>

4. 结果层次的评估

结果层次的评估在培训结束两个月后进行，主要利用车间操作人员受训后劳动效率和生产质量的提高来间接说明培训所产生的经济效益，采用的是成本效益分析法。

(1) 培训成本分析。

本次培训所发生的成本如下表所示。

成本构成	具体项目	金额（元）
直接成本	培训师费用（含课酬、交通、食宿等费用）	3 000
	培训所需的各种资料费	500
	场地、器材费用（企业内进行）	0
	其他费用（如矿泉水、水电费等）	500
间接成本	培训组织人员间接成本（小时工资水平×所耗时间）	1 500
	受训人员间接成本（小时工资水平×所耗时间）	6 000
	领导支持的间接成本（小时工资水平×所耗时间）	2 000
	其他机会成本	1 000
总成本		14 500

(2) 培训效益分析。

培训之后，员工的生产率提升了，每天可以多生产 100 个产品，同时，废品率由原来的 8%下降到 6%，工人的工作态度明显好转。本次培训的效益分析结果如下表所示。

生产成果	衡量指标	培训前	培训后	改善成绩	年收益（元）
产量	日生产率	1 000 个	1 100 个	日多生产 100 个	100×300×5
质量	日废品率	1 000×8%	1 100×6%	日少生产废品 14 个	14×300×5

其中，每年按照 300 天生产日计算，产品单价为 5 元。

(3) 成本效益计算。

在不考虑间接收益和培训效益发挥年限的情况下，计算培训效益和培训投资回报率。

培训效益：(100×300×5+14×300×5) −14 500=156 500（元）。

培训投资回报率：156 500/14 500=10.79，即培训的投入产出比为 1∶10.79。

四、培训评估总结

本次培训对提高车间工人的工作绩效和企业绩效具有很大的促进作用，主要体现在课程开设有针对性，比较符合实际工作需要；受训人员反响很好，提高了他们的知识与技能水平，改变了他们的工作行为和工作态度；车间的工作环境得到了很大改善，工作流程比较顺畅；企业效益得到了提高等。

但也存在一些问题，如有些员工没有参加此次培训；有部分员工表现不积极，绩效没有提升等。建议加强这些员工的进一步培训与开发工作。

五、附录

（略）。

实用工具

下面是几张实用表格，希望大家会应用。

培训项目实施计划表

编号：　　　　　　　　　　　　　　　　　　　　　　　　　　　　　制表时间：　　年　月　日

培训名称		年度班次		培训地点		培训讲师	
培训目的							
培训对象		培训人数		培训时间		主办单位	
预算费用							
培训性质							
培训内容	科目名称	授课时数	讲师名称	讲义来源	讲义大纲	器材准备	备注
培训方式							
培训进度	周次 第 1 周 第 2 周 第 3 周 第 4 周 ……	主要培训内容					备注

填写说明：

（1）请根据实际发生情况正确填写信息，要求准确、精练。

（2）填写完成后请交人力资源部。

培训效果调查表

编号：　　　　　　　　　　　　　　　　　　　　　　　　　　　　　制表时间：　　年　月　日

员工姓名		所属部门及职位				
培训课程名称		培训师				
需评估的项目	评分标准	得分				
		非常好	很好	好	一般	差
您对本课程教学的总体评价	培训师准备是否充分，课堂讲述是否精彩，培训内容是否易于接受	□5	□4	□3	□2	□1
您对教学内容的评价	内容与培训需求有无针对性，培训主题联系是否紧密，层次是否清晰	□5	□4	□3	□2	□1
您对课程准备的充分程度的评价	准备是否充分，对课程是否熟悉，是否具有系统性、条理性	□5	□4	□3	□2	□1
您对培训师仪表及精神面貌的评价	精神面貌是否良好，对参加培训人员是否有积极影响	□5	□4	□3	□2	□1
您对培训师语言表达能力的评价	口齿是否清晰，语言是否流利，有无辅助性身体语言	□5	□4	□3	□2	□1
您对课堂精彩程度的评价	培训师讲述是否精彩，是否欠缺培训技巧，有无吸引力	□5	□4	□3	□2	□1
您对培训课程的评价	内容与主题是否有关联性，文字是否清晰	□5	□4	□3	□2	□1

续表

需评估的项目	评分标准	得分				
		非常好	很好	好	一般	差
您对培训课程可接受程度的评价	是否有所收获，对课程是否清楚，培训需求是否得到满足	□5	□4	□3	□2	□1
您对课程实用性的评价	对实际工作有无指导作用	□5	□4	□3	□2	□1
您对培训时间安排与频度安排的评价	时间安排是否紧凑，频度是否合理	□5	□4	□3	□2	□1
您对培训准备工作的评价	培训设备、资料准备、服务设施是否充分	□5	□4	□3	□2	□1
您学完本课程最大的收获是：						
您对培训的意见和建议是：						
您认为此类培训有哪些地方需要改进：						
您以后还需要哪些方面的培训：						

填写说明：
(1) 请在最接近您看法的分值前打“√”，并认真填写自己的意见。
(2) 填写完成后请交人力资源部。

培训师评价问卷

编号：　　　　　　　　　　　　　　　　　　　　制表时间：　　年　月　日

培训课程		培训师			
1. 培训师教学方法很新颖	□是	□较新颖		□常用的方法	
2. 培训师授课内容对您有吸引力	□是	□较有吸引力		□没有吸引力	
3. 培训师备课很充分	□是	□不太充分		□没有备课	
4. 培训师注重与学员的互动	□是	□有一些		□几乎没有	
5. 教学中使用案例，讲练结合	□大量使用	□很少使用		□几乎不使用	
6. 培训师的语言表达简练	□很简练	□一般		□复杂	
7. 讲授内容有条理性	□条理性强	□一般		□缺乏条理	
8. 培训师语速适中	□很适中	□一般	□过快	□过慢	
9. 教学气氛活跃，教学节奏控制好	□极好	□一般	□不太好	□差	
10. 容易听懂培训师讲授的内容	□是	□基本听懂	□听不太懂	□一点不懂	
11. 你对培训师的总体评价	□很优秀	□优秀	□良好	□一般	□差
12. 是否会向他人推荐此培训师课程	□是	□否			
13. 你的其他意见或建议 填表人：					

填写说明：
(1) 请在最接近您看法的□内打“√”，并认真填写自己的意见。
(2) 填写完成后请交人力资源部。

培训效果评估表

编号：　　　　　　　　　　　　　　　　　　　　制表时间：　　年　月　日

评估对象	评估指标	评估结果	总体评价
时间安排	时间总体安排情况		
	课程时间长短		
培训师配备	培训师的专业知识		
	课堂气氛和吸引力		

续表

<table>
<tr><th>评估对象</th><th colspan="2">评估指标</th><th>评估结果</th><th>总体评价</th></tr>
<tr><td rowspan="2">培训师配备</td><td colspan="2">理论联系实际情况</td><td></td><td rowspan="2"></td></tr>
<tr><td colspan="2">问题回答情况</td><td></td></tr>
<tr><td rowspan="3">课程设计</td><td colspan="2">课程难易程度</td><td></td><td rowspan="3"></td></tr>
<tr><td colspan="2">课程针对性</td><td></td></tr>
<tr><td colspan="2">课程实用性</td><td></td></tr>
<tr><td rowspan="2">组织管理</td><td colspan="2">组织计划工作</td><td></td><td rowspan="2"></td></tr>
<tr><td colspan="2">现场执行情况</td><td></td></tr>
<tr><td rowspan="2">培训后学员认为知识与技能</td><td>有很大提高</td><td>有一些提高</td><td>只有很小提高</td><td>没有提高</td></tr>
<tr><td>人，占 %</td><td>人，占 %</td><td>人，占 %</td><td>人，占 %</td></tr>
<tr><td colspan="2" rowspan="2">培训后学员的绩效改变状况</td><td colspan="3">培训后三个月：</td></tr>
<tr><td colspan="3">培训后六个月：</td></tr>
<tr><td colspan="5">培训需要改进的地方：</td></tr>
<tr><td colspan="5">员工还需要哪些培训：</td></tr>
<tr><td colspan="5">综合评价：</td></tr>
<tr><td colspan="5">备注：</td></tr>
</table>

填写说明：

（1）本表根据培训效果调查表及其他调查结果汇总制成。

（2）本表制成后报人力资源部经理和总经理审核。

培训成绩考核表

编号： 制表时间： 年 月 日

<table>
<tr><td>员工姓名</td><td></td><td>部门</td><td></td></tr>
<tr><td>职位</td><td></td><td>入职时间</td><td></td></tr>
<tr><td>培训与开发名称</td><td></td><td>培训与开发时间</td><td></td></tr>
<tr><td colspan="4">客观题考试成绩</td></tr>
<tr><td>培训课程</td><td>分数</td><td>掌握程度</td><td>评卷人</td></tr>
<tr><td></td><td></td><td></td><td></td></tr>
<tr><td></td><td></td><td></td><td></td></tr>
<tr><td>分数合计</td><td></td><td></td><td></td></tr>
<tr><td colspan="4">主观题答题情况</td></tr>
<tr><td>培训态度与学习情况</td><td colspan="3"></td></tr>
<tr><td>培训总结情况</td><td colspan="3"></td></tr>
<tr><td>培训效果测评</td><td colspan="3"></td></tr>
<tr><td>综合得分</td><td colspan="3"></td></tr>
<tr><td>考核意见</td><td colspan="3"></td></tr>
<tr><td>考核人</td><td colspan="2">人力资源部经理：</td><td>总经理：</td></tr>
</table>

填写说明：

（1）不可量化指标由考核人按照学员表现综合评价并打分，总分100分，“培训态度与学习情况”“培训总结情况”单项最高分值30分，“培训效果测评”最高分值40分。

（2）考核完毕后，由考核负责人签字，报人力资源部经理和总经理审核签字。

实训应用

实训项目：

×××企业员工培训需求分析。

实训目的：

1. 能正确认识培训需求分析的目的与意义。
2. 能掌握培训需求分析的内容与方法。
3. 能熟练运用培训需求分析的调查工具。
4. 能撰写培训需求分析报告。

实训组织：

1. 指导教师联系好学生实训的企业，并做好沟通和各项准备工作。
2. 把学生分组，明确各自的责任与义务。
3. 与企业人力资源部一起做好调研准备，包括调查问卷的设计、访谈大纲的拟订、调查对象的确定等，并指导学生对企业员工进行调研或访谈。
4. 学生对通过调研或访谈搜集的信息进行分析总结，并撰写培训需求分析报告。
5. 指导教师与企业人力资源部对学生的需求分析报告进行评价，并把结果反馈给学生。
6. 学生对本次实训进行交流和总结，指导教师和企业人力资源部可以进行现场指导。

实训说明：

1. 本次实训需要企业的大力支持和帮助，因此，取得实训企业的协助非常重要。
2. 学生在进行培训需求调查时应按照企业安排的时间进行。
3. 必要时，可以让学生全程参与企业的培训与开发。

管理链接

美团的人才培养之路

美团作为中国领先的生活服务平台，业务覆盖外卖、团购、酒店、旅游等多个领域。由于团购是新兴行业，市场上没有大量成熟的人才储备。面对这一挑战，美团选择走“内培人才”的路线，逐步建立起系统化、长期化的人才培养体系。

1. 初期阶段：应对行业竞争，培养核心骨干

在团购行业初期，人才短缺是企业发展的主要问题。为此，美团于2011年启动了“常青藤计划”，聘请顶级管理培训师为公司骨干管理人员提供培训，帮助他们掌握管理思路与方法，提升管理能力。2013年，美团进一步推出业内首个面向产品经理的开源培训课程——“章鱼计划”。这一计划旨在帮助零经验的产品新人通过每天学习1小时，在9个月内成长为具有一定产品素质的专业人才。“章鱼计划”不仅面向美团员工开放，还向全行业免费开放课程资源，促进了互联网行业产品经理群体的整体发展。

2. 成长期：构建企业大学，推动体系化人才培养

随着业务规模的扩大，美团逐步完善其培训体系。2016年，美团建立了“互联网+大学”，为核心员工队伍提供系统化学习支持。2020年，美团成立了“美团大学”，不仅服务于企业内部人才培养，还面向产业链上的中小企业提供培训资源，帮助其提升专业能力。这标志着美团从单纯的内部培训走向了开放式的行业赋能。

与此同时，美团启动了领导梯队培养计划，通过人才盘点、轮岗锻炼和继任计划等方式，系统性地培养企业中高层管理者。

3. 成熟阶段：完善入职培训，推动数字化学习

近年来，美团的人才培养体系日趋完善，尤其在入职培训方面形成了系统化的支持体系。美团针对不同类型的新员工推出了培训计划，包括新员工融入与培养体系，Better U

美团校招生成长计划和社招新员工融入计划。此外，美团充分利用数字化工具，通过在线学习平台为员工提供随时随地的学习支持，帮助员工快速成长。

进入2024年，美团加大在产业赋能上的投入，通过校企合作和AI赋能学习平台，为企业内外人才培养提供更多支持，展现“长期主义”战略的深远影响。

【评析】通过十余年的努力，美团已经建立起覆盖全员、分层次、开放式的人才培养体系。这一体系不仅帮助美团在激烈的市场竞争中保持了人才优势，还通过开放式培训资源推动了互联网行业和生活服务产业的整体发展。

资料来源：娄珺．互联网巨头人才管理像素级还原．北京：中国人民大学出版社，2024.

明德强技

学分银行——开启学习型社会新篇章

在现代教育体系下，终身学习已成为每个人的必然选择，无论是年龄、职业还是经历，都需要通过不断学习来适应社会的快速发展需求。例如，得到App的十门通识课程成功入选国家开放大学学分银行，这不仅是推动学习型社会建设的重要探索，也体现了国家对终身学习的高度重视，为全民学习和教育公平开辟了新的路径。

学分银行借鉴银行的运行机制，以学分为计量单位，通过学习成果分类、分级、标准化描述等方式，对学习者获得的各类学习成果进行认证和赋值，从而实现成果的积累与转换。这一制度通过信息化手段扩大优质教育资源的覆盖面，是促进教育公平、搭建终身学习“立交桥”的重要工具。学分银行的核心功能包括：

1. 成果转换机制。将个人在工作培训、在线学习或学历教育中获得的学习成果转化为学分并存储，这些学分由国家认可的课程或项目提供，确保权威性和质量。

2. 零存整取模式。学习者通过积累学分，可兑换职业资格证书、免考某些职业模块考试，甚至转换为大学学分，实现学习成果的社会化认可。

学分银行为终身学习提供了高效的机制，使零散的学习成果得以量化与积累，激励更多人参与学习。现代社会发展迅速，知识更新周期不断缩短，终身学习的必要性愈发凸显。与传统的“学成出山”观念不同，终身学习贯穿人生始终，依托碎片化时间、多平台学习获取知识，注重多学科知识的跨界应用，以更好地应对复杂的现实问题和职业挑战。

资料来源：http：//cbouc.ouchn.edu.cn/gywm/xfyhjj/index.htm；李南南．你为什么需要一所学分银行．(2023-12-18)[2025-01-04]. https：//www.dedao.cn/course/article?id=Lpy0edZAG5mnK0wl2bXzD9BkoajY4x&source=search.

模块五在线练习

模块六

绩效管理

学习目标

1. 知识目标

◆ 理解并掌握绩效与绩效管理的概念

◆ 掌握绩效计划的制订程序

◆ 掌握绩效考核的常用方法

2. 技能目标

◆ 能设计或制定出某岗位的绩效考核标准及指标

◆ 能合理运用各种方法对某岗位的绩效进行评价

◆ 能采用合理的沟通技巧进行绩效沟通和绩效结果反馈

3. 素养目标

◆ 培养公平、公正意识，实事求是的工作作风，严谨、踏实、敬业、奉献的工作态度

◆ 培养公民意识和社会责任感

绩效管理在企业人力资源开发与管理这个有机系统中占据着核心的地位，发挥着重要的作用，它将企业的战略目标分解到各个业务部门和每个岗位，通过对每个员工的绩效进行管理、改进和提高，从而提升企业的整体绩效，最终实现企业的战略目标。绩效管理的根本目的是持续改善组织绩效和个人绩效，它是培养企业核心竞争力的重要手段，是现代企业管理体系中不可缺少的重要一环，是企业取得成功的重要保证。

以下是某公司绩效管理所涉及的典型工作任务，尽管有些公司可能会在某些方面与之不尽相同，但基本上大同小异，因而典型工作任务对所有公司而言具有一定的普适性。这些典型工作任务可以让你了解这一模块的学习内容是对应未来工作岗位上的什么工作任务。

典型工作任务

某公司绩效管理的典型工作任务

1. 根据企业的战略目标和发展规划，各部门在与员工进行充分沟通和协商的基础上，确定出本部门员工的绩效计划。其中，确定绩效目标，选择合适的考核指标、考核标准以及考核方法是最为重要的工作任务。

2. 各部门领导与员工进行持续的绩效沟通，了解员工的工作进展情况、潜在的问题和障碍、可能的解决措施等，并及时提供相应的支持与帮助。

3. 人力资源部对绩效考核的参与者进行培训，以提高他们的考核技能素质。

4. 人力资源部和各部门收集绩效考核信息，参照考核要素，对员工进行绩效考核，并对绩效考核的结果进行统计与分析。

5. 人力资源部和相关部门通过面谈的形式把绩效考核的结果反馈给员工。

6. 人力资源部和相关部门对绩效考核的结果进行合理运用，如绩效改进、职务调整、薪酬奖金、培训与开发、辞退等。

讨论：

1. 你认为上述哪一项典型工作任务最重要？为什么？

2. 依据上述典型工作任务简要说明绩效管理与绩效考核有什么不同。

3. 上述典型工作任务，有哪些是你不需要学习现在就可以胜任的？有哪些是你需要深入学习才能胜任的？

单元一　绩效与绩效管理

一、绩效的概念

绩效（Performance），又称工作表现、业绩、成效，反映的是人们从事某一种活动所产生的成绩和结果。英汉词典中对“Performance”的解释常是“执行、履行、表现、成绩”，很显然，这样一种界定本身就很不清晰，企业更是难以据此进行实际的操作。随着管理实践的深度和广度的不断增加，人们对绩效的认识也在不断地变化，目前对绩效的界定主要有三种观点。

一种观点认为绩效是一种结果，其中比较典型的是伯纳丁（Bernadin，1984）等人的定义，他们认为“绩效是在特定时间范围内，在特定工作职能或活动上生产出的结果记录”。

一种观点认为绩效是一种行为，其中比较有代表性的是墨菲（Murphy，1990）和坎贝尔（Campbell，1993）的定义。墨菲认为“绩效是与一个人工作的组织或组织单元的目标有关的一组行为”；坎贝尔认为“绩效是行为的同义词，它是人们实际的行为表现，不是行为的后果或结果”。

还有一种观点认为绩效包括行为和结果两个方面，行为是达到绩效结果的条件之一，即：

结果（做什么）＋行为（如何做）＝绩效

从管理实践来看，单纯地把绩效看成是结果或者行为都是有失偏颇的，员工希望企业在重视结果的同时，也重视他们在工作过程中所表现的行为，能够给予他们一定的支持和帮助来提高个人的绩效，进而提升组织的绩效，实现企业的战略目标。基于这样的理解，本模块采用较宽泛的绩效概念，把绩效看成是行为和结果的统一体，即工作中应该做什么和如何做。

小练习

组织一次20分钟左右的课堂辩论，一方支持“绩效是一种结果”，另一方支持“绩效是一种行为或过程”。通过辩论，让学生加强对绩效概念的理解与认知。

二、绩效管理的概念与流程

（一）绩效管理的概念

自20世纪70年代提出“绩效管理”的概念以来，许多学者对绩效管理进行了深入的研究，特别是20世纪80年代后期和90年代，针对绩效管理的含义就出现了许多不同的观点。归纳来看，这些观点主要有以下三种：

观点一：绩效管理是管理组织绩效的系统。

观点二：绩效管理是管理员工绩效的系统。

观点三：绩效管理是管理组织和员工绩效的综合系统。

通常认为，组织绩效的提高有赖于员工绩效的持续改进，在进行绩效管理的过程中，应将员工绩效和组织绩效结合在一起，不仅关注员工绩效，也应该关注组织绩效。基于这样的理解，我们认为绩效管理是一个完整的系统，它把员工的绩效和组织的绩效结合在一起，将员工的绩效管理提升到战略管理的层面，它强调管理者与员工的共同参与，通过持续开放的沟通，将企业的战略目标、员工的绩效目标以及考核指标、考核标准、考核结果等传递给员工，帮助员工消除工作过程中的障碍，为员工提供必要的支持与指导，与员工一起完成绩效目标，并对绩效结果进行合理运用，最终实现组织的战略目标。

（二）绩效管理的流程

绩效管理是一个完整的系统，这个系统的一般流程如图6－1所示。

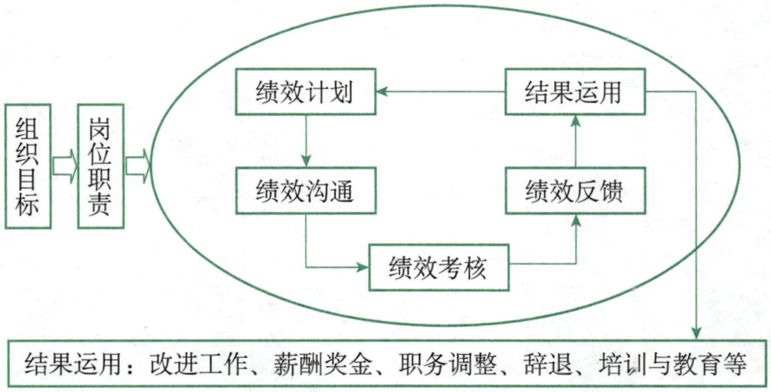

图6－1　绩效管理流程

从图 6－1 中我们可以看出，绩效管理的过程被看做是一个循环，这个循环分为五个步骤，即绩效计划、绩效沟通、绩效考核、绩效反馈以及结果运用。

1. 绩效计划

绩效计划是绩效管理过程的起点，它的主要任务是依据企业的战略目标，来确定绩效目标。一般而言，企业首先把战略目标进行分解，落实到各个具体的岗位，然后再对各个具体的岗位进行相应的工作分析，确定出员工的绩效目标。在这个阶段，管理者应该与员工充分沟通，让员工搞清楚在计划期内应该做什么、不应该做什么、做到什么程度、为什么要做、何时完成以及员工的权力大小和决策权等，最终形成一种契约。通常绩效计划都是一年期的，在年中根据需要可以进行修订。

2. 绩效沟通

绩效计划制订之后，被评估者就可以按照计划开展工作。在整个绩效工作期间，管理者要对被评估者的工作进行监督和指导，对发现的问题及时给予解决，并根据实际情况合理地调整绩效计划，以利于绩效管理的顺利进行。在此阶段，管理者与被评估者要进行持续的绩效沟通，通过沟通，管理者可以了解到员工工作的进展状况，将一些潜在的问题消除在萌芽状态，并给予员工一定的支持与帮助，以便更好地实现绩效目标。当然，绩效沟通还可以加强管理者与被评估者之间的感情，起到一定的激励作用。

3. 绩效考核

绩效考核大多在年底进行，它是对员工绩效目标实现程度的一种评估，评估的依据就是在绩效计划阶段双方达成一致意见的绩效目标及其衡量标准。绩效考核包括工作结果考核和工作行为评估两个方面。另外，在绩效沟通阶段所收集到的能够说明被评估者绩效表现的数据和事实，也可以成为判断被评估者是否达到关键绩效指标要求的依据。当然，考核的目的不是仅仅给出一个分数，更重要的是通过充分沟通，促使组织或者员工进行目的性更强的绩效改进，提升组织绩效。

4. 绩效反馈

绩效考核完成之后，管理者应该把绩效考核的结果反馈给员工，反馈最好采取面谈的形式，这样可以确保反馈的质量。通过绩效反馈，员工可以了解到组织对自己的期望，认识到自己存在的问题，明确改进的方向，当然，员工也可以提出自己在完成绩效目标过程中所遇到的各种困难，从而得到管理人员的帮助与支持。

5. 结果运用

当绩效考核完成之后，对绩效考核的结果必须进行合理运用，这样才算完成一个周期的绩效管理。绩效考核的结果有很多用途，比如绩效改进、招聘和选择、薪酬及奖金的分配、职务调整、培训与开发、人力资源规划等。只有对绩效结果进行合理的运用，才能持续改善员工的个人绩效和组织绩效，最终实现企业的战略发展目标。

小案例

华为从强制排名到战略解码

华为技术有限公司是全球领先的通信设备和智能终端提供商，曾长期采用强制分配的绩效管理体系。该体系要求部门主管对员工进行排名，并对排名靠后的员工采取降职、调岗或淘汰措施。虽然这种方式在短期内提升了工作效率，但却引发了过度竞争的企业文化。一些员工为保住排名而隐瞒问题，甚至内耗竞争，团队合作精神严重削弱。此外，部分核心人才因绩效不佳而离职，损害了公司的长期发展。

为应对这些问题，华为逐步引入了基于业务战略执行力模型（BEM）的绩效管理模式。BEM 通过战略解码，将公司目标逐层分解为具体的 KPI 和重点工作，确保战略目标的高效落地。

某年，华为制定了“加速研发新一代通信技术”的核心战略，以保持 5G 领域的全球领先地位。通过 BEM，华为明确了战略方向，并解码出三项关键成功因素（CSF）：

产品维度：完成 3 项关键技术的研发突破；

研发效率：将项目研发周期从 16 个月缩短至 12 个月；

资源保障：确保核心团队成员和研发预算优先配置。

随后，这些 CSF 被转化为具体的 KPI 指标，例如“完成基础算法模型开发”“完成 5G 芯片原型设计”等。华为还制定了战略地图，并通过月度沟通会评估进度，动态调整资源和方案，确保目标达成。

最终，研发团队比预期提前两个月完成了关键技术突破，资源利用率也实现最大化。华为通过 BEM 改革，不仅提升了战略执行力，还实现了绩效管理从“强制排名”到“聚焦战略”的转型，为企业长期发展注入了新动力。

思考：

为什么华为选择逐步废除“强制分配”的绩效管理体系？这一体系有哪些弊端？

资料来源：彭剑锋，张小峰，吴婷婷，等．绩效管理十大方法．北京：中国人民大学出版社，2024.

华为废除“强制分配”的绩效管理体系

三、绩效管理与绩效考核

绩效管理与绩效考核并不是等价的，绩效管理是人力资源管理体系中的核心内容，而绩效考核只是绩效管理中的关键环节。现实中，很多企业往往把绩效管理等同于绩效考核，其实，这是一种认识上的误区。绩效管理与绩效考核的区别与联系如表 6－1 所示。

表 6－1　绩效管理与绩效考核的区别与联系

	项目	绩效管理	绩效考核
区别	内容	绩效计划、绩效沟通、绩效考核、绩效反馈以及结果运用	绩效管理的一部分
	目的	改善员工绩效和组织绩效，最终实现战略目标	评定员工的绩效水平，为薪酬分配、职务调整、个人发展等提供依据
	管理思想	以人为本	认为人是“经济人”
	战略性	具备前瞻性	不具备前瞻性
	管理者角色	多重身份，如辅导员、合作伙伴、记录员、评价者等	裁判员
联系	成功的绩效管理必须以有效的绩效考核为基础，通过绩效考核，为企业提供绩效管理改善的各种信息，帮助企业不断提高绩效管理的水平和效益，使企业获得持续的绩效改善		

单元二　绩效计划与绩效沟通

一、绩效计划

绩效计划就是绩效周期内关于工作目标和标准的契约，它是管理者和员工经过共同的沟通，就应该完成哪些工作以及达到什么样的标准进行充分讨论并形成契约的过程，它是双方在明晰责、权、利的基础上签订的一个内部协议。绩效计划是绩效管理至关重要的一个环节，在这个环节里，绩效计划的内容和程序是我们关注的焦点。

（一）绩效计划的内容

绩效计划所涉及的内容主要有以下几个方面：

（1）员工在本次绩效周期内主要的工作任务和职责是什么？应达到何种工作效果？

（2）如何判断员工是否取得了成功？衡量的指标和标准是什么？

（3）员工的各项工作目标的权重如何？

（4）员工在完成工作任务时可以有哪些权限？

（5）员工在实现目标的过程中会遇到什么样的困难和障碍？

（6）管理者会为员工提供哪些支持和帮助？

（7）员工完成各项工作任务的时间要求如何？

（8）管理者将如何与员工进行充分沟通？

（9）员工工作的好坏对部门和公司有何影响？

（10）员工是否需要学习新技能或参与培训以确保完成工作任务等？

当然，管理者和员工在制订绩效计划时，应明确各自的责任，一般而言，管理者应向员工解释和说明如下几个问题：

（1）企业的战略目标是什么？

（2）为完成企业的战略目标，我们所在部门的目标是什么？

（3）为达到这些目标，对被管理者的期望是什么？

（4）对被管理者的考核指标有哪些？完成工作的期限应该如何确定？

（5）各个考核指标的关系和权重是怎样的？考核标准如何界定？

（6）被管理者在开展工作过程中有何权限？会为其提供何种支持？

员工也应向管理者进行表达，主要包括：

（1）自己对企业战略目标以及本部门目标的认识。

（2）对自己工作目标的规划和打算。

（3）工作中可能会遇到的困难。

（4）希望企业给予的支持与帮助。

（二）绩效计划的制订程序

绩效计划的制订程序如图 6－2 所示。

图 6－2　绩效计划的制订程序

1. 准备阶段

绩效计划是管理者与员工之间双向沟通的结果，为保证沟通的有效性和针对性，顺利达到预期的效果，必须做好必要的准备。

（1）组织信息的准备。为使员工的绩效计划与企业的战略目标有机地结合起来，管理者首先应该准备有关的组织信息，这些信息主要包括组织的战略目标和发展规划以及企业的年度经营计划等。

（2）部门或团队信息的准备。部门或团队的信息主要指的是各部门或团队的工作计划。一般而言，各部门或团队的工作计划是由企业的战略目标和年度经营计划逐渐分解形成的。

（3）个人信息的准备。个人信息的准备主要包括两个方面：一是个人职责的描述；二是上一个绩效期间的评估结果。个人职责的描述主要规定了员工应该干什么以及干到什么程度。而绩效评估结果则影响着员工绩效目标的设定，如果上一期考核结果比较理想，这一期的绩效计划就需要提出新的目标，当然，如果上一期目标没有完成或没有全部完成，则应当继续转移到当期的绩效计划中来，使上一绩效期间所存在的问题在本期内得到改进。

（4）沟通方式的确定与准备。决定采取何种沟通方式也是非常重要的问题，管理者可以依据企业的文化氛围、员工的特点以及企业的整体目标进行选择。当然，方法没有定论，只要适合就是最好的。

2. 沟通阶段

沟通阶段是绩效计划制订过程中的核心环节，在这个阶段，管理者与员工要进行充分沟通，以便和员工就其在本次绩效期间内的工作目标、关键绩效指标以及计划达成共识，从而明确员工努力的方向。

当然，要想取得理想的沟通效果，一次沟通是远远不够的，管理者要留够充分的时间让员工自己去思考和做出决定。除此之外，管理者还应遵循以下几条沟通原则：

（1）要善于营造良好的沟通环境和氛围。

（2）沟通双方在沟通过程中要保持平等关系，认真听取对方的意见和建议。

（3）员工的工作目标与组织的目标要有机地结合在一起。

（4）管理者与员工应该一起做出决定，而不是管理者依据自己的权威代替员工做出决定。

3. 确认阶段

经过认真的准备和充分的沟通之后，企业的绩效计划也就初步形成了。最后还需要对绩效计划进行审定和确认，形成绩效计划协议书。绩效计划协议书包括员工的工作目标、实现工作目标的主要工作结果、衡量工作结果的指标和标准、各项工作所占的权重、权限大小以及相应的支持与帮助等，该协议书一旦经过管理者与员工的共同确认签名，就正式生效。一般而言，绩效计划协议书一式两份，管理者与员工各持一份，它既是员工绩效周期内的工作指南，也是管理者对员工进行绩效管理的重要依据。

小工具

以下两个表格是制订绩效计划时常用的工具。

绩效计划制订的检验清单

绩效计划制订是否已完成以下内容	是	否
员工是否明白组织目标和企业年度经营计划？		
是否已经找到能够反映岗位贡献的量化指标？		
如果缺乏量化指标，是否能够找到可以反映岗位贡献的定性指标？		
上下级对目标是否有相同的理解？		
上下级是否对目标达成共识？		
数据信息的采集是否已落实到人？		
绩效考核的方法是否合理、明确？		
权重的设定是否能够反映最重要的指标？该目标的实现是否对公司目标和部门目标的实现产生重要影响？		
目标的设定是否符合SMART原则？		
是否找到了克服困难或障碍的方法？		
管理者提供的支持是否已经到位或即将到位？		
完成各项工作的时间是否已经明确？		
员工的权限是否已经做出了调整？		

绩效计划协议书参考样本

姓名：	职位：		部门：		日期：	
关键职责描述： (1) (2)						
关键绩效指标	标准	权重	自评得分	领导评分	终评得分	备注
(1)						
(2)						
等级评定	A：优（90～100分）　B：好（70～89分） C：一般（60～69分）　D：不称职（60分以下）				合计	
所需权限有哪些：						
会遇到何种障碍或困难：						
需要何种支持与帮助：						
其他需要说明的内容：						
单位负责人意见						
绩效计划确认	员工签字：　　　　年　月　日 主管签字：　　　　年　月　日					
考核结果确认	员工签字：　　　　年　月　日 主管签字：　　　　年　月　日					
备注：本表可另加附页						

二、绩效沟通

绩效沟通主要指管理者与员工在工作的过程中分享各类与绩效有关的信息，准确把握组织与员工的工作状况，推动绩效计划顺利实施的过程，它在整个绩效管理中处于中间环节，所耗时间最长，也最为关键。

（一）绩效沟通的目的

（1）能及时调整绩效计划，保证工作过程的动态性和有效性。

（2）管理者和员工能及时了解相关信息，推动绩效计划的顺利开展。

（3）有利于收集绩效考核所需信息。

（二）绩效沟通的方法

一般而言，绩效沟通分为正式的绩效沟通和非正式的绩效沟通两种类型。正式的绩效沟通是指由企业管理制度所规定的各种定期或不定期的沟通，非正式的绩效沟通是指管理者与员工在绩效计划执行期间的信息交流过程。

1. 正式的绩效沟通

正式的绩效沟通又可以分为书面报告、定期会谈、团队会议等。

（1）书面报告。书面报告是绩效管理中常用的一种正式沟通方式。它是指员工可以通过文字或图表的形式向主管报告工作的进展情况以及工作中发现的问题，可以是定期的，也可以是非定期的。许多管理者通过这种形式可以了解到员工的工作状况以及存在的问题，并给予及时的帮助和支持。当然，管理者与员工如果对书面报告的价值没有正确的认识，则往往会使书面报告流于形式，为避免这种情况，管理者应正确认识书面报告，对员工进行针对性培养，提高其逻辑思维和书面表达的能力。但要注意，书面报告应尽可能简化文字描述，多采用简单的图表来反映情况，避免烦琐。

（2）定期会谈。管理者与员工定期进行一对一的会谈是绩效沟通的一种常见方法，它有利于管理者及早发现问题，找到解决问题的方法并能与员工达成共识。这种方式的会谈一般比较深入，可以讨论某些不便公开的事情，使员工有一种亲近感，有利于建立管理者和员工之间的融洽关系。但应注意面谈前必须明确面谈的目的和重点内容，在面谈中，特别要关注具体的工作任务和标准，鼓励员工多谈自己的想法。如果员工一直以一种抗拒的态度进行面谈，那就意味着面谈是失败的，还需要重新约定下次面谈的时间。

（3）团队会议。书面报告和定期会谈都有一定的缺陷，如书面报告不能提供讨论和解决的手段，定期会谈又仅仅限于两人之间的信息交流，所以，在进行绩效沟通时，团队会议的沟通形式越来越受到管理者的重视。团队会议可以满足团队交流的需要，通过会议沟通，参会人员可以相互了解到工作的进展情况、存在的问题、市场的变化以及绩效计划的调整等内容，当然，员工还可以获得公司战略或价值导向的相关信息，以利于改善工作。但做好一次会议沟通并非易事，需要事先做好充分的准备，在会议期间，要关注解决最重要的问题，避免相互指责、搞一言堂或批评会，并控制好会议时间，做好会议记录。

2. 非正式的绩效沟通

在绩效计划执行期间，管理者和员工并不仅仅通过正式的渠道来进行沟通，事实上，他们还会在工作过程中或工作之余开展各种形式的非正式沟通，如非正式的交谈、吃饭时的闲聊、郊游或聚会时的谈话以及“走动式管理”和“开放式办公”等。随着互联网技术的发展，员工还可以通过网上留言、QQ聊天、微信等形式与管理者来探讨绩效管理的相关问题。可见，非正式的沟通更加普遍，它可以让管理者以最快的速度了解到绩效计划的执行状况以及环境的变化，从而促使问题能够及时得到解决，同时它也有利于增强员工与管理者之间的感情，提高员工的满意度。

小练习

在绩效沟通的过程中，如果员工不积极配合直接上司，你认为该怎么办？和同学们一起讨论，员工不配合的原因会有哪些？

小案例

皮格马利翁效应：用信任唤醒员工潜能

李明是一家科技公司的研发部门经理，他的团队成员小张最近在项目中表现平平，工作效率和创新能力都未达到预期。作为团队的管理者，李明决定与小张进行一次绩效沟通，帮助他提升工作表现。

在沟通中，李明没有直接批评小张，而是采用了积极的心理暗示和鼓励的方法。他首先肯定了小张在团队协作和问题解决方面的优势，随后向小张表达了自己的信任和期望："小张，我一直认为你是我们团队中最有潜力的成员之一。你在之前的项目中展现了很强的学习能力和责任感，我相信你完全可以在接下来的工作中取得更大的进步。"

接着，李明为小张设定了一个清晰且具有挑战性的目标："在接下来的一个月里，我希望你能主动提出3个创新性的解决方案，我相信你的能力一定能为项目带来新的突破。"同时，李明也表示会在资源和时间上给予小张最大支持，并鼓励他在遇到困难时随时沟通。

受到李明的鼓舞，小张感受到了被信任和重视。他开始以更加积极的态度投入工作，并主动学习新技能。一个月后，小张不仅提出了3个创新方案，其中一个还成功应用于项目中，为团队带来了显著的效率提升。

在这次绩效沟通中，李明成功运用了皮格马利翁效应，通过赞美、信任和期望激发了小张的潜力。这个案例表明，在绩效沟通中，管理者如果能够营造支持性的沟通氛围，并用积极的心理暗示传递信任和期待，就能有效提升员工的工作热情和绩效表现。

皮格马利翁效应在沟通中的运用

资料来源：郭萍．绩效管理：理论与案例［M］．广州：暨南大学出版社，2023.

请思考： 皮格马利翁效应在平时沟通中如何运用以激发他人潜力？

单元三　绩效考核指标体系的设计

一、绩效考核指标的概念和类型

（一）绩效考核指标的概念

所谓绩效考核指标，就是绩效考核因子或评价项目，指具体从哪些方面对绩效考核内容进行衡量或评价，它解决的是需要评价什么的问题，比如利润率、销售额、顾客满意度、投诉率、产品数量、成本支出等。一般而言，有效的绩效考核指标应具备以下几个主要特征：

（1）与企业的发展战略相一致。

（2）内涵界定明确清晰，具有一定的可操作性，能够被衡量。

（3）具有一定的针对性。

（4）信度和效度比较高。

（5）员工易于接受。

（二）绩效考核指标的类型

根据考核的内容、建立的基础以及绩效的特性，绩效考核指标可以分为不同的类型。

（1）根据绩效考核的内容，可以把绩效考核指标分为工作业绩考核指标、工作能力考核指标以及工作态度考核指标三种类型。

工作业绩就是工作行为所产生的结果，主要包括员工完成工作的数量、质量、成本费用以及有效性等。在设计业绩考核指标时，我们通常的做法是将业绩具体表现为完成工作的数量指标、质量指标、工作效率指标以及成本费用指标。

不同的职务对于人的工作能力要求是不同的。有的职务相对简单，有可能工作业绩就高，而有的职务较为复杂，很可能无法获取较高的业绩，但并不能说明这些人对组织的贡献就相对较少。只有在绩效评价体系中加入工作能力考核指标，才能真正反映出员工的整体绩效。另外，能力考核指标的引进可以鼓励员工提高与工作相关的能力，也可以通过能力评估的结果做出各种有关的人事决定。

不同的工作态度会产生截然不同的工作效果。有的人工作能力很强，但态度不好，从而导致绩效不高，而有的人能力一般，但工作踏实认真、积极肯干，反而为组织做出了更大的贡献。因此，有必要把工作态度考核指标引入绩效考核中，以提升绩效评价的整体质量。

（2）根据建立的基础，可以把绩效考核指标分为硬指标和软指标。

硬指标是指以统计数据为基础，把统计数据作为主要评价信息，建立数学评价模型，以数学手段求得评价结果，并以数量表示评价结果的评价指标。硬指标可以摆脱个人经验和主观意识的影响，具有相当的客观性和可靠性，但如果评价指标难以量化，则硬指标的评价结果就很难客观或准确了。

软指标主要是指通过人的主观评价才能得出评价结果的评价指标。在实际操作上，软指标通常由行内专家进行评价，当然，也可以借助多个评价主体进行补充。软指标完全依赖于评价者的知识和经验，易受各种主观因素的影响，从而使评价结果的准确性和客观性受到一定程度的影响。

因此，在进行绩效评价时，组织往往会把硬指标与软指标结合起来加以综合使用，以弥补双方的不足，达到扬长避短的效果。

（3）根据绩效的特性，可以把绩效考核指标分为特质、行为、结果三类绩效评价指标。

特质指标主要关注的是个人的特质或特征，例如诚实、守信、可靠、有职业道德或领导能力等。这些指标只是说明一个人是什么样的人，而并不说明这个人在工作上完成的事情或没有完成的事情，比较适合难以观察的工作，但它可能并不是一种有效的工作绩效指标。

基于行为的工作指标主要关注工作是怎么执行的，它强调员工是通过什么样的行为来完成绩效标准或绩效目标，对于经常与他人发生联系的工作而言特别重要。由于行为能清晰界定，员工很容易分辨出哪些行为能导致较高的绩效，从而有利于他们选择有效的行为。但这种指标不太适合那些采用多种不同行为都能得到有效绩效的工作。

结果指标注重工作中完成了什么或生产了什么，它强调的是一种结果，而不是一种行为。这种指标操作起来比较容易，但具有短期性和表面性，并不适合所有的工作，特别是难以量化的工作内容。另外，该指标很可能导致被考核者不惜任何代价去追求结果，从而影响绩效考核的公正性。因此，在选择结果指标时，既要考虑量又要考虑质，并且不能违背职业道德。

特质、行为、结果三类绩效考核指标的适用范围和不足如表 6-2 所示。

表 6-2　特质、行为、结果三类绩效考核指标的适用范围和不足

	适用范围	不足
特质	适用于对未来的工作潜力做出预测	◆ 没有考虑情景因素，预测效度较低 ◆ 不能有效地区分实际工作绩效，员工易产生不公正感 ◆ 将注意力集中在短期内难以改变的人的特质上，不利于改进绩效
行为	适用于考核可以通过单一的方法或程序化的方式实现绩效标准或绩效目标的岗位	◆ 需要对那些同样能够达到目标的不同行为进行区分，以选择真正适合组织需要的方式，这一点比较困难 ◆ 当员工认为其工作重要性较小时意义不大
结果	适用于考核那些可以通过多种方法达到绩效标准或绩效目标的岗位	◆ 结果有时不完全受被考核者的控制 ◆ 容易诱使被考核者为达到一定结果而不择手段，使组织在获取短期利益的同时丧失长期利益

有学者指出，选择这三类绩效考核指标最好的方式就是：将考核指标名称冠以“特质”的标签，考核指标的定义和尺度则采用行为导向和结果导向相结合的方式。

二、选择绩效考核指标的依据和方法

（一）选择绩效考核指标的依据

绩效考核指标并不能随意设计，它必须依据组织的战略目标、工作分析、业务流程、考核目的以及取得考核所需信息的便利程度等来进行科学选择。

1. 组织的战略目标

如果绩效考核不坚持以公司战略为导向，就很难保证绩效考核能有效支持公司的战略。实际上，绩效考核的导向性是通过绩效考核指标来实现的。在进行绩效考核指标的选择时，坚持以公司战略为导向是最基本的要求，否则，绩效考核就失去了应有的意义。当然，坚持以战略为导向还可以确保当公司战略发生调整时，可以及时地修正或重新选择绩效指标。

2. 工作分析

工作分析是一切人力资源管理工作的基础，是制定绩效考核指标的基础依据。通过工作分析，可以清楚了解被考核对象所在岗位的工作内容、性质、职责、权限以及相应的资格条件，从而明确被考核者在岗位上所应达到的目标、采取的工作方式等，初步确定绩效考核指标的各种要素。

3. 业务流程

在选择绩效考核指标时，还必须结合业务流程来进行。一般而言，所有员工都处在业务流程的某个环节，扮演着不同的角色，承担着不同的责任，并经常与上下游之间发生联系，如果能把握好这些关系，绩效考核指标的选择就会很容易地确定衡量其工作成效的绩效指标。当然，如果流程存在问题，还应对流程进行优化或重组。

4. 考核目的

考核目的也是选择绩效考核指标的一个重要依据。很显然，能够用于评价某一岗位绩效状况的评价指标往往很多，但绩效评价不可能做到面面俱到，否则就失去了可操作性，从而进一步丧失评价的意义。因此，根据不同的考核目的选择关键的绩效考核指标就显得非常重要。

5. 取得考核所需信息的便利程度

绩效考核能否顺利开展，在一定程度上还取决于能否方便地获取与评价指标相关的统计资料或其他信息。一般而言，取得考核所需信息的方法要简单易行，这样不仅可以使绩效考核有据可依，而且考核结果也易于被考核者所接受。当然，绩效考核所需信息的来源必须稳定可靠，如果信息来源渠道不可靠或者相关资料出现矛盾，就应该及时地对考核指标加以调整，以保证绩效考核的正确性和客观性。

（二）选择绩效考核指标的方法

构建绩效考核指标体系的前提就是选择绩效考核指标。常见的选择绩效考核指标的方法主要有以下几种：

1. 工作分析法

工作分析的主要内容由两部分组成：一是职务说明书；二是人员说明书。职务说明书主要包括工作的目的、内容、职责、权限、所需的资源、物理环境以及其他与工作有关的信息。人员说明书主要包括员工为完成本职工作所需具备的知识、技能、经验、受教育程度、体力等与人相关的信息。

在绩效考核指标的制定中，通过工作分析，可以确定从事某一职位工作的员工需要具备哪些能力和条件，职责和完成的任务应以什么指标来考核，在考核指标中有哪些能力和条件更为重要、哪些相对不那么重要，并对不同的指标完成情况进行明确定义。

2. 问卷调查法

问卷调查法是设计者根据需要，把要调查的项目和问题以书面的形式设计出来，分发给有关人员填写，收集和征求不同人员意见的一种方法。问卷调查分为开放式问卷调查和封闭式问卷调查两种类型。开放式问卷没有标准答案，被调查者可以根据自己的意愿自由回答，而封闭式问卷有标准的答题方式，被调查者只能根据要求进行回答，常见的封闭式问卷有是非法、选择法、排列法以及计分法四种方式。

一般而言，开放式问卷有利于广泛了解意见，适合于指标选择的初期，而封闭式问卷答案规范，便于统计分析，适合于指标项目的分析判断以及指标体系的总体规划。当然，不管是何种问卷形式，问卷设计的题目都应直观、易懂，数目不宜过多。

3. 访谈法

访谈法是指通过与各类人员进行面对面谈话，收集有关信息，以此作为确定考核指标依据的一种研究方法。交谈的各类人员包括被考核者的上级、人力资源管理人员、被考核者以及与被考核者密切相关的其他人员等。访谈法分为个别访谈和群体访谈两种形式。

4. 经验总结法

众多专家通过总结经验，提炼出规律性的研究方法称为经验总结法。经验总结法分为个人总结法和集体总结法两种。个人总结法是由人力资源专家或人力资源管理人员回顾过去的工作，分析最成功和最不成功的人力资源决策来总结经验，并在此基础上设计出考核员工绩效的指标目录。集体总结法是请若干人力资源管理专家或人力资源主管，一般为6～10人，回顾过去，分析杰出人才与平庸人员的差异，列出长期以来考核人员绩效的常用指标，并在此基础上提炼出绩效考核指标。

当然，有时也可以通过典型个案来设计绩效考核指标。但不管采取哪种方法，所选择的绩效考核指标一定要合理、科学，能反映被考核者的工作过程与结果。

小工具

以下两个表格为销售人员的考核指标表和绩效考核指标调查表。

销售人员的考核指标表（部分）

指标类别		考核指标
工作绩效	定量指标	销售计划完成率
		销售增长率
		销售费用
		销售回款率
	定性指标	市场信息的收集情况
		销售制度的执行情况
工作能力		专业知识
		分析判断能力
		沟通能力
		团队协作能力
工作态度		员工出勤率
		责任感

绩效考核指标调查表（以市场拓展员为例）

要素	要素内容	重要程度			
		必须考核	应该考核	可以考核	不需考核
市场占有率	本企业产品销售量/市场上同类产品销售量×100%				
销售额	销售产品的价值额				
市场拓展计划达成率	完成的市场拓展计划数/需要执行的市场拓展计划数×100%				
信息收集的及时性	在规定的时间内及时收集相关信息				
遵纪守法	无迟到早退现象，无违纪违规行为				
安全	十分注意工作场所的安全				
从全局出发	能照顾全公司的利益				
关键客户保有量	在某一时期内关键客户数量不少于（　　）个				

说明：你认为考核一个市场拓展员应包括哪些指标？在“重要程度”栏里对应的位置上打“√”。

三、绩效考核标准

一般来说，绩效考核指标强调的是从哪些方面对工作产出进行衡量或评价，而考核标准则强调的是在各项指标上分别应该达到什么样的水平。指标解决的是我们需要评价什么的问题，而标准解决的是要求被考核者做到什么水平、完成多少以及达到什么程度的问题。绩效考核标准是对绩效考核指标的进一步明确。

表 6－3 中列出了一些绩效考核指标与绩效考核标准的样例。

表 6－3　绩效考核指标与绩效考核标准样例

工作产出	类型	绩效考核指标	绩效考核标准
市场拓展	数量	市场占有率	达到 5%
		市场拓展计划完成率	达到 95%
销售费用	成本	销售费用率	控制在 20%以下
顾客满意	数量	顾客满意度	调查问卷平均分数在 85 分以上
		顾客投诉率	控制在 5%以内
销售利润	数量	年销售额	达到 2 000 万～2 200 万元
		税前利润率	达到 30%～35%
竞争对手总结	质量	全面性	总结包括已知竞争对手的所有产品
		数据的价值	提供的数据包括对产品的详细描述，如产品成本、广告费用、回头客等

当绩效考核指标界定清晰之后，设定绩效考核标准就相对比较容易。对于定量的考核指标，设定的考核标准通常是一个范围，超出了范围的上限，则表明被考核者做出了超出期望的卓越表现；低于下限，则表明被考核者绩效不足，需要改进。对于定性的绩效考核指标，设定的绩效标准往往要从客户的需求出发，即客户期望被考核者做到什么水平或什么程度，当然，这里的客户不仅指外部客户，也包括内部客户。

设计绩效考核标准时应注意以下问题：

（一）标准的难易度要适中

考核标准如果定得太高，很多员工达不到，就会导致员工自暴自弃或者过度紧张，从而无法实现组织的绩效。但考核标准如果定得太低，又不利于发挥员工的积极性。因此，考核标准的水平要适度，标准产生的压力以能提高生产率为限，要适中。

（二）标准要具有一定的稳定性

绩效标准一旦确定，并证明是合适的，就要保持相对的稳定性，不要变来变去，否则会失去标准的权威性。当然，信息技术的发展和竞争的加剧，会对考核标准提出新的要求，在这种情况下，有必要对考核标准做出一定的修改和完善，以适应环境变化的要求。

（三）标准要被大家所接受

被考核者如果不能接受考核标准，就会消极对待工作，从而无法实现企业绩效，就算是强制推行，效果也不会很好。为避免这种情况的出现，管理者应事先与员工就绩效考核标准进行沟通，达成共识，为绩效考核的顺利开展提供良好的条件。

（四）标准要尽可能具体而且可以衡量

考核标准应尽可能具体明确，能量化的尽量量化，不能量化的最好清晰地界定出内涵，这样便于对绩效考核进行操作和衡量，同时也有利于被考核者理解和接受考核结果。

当然，除了上述问题之外，在设计绩效考核标准时，还需要把握好绩效标准的时间限制，即它的有效性。同时还需要注意标准与标准之间不能重叠，否则会影响绩效评价的最终效果。

四、建立绩效考核指标体系的关键步骤

绩效考核指标体系构建的关键在于选择绩效考核指标以及相应的绩效考核标准。一般而言，在设计绩效考核指标体系时，应按照几个关键步骤执行。当然，不同的公司在实践操作上可能会有所不同，但不管怎样，构建的核心要素仍然在于绩效考核指标与绩效考核标准的正确选择。

构建绩效考核指标体系的关键步骤主要包括以下几个方面：

（一）构建绩效考核指标库

每个岗位都会有很多的评价指标，企业应根据需要建立一个适合自身特点和战略规划的绩效考核指标库。需要注意的是，这个指标库不一定能够完全涵盖最终确定的每个岗位的绩效考核指标，这是由于外部环境的变化，很可能需要补充新的合适的指标，淘汰没有价值的指标，因此，指标库的构建应密切关注组织的战略与发展规划，实行动态管理。

一般而言，指标库包括岗位所在部门、岗位名称、指标属性、关键业绩领域、指标定义、计算公式、指标收集、指标来源、统计周期与统计方式等。

（二）根据不同岗位的特点选择不同的绩效考核指标

不同的岗位，其工作目标、工作内容、工作职责以及权限大小等是有差异的，这种差异正好反映在员工的职务职能等级上。对于不同职务职能等级上的员工，在实际工作中的要求必然是不同的，因此，对他们进行绩效考核时，必然要采取不同的绩效考核指标。通常，我们把这种绩效考核称为“分层分类的绩效考核体系”。它包含两层含义：一是职务种类不同所形成的横向分类；二是职能等级不同所形成的纵向层次。对于不同类型的工作内容，绩效考核所采用的指标自然各不相同，当然，职位等级的不同也会对绩效考核指标的选择产生一定程度的影响，因此，企业应根据每个岗位的具体特点从指标库中选择合适的绩效考核指标。

需要注意的是，按照职务职能等级标准对岗位进行考核时，其前提是企业应该有一个健全的职位系列，但如果企业没有相应的职位系列，则指标的选择就有可能缺乏针对性和有效性。

（三）确定不同指标的权重

企业在选择好绩效考核指标后，应根据一定的原则或要求来确定绩效考核指标的权重，以体现每个指标在整个指标体系中重要性的大小。一般而言，影响绩效考核指标权重大小的因素主要有三个：一是考核的目的；二是考核岗位的特征；三是企业文化的要求。

考核的目的是影响指标权重最重要的因素，不同的考核目的，绩效考核指标的权重分配应该有所不同。如果考核是为了决定薪酬，那么业绩方面的指标权重就应该高些；如果考核是为了晋升，则能力方面的指标权重就应该高些。

另外，考核岗位的特征也是影响指标权重的一个重要因素。如对于技术性的岗位而言，能力指标与业绩指标的权重就应该高些；对于基层的服务岗位而言，工作态度的指标权重就应该高些。当然，企业文化所倡导的行为或特征也会反映在绩效考核指标的选择和

权重分配上。

需要注意的是，权重应该根据实际情况的变化而变化，要考虑公司的发展战略与发展重点，要能够引导被考核者的绩效改进，同时，权重的比例要有明显差异，避免平均主义。

表 6－4 是一个指标权重分配方面的样例。

表 6－4 班组长绩效考核指标权重分配表

考核维度	考核指标	权重	考核主体	平均得分	折合分数
工作业绩（60%）	业绩目标	70%			
	工作任务	30%			
工作能力（30%）	沟通能力	20%			
	组织协调能力	15%			
	业务知识	30%			
	指导下属的能力	20%			
	创新能力	15%			
工作态度（10%）	纪律性	15%			
	工作主动性	15%			
	责任心	15%			
	合作性	25%			
	成本意识	30%			

（四）绩效考核标准的导入

当绩效考核指标确定下来后，为使绩效考核更具有可比性以及考核者更容易对考核结果进行解释，就必须导入相对应的绩效考核标准。绩效考核标准是对绩效考核指标的进一步明确，它主要涉及等级的划分以及对每个等级界限进行确定的问题。常见的等级划分有“很好、较好、一般、较差、很差”“一、二、三、四、五”“A、B、C、D、E”等级别，每个级别都需要进行明确界定。

表 6－5 是绩效考核标准导入的一个样例。

表 6－5 绩效考核标准的导入样例

考核指标	指标定义	等级	定义	分值
品质	诚实 廉洁 顾全大局 尊重他人	A. 很好	诚实，实事求是，无虚假信息；行事公正，尊重他人，主动关注企业利益，能起到榜样作用	90～100 分
		B. 较好	诚实，无虚假信息；平易近人，能考虑企业利益，对他人有积极影响	80～89 分
		C. 一般	诚实，平易近人，偶尔有失误，但不损害企业利益，对他人无不良影响	70～79 分
		D. 较差	品行尚可，偶尔有不负责行为，对工作造成轻度不良影响，对他人有轻微负面影响	60～69 分
		E. 很差	品行欠佳，过于关注个人利益，有不良行为和不真实信息，对他人造成不良影响	60 分以下

以上是构建绩效考核指标体系的四个关键步骤。在实际操作上，企业还需要关注以下

几个问题：一是绩效考核指标的选择应尽可能以定量指标为主，定性指标为辅；二是指标要少而精，能反映企业的客观实际及考核目的；三是考核标准要具体明确，能有效区别出员工绩效的优劣。

小练习

我国企业绩效考核指标体系存在的常见问题有哪些？你可以通过搜索文献资料来了解，并将了解到的信息与同学们进行分享。

单元四　绩效考核方法的选择

一、排序法

排序法又称分级法、排名法，是一种以员工比较为基础的绩效考核方法，它将员工按照工作业绩的好坏进行排序，以得出每个员工的相对等级或名次。排序法主要包括直接排序法、交替排序法、配对比较法以及强制分配法四种形式。

（一）直接排序法

直接排序法是最简单的一种排序方法，它是考核者根据被考核对象的总体业绩，按照由高到低的顺序对被考核对象进行排列。如部门中业绩最好的员工排在第一位，最差的排在最后一位。

表 6－6 是直接排序法的一个简单例子。

表 6－6　企划部直接排序法

所属部门：企划部	部门领导：王××
排列顺序	员工姓名
第一名	吴××
第二名	李××
第三名	张××
……	……
第十名	康××
备注：本部门员工共 10 人。	
日期：××××年×月×日上级领导审核：杨××	

直接排序法简单易行，花费时间少，避免了考核结果过宽、趋中以及严格化的倾向。但这种方法主观性比较强，有一定的局限性，特别是当个人的业绩水平非常接近时难以进行准确排序，而且此方法也不利于不同部门员工之间的业绩对比。

（二）交替排序法

交替排序法也是运用得比较普遍的一种绩效考核方法。它的操作步骤如下：（1）将需要考核的所有人员选出来，然后把不是很熟悉因而无法对其进行考核的人员删去；（2）分别针对每一个考核要素开展评估，找出各考核要素上表现最好的员工，将其排在第一位，再找出最差的员工，将其排在最后一位；（3）从剩下的人员当中选出最好的和最差的，分别排在第二位和倒数第二位。以此类推，直到所有必须被考核的员工都被排列到表格中为止。

运用交替排序法得到的绩效考核表如表 6-7 所示。

表 6-7 交替排序法绩效考核表

排序所依据的绩效考核要素：______________________________

针对你所要考核的每一种绩效要素，将需要考核的所有员工姓名都列举出来。如需要考核的员工共 20 人。先将绩效最高的员工列在第 1 位，将绩效最差的员工列在第 20 位，然后将次优的员工列在第 2 位，将次差的员工列在第 19 位。将这一交替排序继续下去，直到所有的员工都被排列出来。

绩效排序最高的员工

1. ______________	11. ______________
2. ______________	12. ______________
3. ______________	13. ______________
4. ______________	14. ______________
5. ______________	15. ______________
6. ______________	16. ______________
7. ______________	17. ______________
8. ______________	18. ______________
9. ______________	19. ______________
10. ______________	20. ______________

绩效排序最低的员工

交替排序法简单实用，便于操作，其考核结果也令人一目了然，科学性较强。但该方法仍然存在主观性，人为因素不可避免，对于跨部门员工很难进行比较。此外，这种方法容易对员工造成心理压力，感情上也不易接受。

（三）配对比较法

配对比较法是根据每一种绩效考核要素（如“工作数量”“工作质量”等）将每一位员工与其他员工进行配对比较，根据比较的结果排列出他们的绩效名次。配对比较法使排序型的工作绩效评价方法变得更加有效。

每一次配对比较时，给表现好的员工记“＋”，另一个员工记“－”。所有员工都配对比较完之后，计算每一个人得“＋”的个数，谁得到的“＋”个数最多，谁的名次就排在最前面。一般而言，“＋”代表比他人“好”，“－”代表比他人“差”。当然，也可以采用其他的符号来代表“强于”和“弱于”。

配对比较法如表 6-8 所示。

表 6-8 配对比较法示例

就“工作态度”要素所做的考核						就“工作数量”要素所做的考核					
被考核员工姓名：						被考核员工姓名：					
	李×	钟×	陈×	邹×	汤×		李×	钟×	陈×	邹×	汤×
李×		＋	＋	－	－	李×		－	－	－	－
钟×	－		－	－	－	钟×	＋		－	＋	＋
陈×	－	＋		＋	－	陈×	＋	＋		－	＋
邹×	＋	＋	－		＋	邹×	＋	－	＋		－
汤×	＋	＋	＋	－		汤×	＋	－	－	＋	
	2＋	4＋	2＋	1＋	1＋		4＋	1＋	1＋	2＋	2＋

从表 6－8 可以看出，钟×的工作态度是最好的，而李×完成的工作数量是最高的。

配对比较法设计和使用起来比较容易，特别是当评选最佳员工时是一个非常有效的方法。但该方法主观性仍然较大，很花时间，一旦下级人数过多（多于 5 人），配对评价就非常麻烦，而且该方法只能评比出下级人员的名次，不能反映出他们之间的差距到底有多大，因此，只适用于人数比较少的部门评估。

（四）强制分配法

强制分配法是企业目前普遍采用的一种考核方法。该方法并不完全依据于绩效考核得分，而是按照事物“两头小、中间大”的正态分布规律，先确定好各等级在总数中所占的比例，然后按照每个员工绩效的相对优劣程度，强制列入其中的一定等级。

强制分配法与“按照一条曲线进行等级评定”的意思基本相同。使用这种方法，一般都是按照一种提前确定的比例将被考核者分别分配到每一个工作绩效等级上去。表 6－9 就是一个预设的强制分配比例示例。

表 6－9　强制分配比例示例

等级	相应绩效情况	比例分配
一级	绩效最高的	15%
二级	绩效较高的	20%
三级	绩效一般的	40%
四级	绩效低于要求水平的	15%
五级	绩效很低的	10%

强制分配法的优点是有利于管理控制，能明确筛选出淘汰的对象，具有强制激励和鞭策功能，避免了考核标准过宽或过严及考核结果全部趋中的现象。但该方法也有一定的缺陷，如强制把员工分成三六九等，易遭到员工的抵制；各评价等级间差异的内涵不清，主观性强。另外，该方法不适合人数较少的部门或公司。

小练习

强制分配法在执行时需要注意什么问题？请查阅有关资料进行了解。

二、图尺度评价法

图尺度评价法又称图形等级量表法、图解式考核法，是一种最简单和运用最普遍的绩效评价方法。它列举了一些绩效特征要素（如“质量”和“可靠性”等），同时还分别为每一个绩效特征要素列举出了取值范围（如从“不令人满意”到“优异”），并对每个取值范围进行了明确的界定和描述。在进行绩效考核时，管理者只需在最能够反映下属员工在某一项绩效特征要素的分数上画圈或者打钩，然后再将员工在所有要素上的得分进行加总，即得到其最终的工作绩效考核结果。表 6－10 就是一个图尺度评价法的典型示例。

表 6-10　图尺度评价法的典型示例

<table>
<tr><td colspan="2">员工姓名：</td><td>职位：</td><td>所属部门：</td><td>员工薪酬：</td></tr>
<tr><td colspan="5">绩效考核目的：□年度例行考核　□晋升　□绩效不佳　□工资调整　□试用期结束　□其他</td></tr>
<tr><td>员工到现职时间：</td><td colspan="2">上次考核时间：</td><td colspan="2">正式考核日期：</td></tr>
<tr><td colspan="5">说明：请根据员工当前所从事工作的要求，仔细对员工的工作绩效进行评价。在能够反映员工绩效的小方框中打钩。如果绩效方框不适合某一员工，请以 N 来说明。请按照尺度表所表明的取值范围，来确定员工在每一绩效要素上的得分，并将其填写在相应的用于填写分数的地方。最终的工作绩效结果通过将所有分数进行加总和平均而得出。</td></tr>
<tr><td colspan="5">考核等级说明</td></tr>
<tr><td colspan="5">O（杰出，Outstanding）：在所有方面的绩效都十分突出，且明显比其他人优异。
V（很好，Very Good）：工作绩效在大多数方面明显超出职位的要求，工作绩效是高质量的，并且在考核期内一贯如此。
G（好，Good）：属于称职的、可信赖的绩效水平，达到了绩效标准的要求。
I（需要改进，Improvement Needed）：在某些方面存在绩效缺陷，需要进行改进。
U（不令人满意，Unsatisfactory）：工作绩效水平总的来说让人无法接受，必须立即改进。绩效考核等级在这一水平上的员工不能增加工资。
N（不适合评价，Not Rated）：绩效考核标准不适用此人，或现在对此人进行评价为时尚早。</td></tr>
<tr><td colspan="2">总体绩效评价要素</td><td colspan="2">考核尺度</td><td>评价依据或评语</td></tr>
<tr><td colspan="2">质量：所完成工作的精确性、彻底性和可接受性。</td><td>O□
V□
G□
I □
U□</td><td>90～100 分
80～89 分
70～79 分
60～69 分
60 分以下</td><td>得分：</td></tr>
<tr><td colspan="2">生产率：在某一特定时间周期内所完成的工作数量和工作效率。</td><td>O□
V□
G□
I □
U□</td><td>90～100 分
80～89 分
70～79 分
60～69 分
60 分以下</td><td>得分：</td></tr>
<tr><td colspan="2">工作知识：在工作中运用实践经验、技能以及信息的情况。</td><td>O□
V□
G□
I □
U□</td><td>90～100 分
80～89 分
70～79 分
60～69 分
60 分以下</td><td>得分：</td></tr>
<tr><td colspan="2">可靠性：员工在完成工作任务并持续改进方面值得信赖的程度。</td><td>O□
V□
G□
I □
U□</td><td>90～100 分
80～89 分
70～79 分
60～69 分
60 分以下</td><td>得分：</td></tr>
<tr><td colspan="2">勤勉性：员工上下班的准时程度、遵守规定的工间休息、用餐时间的情况以及总体的出勤率。</td><td>O□
V□
G□
I □
U□</td><td>90～100 分
80～89 分
70～79 分
60～69 分
60 分以下</td><td>得分：</td></tr>
</table>

除了对适用于所有职位或者大多数职位的一般性绩效要素（如“工作数量”“工作质量”）进行评价之外，还可以把工作的实际职责作为绩效考核的对象。表 6-11 就是一个

针对实际工作职责的图尺度绩效评价示例。

表 6-11　针对实际工作职责的图尺度绩效评价示例（局部内容）

<table>
<tr><td>姓名：</td><td>职位：</td><td>评价者姓名：</td><td>评价者职位：</td></tr>
<tr><td colspan="2">评价者所属部门：</td><td colspan="2">评价期间：××××年×月×日至××××年×月×日</td></tr>
<tr><td colspan="4">考核等级说明</td></tr>
<tr><td colspan="2">1. 未能达到工作要求
2. 基本达到工作要求
3. 完全达到工作要求</td><td colspan="2">4. 很好地达到了工作要求
5. 超过了工作要求</td></tr>
<tr><td colspan="2">工作内容与职责</td><td colspan="2">被考核职位：行政秘书</td></tr>
<tr><td>A. 打字速写</td><td>权重：30%</td><td colspan="2">考核等级：1□　2□　3□　4□　5□</td></tr>
<tr><td colspan="2">以每分钟 60 个字的速度按照适当格式准确地将来自以下各个方面的指令录入为电子文件：口头指示、录音内容、手写笔记或正式笔记、总经理的手写材料、手写会议纪要等；打印通知、会议议程、工作日程和其他内容材料；汇总和打印经营报告和其他各种报告，包括文本和表格；打印从报纸杂志上摘选下来的文章，整理和打印信件、备忘录、文件副本以及其他要求打印的文件。</td><td colspan="2">评语：</td></tr>
<tr><td>B. 接待</td><td>权重：25%</td><td colspan="2">考核等级：1□　2□　3□　4□　5□</td></tr>
<tr><td colspan="2">接待来电来访人员，有礼貌地为来电者和来访者提供帮助；接听电话，传达消息，提供信息或将电话转给适当的人；对来访者表示欢迎，为来访者提供信息或直接将客人引到相应的办公室或同事那里；在客人等待期间为其提供临时帮助；操作自动应答设备；对来电者和来访者的情况做好记录。</td><td colspan="2">评语：</td></tr>
<tr><td colspan="2">……</td><td colspan="2">……</td></tr>
<tr><td colspan="2">员工签名：</td><td colspan="2">考核者签名：</td></tr>
</table>

图尺度评价法的最大优点是简单易行，开发成本小，既可以评价工作的结果，也可以评价工作过程或者员工的行为、个人特点等。当然，该方法也存在一定的不足，如量表不能清楚地指明员工必须做什么才能得到某个确定的评分，也不能提供一个良好的机制以提供具体的、非威胁性的反馈，而且在评价时，评价者往往只能根据自己的主观理解进行评分，很容易给所有人打出最高分和最低分，或者评分过于集中，这种主观性很可能存在潜在的偏见，影响着最终的绩效考核结果。

在实际运用上，图尺度评价法经常需要结合关键事件法、强制分配法或目标管理法等进行综合使用，以克服自身存在的不足。

三、关键事件法

关键事件法是由美国学者弗拉赖根和伯恩斯共同创立的。这种方法要求考核者将每一位被考核者在工作过程中所表现出来的非常好的行为或非常不好的行为（关键事件）记录下来，然后每隔一段时间，如一个季度或半年，考核者与被考核者面对面地以所记录的事件为例，来共同讨论后者的工作绩效。

该方法要求记录的事件必须是关键事件，那些对工作成功或失败没有直接影响的行为，则不在记录范围之内。

关键事件法有很多优点：它为考核者向被考核者解释绩效结果提供了一些确切的事实证据；它确保了考核者在全年当中都会关注被考核者的绩效问题；它可以使考核者获得一份关于被考核者运用何种途径消除不良绩效的具体实例。

表 6－12 为应用关键事件法对厂长助理进行工作绩效评价的实例。

表 6－12 关键事件法应用实例

岗位：厂长助理		
工作职责	工作目标	关键事件
生产计划时间表的安排	充分利用工厂中的人员和机器设备，及时完成订单生产	采用新的生产计划安排系统；上个月订单的延误率降低了 15%；上个月机器设备的利用率提高了 10%
原材料的采购和库存控制	在保证充足的原材料供应的前提下，使库存成本降到最低	上个月导致库存成本上升了 20%；A 类和 B 类零部件的采购过剩 15%；C 类零部件的采购则短缺 20%
机器的维修保养	不出现因机器故障而造成的停产	在工厂中建立了一套新的预防性机器维护保养系统；由于及时发现机器部件故障而防止了机器损坏

关键事件法通常是其他绩效考核方法的一种补充形式，它在认定员工特殊的良好表现和劣等表现方面是十分有效的。但在对员工进行比较或做出与之相关的薪酬、晋升或培训时，效果可能不会太明显。

四、行为锚定法

行为锚定法是通过一些特定的关于优良绩效和不良绩效的描述性事例来对一个量化的尺度加以解释或锚定的方法。该方法将关键事件法和图尺度评价法的优点结合在一起，是一种比较有效的绩效考核方法。

建立行为锚定法一般按照以下几个步骤进行：

(1) 获取关键事件。要求对某一职位比较了解的人（如任职者或其上级主管）提供一些能代表该职位优良绩效和不良绩效的关键事件。

(2) 开发绩效维度。由熟悉该职位的这些人将上述关键事件整理合并成为数不多的几个绩效维度（如 5～10 个），并对其中的每一个绩效维度（如责任感、服务态度等）进行明确界定。

(3) 重新分配关键事件。向另外一组同样熟悉该职位的人提供上述关键事件，由他们进行重新分类，并要求他们将所有这些关键事件分别放入他们认为最合适的绩效维度中去。对同一关键事件而言，如果第二组中有一定比例（通常 50%～80%）以上的人将其放入的绩效维度与第一组人将其放入的绩效维度是相同的，那么，这一关键事件就可以最终确定在这一绩效维度当中了。

(4) 确定各关键事件的评定等级。在用关键事件来描述行为之后，第二组人还要再对这些行为在每一绩效维度方面所代表的有效和无效程度来加以评定（一般采用 7 点尺度或 9 点尺度）。

（5）建立最终的行为锚定评价量表。对于每一个工作绩效维度来说，选择 6～7 个关键事件作为其行为锚。

表 6－13、图 6－3 是行为锚定法的典型示例。

表 6－13　客户服务行为等级锚定法示例

等级	等级描述
1	被动地回应客户，拖延和含糊回答
2	能够保持对客户的回应，有问必答
3	与客户保持紧密而清晰的沟通
4	个人承担责任，能够亲自负责
5	为客户而行动，提供超常服务
6	关注客户潜在需求，起到专业参谋作用
7	把握长远获利观点，与客户达成伙伴关系

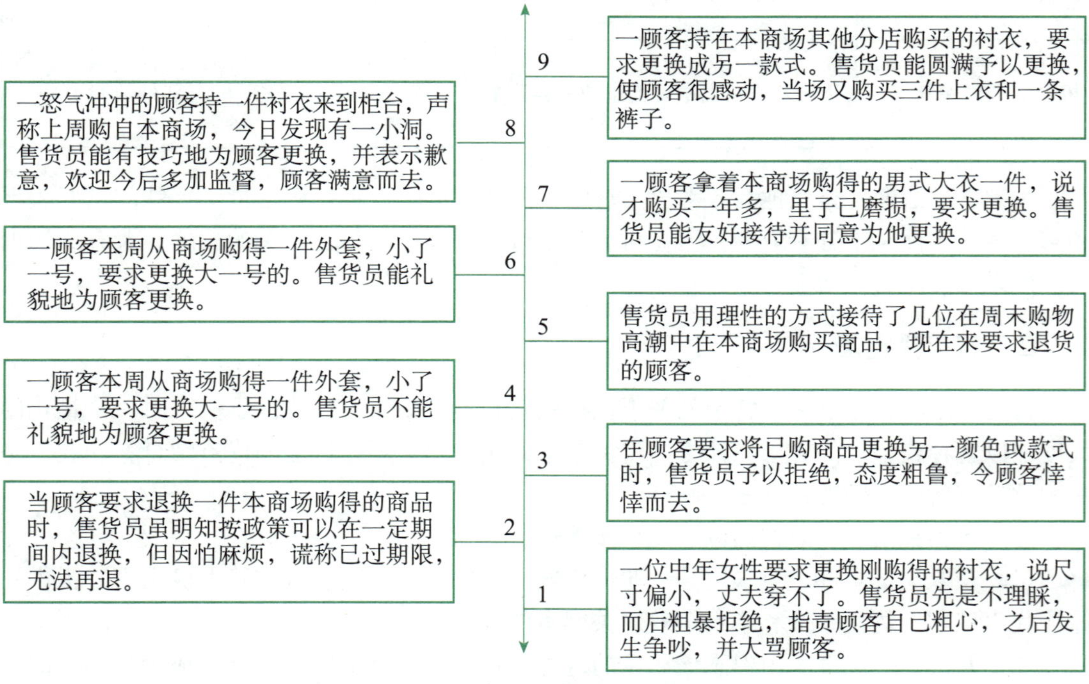

图 6－3　商场售货员处理顾客退货行为的锚定量表

行为锚定法有很多优点，如它使工作绩效的计量更加准确；它能为被考核者提供良好的反馈；它使工作绩效考核标准更加明确；它具有较好的连贯性和较高的信度；它使各种工作绩效考核要素之间保持了较强的相互独立性。但行为锚定法费时费力，执行起来有一定的难度。该方法适合用来为奖金的分配提供依据。

五、360 度绩效考核法

360 度绩效考核法也称全视角反馈法，是一种新的绩效考核方法。它是由被考核人的上级、同级、下级和（或）内部客户、外部客户以及被考核者个人担任评价者，从各自不同的角度对被考核者进行全方位的评价，再通过反馈程序将考核结果反馈给被考核者，使被考核者清楚自己的长处和短处，以达到改善被考核者工作行为、提高工作绩效的目的。

360 度绩效考核法反映了企业追求全面和以客户为中心的管理思想。它可以使组织成员对组织目标和组织绩效进行总结、交流，可以对被考核者的工作行为、个体特质做出比较全面的判断，可以为持续改进工作和员工发展提供参考依据。但这种方法也存在一定的缺陷和不足，它增加了考核系统的复杂性，运用起来要花费大量的时间，不同的评价者可能产生相互冲突的评价结论，而且不适合进行大规模的绩效考核。

为保证 360 度绩效考核的质量与准确性，必须注意以下几个问题：

（1）匿名考核。确保员工不会知道其他任何人对他的考核（主管除外）；考核时考核者不能互通消息或知道彼此评分的结果（主管除外）。

（2）加强考核者的责任意识。主管人员必须让每一个考核者明白自己是否正确使用了考核标准、是否做出了可靠的评价、是否了解了其他人的考核方法。

（3）防止舞弊行为。有些考核者试图通过给高分或低分来帮助或伤害某个员工；团队成员也可能串通起来，彼此给对方做出较高的评价。主管人员应注意防止这些舞弊行为。

（4）采用统计程序。尽可能采用加权平均或其他数量方法进行综合考核，防止过于依赖主观评价，影响评估的正确性。

小工具

员工 360 度绩效考核表

单位名称： 填表时间： 年 月 日

<table>
<tr><td colspan="2">被考核者姓名：</td><td colspan="2">部门：</td><td colspan="2">职务：</td><td colspan="2">考核者姓名：</td></tr>
<tr><td colspan="2">考核者所属部门：</td><td colspan="2">考核者职务：</td><td colspan="4">考核区间： 年 月至 年 月</td></tr>
<tr><td colspan="8">评价尺度及分数</td></tr>
<tr><td colspan="8">杰出（4 分） 优秀（3 分） 良好（2 分） 一般（1 分） 较差（0 分） 极差（−1 分）</td></tr>
<tr><td colspan="2" rowspan="2">评价项目</td><td colspan="6">评价得分</td></tr>
<tr><td>上级评价</td><td>同级评价</td><td>下级评价</td><td>自我评价</td><td>权重（%）</td><td>备注</td></tr>
<tr><td rowspan="5">个人素质（20 分）</td><td>品德修养</td><td></td><td></td><td></td><td></td><td></td><td></td></tr>
<tr><td>个人仪表仪容</td><td></td><td></td><td></td><td></td><td></td><td></td></tr>
<tr><td>实事求是</td><td></td><td></td><td></td><td></td><td></td><td></td></tr>
<tr><td>意志坚定</td><td></td><td></td><td></td><td></td><td></td><td></td></tr>
<tr><td>谦虚好学</td><td></td><td></td><td></td><td></td><td></td><td></td></tr>
<tr><td rowspan="5">工作态度（20 分）</td><td>热情度</td><td></td><td></td><td></td><td></td><td></td><td></td></tr>
<tr><td>信用度</td><td></td><td></td><td></td><td></td><td></td><td></td></tr>
<tr><td>责任感</td><td></td><td></td><td></td><td></td><td></td><td></td></tr>
<tr><td>纪律性</td><td></td><td></td><td></td><td></td><td></td><td></td></tr>
<tr><td>团队协作精神</td><td></td><td></td><td></td><td></td><td></td><td></td></tr>
</table>

续表

评价项目		评价得分					
		上级评价	同级评价	下级评价	自我评价	权重（%）	备注
专业知识（20分）	专业业务知识						
	相关专业知识						
	外语知识						
	计算机应用知识						
	新知识						
工作能力（20分）	文字表达能力						
	逻辑思维能力						
	指导辅导能力						
	人际交往能力						
	组织协调能力						
工作成果（20分）	工作目标的达成						
	工作效率						
	工作质量						
	工作创新效能						
	工作成本控制						
分数合计						100%	
工作表现综合评价							
工作评价结论与建议：							

六、KPI 法

KPI（Key Performance Indicator）法即关键绩效指标考核法。它是通过对工作绩效特征的分析，提炼出最能代表绩效的若干关键指标，并以此为基础进行绩效考核的一种方法。

通常情况下，我们可以从以下四个方面深入理解 KPI 的具体含义：

（1）KPI 来自公司战略目标的分解。公司的战略目标是构建 KPI 的基础，KPI 所衡量的内容必须取决于公司的战略目标，它是公司战略目标的进一步细化和发展。简单地说，KPI 是公司战略导向的指标，是针对那些对公司战略目标起增值作用的工作产出而设定的指标，它反映了公司战略执行的效果。当然，KPI 并不是一成不变的，它随着公司战略目标的变化而调整，时刻与公司的战略目标保持一致。

（2）KPI 是用于考核和管理被考核者绩效的可量化的或可行为化的标准体系。KPI 是一个标准化的体系，它必须是可量化的，如果难以量化，那么就必须是可行为化的。如果无法满足量化和行为化这两个特征，那么就不符合 KPI 的要求。量化和可行为化的要求，是 KPI 的一个重要管理思想。

（3）KPI 着重于对重点经营活动的衡量。KPI 并不是对所有的工作都进行衡量，它只对那些对公司整体战略目标影响较大、对战略目标实现起着不可或缺作用的工作进行衡量。它强调的是重点经营活动，而不是所有的操作过程。

（4）KPI 是管理者与员工沟通后的结果，得到了组织上下的认同。KPI 不是由上级强行确定的，也不是由本职位自行制定的，而是由管理者和员工共同确定的。在确定的过程中，充分的沟通是达成共识、取得一致意见的基础。

KPI 指标体系的建立是将总体的 KPI 指标按照组织结构和业务流程在纵向、横向上进行层层分解，以确定出各部门、各职位的关键绩效指标，并把这些关键绩效指标采用定量或可行为化的形式确定下来。其中，总体的 KPI 指标来源于组织的战略。

KPI 法有很多优点：它有利于个人目标、部门目标与组织目标之间保持高度一致；有利于建立责任成果为导向的管理体系；有利于企业战略牵引作用的发挥；有利于激励和约束员工的行为。但该方法也有一定的缺陷，如指标之间没有驱动要素；过于追求结果而忽略了过程；没有关注重点指标之外的其他基础性指标，致使重点指标的完成受到一定程度的影响。

KPI 法比较适合于与企业或组织战略目标有着比较密切联系、对企业或组织具有直接增值或未来具有发展潜力的岗位考核，如总经理、副总经理、销售经理、研发人员等，不太适合事务性的岗位考核。

表 6－14 是市场部的 KPI 量表，根据市场部的 KPI 量表，通过与员工讨论，可以确定出市场部各职位的 KPI 量表。

表 6－14　市场部的 KPI 量表

指标类别	关键绩效考核指标
财务类	部门费用预算达成率
	成本控制
内部运营类	销售增长率
	成品库存周转率
客户类	市场占有率
	品牌认知度
	关键客户保有量
	新客户开发率
学习与发展类	关键员工流失率
	业务人员培训率

七、平衡计分卡

平衡计分卡（the Balance Score-Card，简称 BSC）是由哈佛大学教授罗伯特·卡普兰和复兴全球战略集团总裁戴维·诺顿共同提出来的。它以企业的战略为基础，把企业的战略和使命转变为具体的目标和测评指标，实现了战略与绩效的有机结合。该方法从四个维度关注企业的绩效：客户方面、内部流程方面、学习和创新方面以及财务方面。这四个方面及它们之间的关系如图 6－4 所示。

（一）财务方面：我们怎样满足股东的要求

作为市场主体，企业必须以盈利作为生存和发展的基础。企业所有方面的改善都应该最终归于财务目标的达成。通常情况下，股东从财务的角度来判断企业是否取得了成功，他们更关注财务目标的实现程度。因此，企业必须把财务方面作为目标考核的焦点，努力提升财务绩效。财务方面是其他三个方面的出发点和归宿，常用的指标有：净资产收益

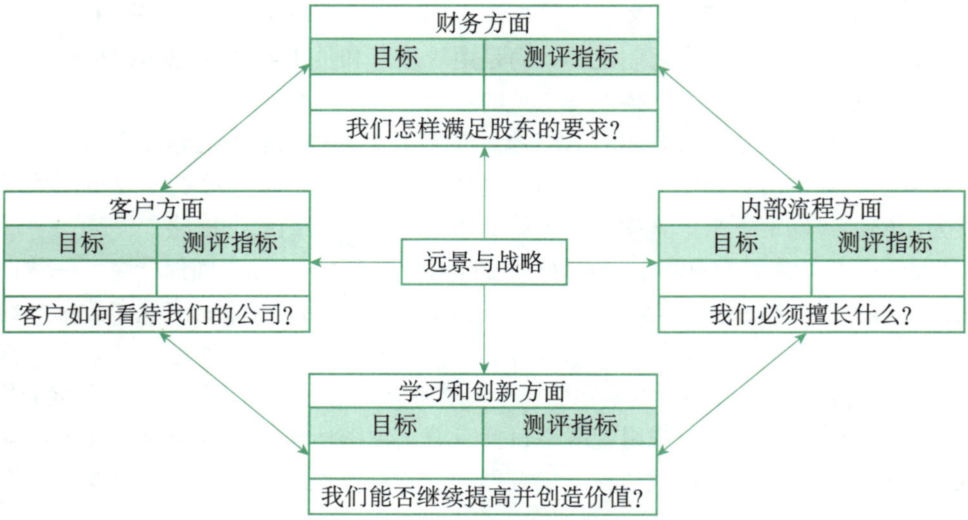

图 6-4　平衡计分卡的基本框架

率、总资产周转率、资产负债率、销售增长率、投资回报率、流动比率、速动比率、存货周转率等。

（二）客户方面：客户如何看待我们的公司

企业为了获得长远的财务业绩，就必须创造出满足客户要求的产品和服务。在现今这个以客户为中心的年代，如何向客户提供所需的产品和服务，从而满足客户的要求，提高企业竞争力，已经成为企业能否获得可持续性发展的关键。客户方面衡量的指标包括：客户满意度、客户保留率、市场份额、新客户开发率、客户获利率、赢得关键客户的比率、目标市场的价值定位等。

（三）内部流程方面：我们必须擅长什么

平衡计分卡从股东和客户的需要出发，要求企业把革新引入内部经营过程之中，为客户创造全新的产品和服务，以满足现有和未来目标客户的需要。内部流程方面的指标主要来自对客户满意度有最大影响的业务流程，包括新产品推出速度、设计水准、品质标准、交货速度、安全指标等。

（四）学习和创新方面：我们能否继续提高并创造价值

这个方面的观点为其他领域的绩效突破提供了手段。企业只有不断地学习与创新，才能更好地满足客户的要求，才能不断地发展壮大，才能不断地增加股东的价值。它一般包括三个方面：员工能力、信息系统的能力以及员工的主观能动性。

平衡计分卡有很多优点：它克服了财务评估方法的短期行为，使整个组织行动一致；它有效地将组织的战略转化为组织各层级的绩效指标和行动；它实现了组织的长远发展，提高了组织的整体管理水平，加强了对员工学习能力的培养。但该方法使用难度较高，工作量极大，不适合个人考核。

小思考

平衡计分卡的“平衡”主要体现在哪些方面？

小练习

除了上述几种绩效考核方法外，还有哪些考核方法？请查阅相关文献资料来了解。

绩效考核方法
OKR

单元五 绩效反馈和结果运用

一、绩效反馈

大多数企业的绩效管理只进行到绩效考核就宣告结束，各种各样的考核表格随之被束之高阁。管理者觉得很累而且没有成果，员工也觉得很累且充满疑惑。考核结果没有反馈给员工，问题依然存在，绩效仍然不高，沟通仍然不顺畅。为杜绝这种现象，管理者必须正确认识绩效管理，在绩效考核结束之后，应及时地把考核结果以面谈的形式反馈给员工。

（一）绩效反馈的目的

绩效反馈的目的主要有以下几个：

（1）对被考核者的表现双方达成一致的看法。

（2）使员工认识到自己的优势和长处。

（3）指出员工有待改进的地方。

（4）制订绩效改进计划。

（5）协商下一个绩效管理周期的目标和考核标准。

（二）绩效反馈的必要准备

“不打无准备之仗”，管理者与员工做好绩效反馈的各种准备有利于绩效面谈的顺利进行。一般而言，管理者要做好的准备包括：选择面谈时间与地点、熟悉被面谈者的评估资料、合理安排面谈的内容和顺序、准备一份提示性的注意事项、通知员工等。而员工要做好的准备包括：回顾绩效，准备好证明自己绩效的相关依据；拟订好个人的职业发展规划，正视自己的优缺点和有待提高的能力；准备好要向管理者提出的问题；等等。

表 6－15 展示了绩效面谈的内容和顺序，管理者与员工可以依此做好准备。

表 6－15 绩效面谈的内容和顺序

面谈步骤	面谈实施者	主要内容
暖场	管理者	放下其他工作；建立信任的氛围；慰问员工的辛劳；使员工放松心情
进入主题	管理者	告知面谈的目的
告知考核结果	管理者	说明考核的结果；肯定优良之处，指出不足
请员工发表意见	管理者与员工	管理者专心倾听；鼓励员工发言；员工陈述自己的绩效并自我评价
讨论沟通	管理者与员工	讨论考核结果与员工自我评价之间的差异，最终达成共识
制订改进计划和下期绩效目标	管理者与员工	设定改进项目；商定下期绩效目标；双方达成一致，避免争议

续表

面谈步骤	面谈实施者	主要内容
确认面谈内容	管理者与员工	确认讨论的结果；达成协议项目；双方签名
结束面谈	管理者	表达谢意；期待员工更好的表现
整理面谈记录	管理者	检查面谈的得与失；补充说明事项；依规定呈报
备注：如果面谈没有达成共识，可以结束面谈并商定下次面谈的时间		

（三）绩效反馈的注意事项

为保证绩效反馈的质量和效果，在实施绩效反馈时还需要注意以下几个问题：

（1）绩效反馈应当是经常性的，而不应当是一年一次。

（2）鼓励员工积极参与绩效反馈过程。

（3）多问少讲。

（4）沟通的重心放在“我们”。

（5）反馈应具体明确，言之有理。

（6）赞扬与肯定员工的有效绩效。

（7）把反馈重点放在解决问题上，要对事不对人。

（8）尽量少批评，应侧重思想、经验的分享。

（9）制定具体的绩效改善目标，然后确定检查改善进度的日期。

小案例

案例 1：失败的绩效反馈面谈

经理：小 A，有时间吗？

小 A：什么事情，经理？

经理：和你谈谈关于年终绩效考核的事情。

小 A：哦，我下班后还有点事……

经理：没关系，我等会儿也有个应酬，就现在吧。

小 A：好吧！

经理：小 A，绩效考核结果你也看到了吧，总的来说还过得去，但你在与同事共处、沟通和保持客户数量方面还存在很大问题，你可要注意啊！

小 A：经理，不会吧，我与同事关系很好，客户也很满意我，您不会是搞错了吧！

经理：我不会搞错的，你怎么能怀疑我的判断能力？

小 A：可是，我今年的指标都已经完成了啊！

经理：不错，你的指标是完成了，但存在上述问题，所以我给你绩效考核打了“合格”。

小 A：经理，我真的很认真地工作了呀！

经理：小 A，别看我们公司人多，谁平时工作怎样，为人处世如何，我心里可是很明白的。你不用给我解释什么！

此时，电话响起，经理拿起话筒……

经理：小 A，你先出去一会儿，我接个电话，等会儿叫你。

（10 分钟过去了，小 A 被叫进来，谈话继续……）

经理：我告诉你，小A，你要好好检讨一下，否则明年的绩效指标你肯定完成不了。

小A：经理！我……

经理：别说了，出去吧，我还要去应酬一个老朋友呢！

小A：……

案例2：成功的绩效反馈面谈

经理：小A，考核结果出来了，我想和你聊聊，你什么时间有空？

小A：经理，我周一、周二、周三要接待一批重要客户，周四以后事不多，您定吧。

经理：我周五上午有空，十点钟如何？

小A：没问题！

（周五之前，经理做了大量的准备工作，包括安排场地、收集面谈的各种资料、了解小A的具体情况以及准备了一些预防性的问题。在这期间，小A对自己的业绩也进行了回顾，了解了自己的缺点，准备了个人发展计划等。周五上午十点，经理早早地在小会议室等候小A，并为小A泡了一杯咖啡。）

经理：小A，今天我们打算用一个半小时的时间对你的工作绩效做一个回顾。相信你也知道，公司绩效考核的目的是通过绩效面谈，将员工的绩效表现，即优点和差距反馈给员工，让员工了解在过去一年中工作上的得与失，以明确下一步改进的方向。当然，我们也希望通过反馈来了解一下你们工作的实际情况或困难，以确定可以提供哪些帮助。

小A：我原来认为绩效考核就是为了年终的奖金发放，看来我理解得有些狭隘。

经理：没有关系，现在不是达成一致了吗？那好，我们讨论一下吧。你先做个自我评价，看看我们是否一致。

小A：我去年的工作主要是客户服务，整体来看，感觉还不错。但存在一定的差距，如客户满意度仅为85%，没有达到我预定的目标，所以我给自己的评价是“合格”。

经理：其实你工作非常卖力，又踏实肯干，客户的满意度相比于往年已经有了很大的好转。但客户普遍反映你在服务时表情过于生硬，给人冷冷的感觉。这点不知你有没有注意到。

小A：我意识到了这个问题，也在努力改进，可能是性格原因吧。

经理：我相信你肯定能改正过来，需要我提供帮助的，你可以随时来找我。

小A：谢谢经理，我一定会努力的！

经理：我给你的评价也是“合格”，你有意见吗？

小A：没有意见。

经理：下面我们来讨论一下你今后需要继续保持和需要改进的地方，对此你有什么看法？

小A：我觉得我最大的优点是踏实、肯干、积极，也非常乐意为顾客服务。但缺点是有点内向，不太喜欢笑。我想今后成为一名优秀的客户服务经理。当然，这需要我克服自己的缺陷。

经理：你最大的优点就是积极肯干，虽然有点内向，但我相信你今后一定能够实现你的职业目标，公司也会给你一定的支持与帮助。

小 A：谢谢经理！

二、结果运用

（一）绩效改进

绩效考核结果最突出的运用表现在绩效改进的服务中。绩效改进是绩效考核的后续工作，它通过对员工绩效考核结果的分析，找到绩效改进的方向，并在与员工进行充分沟通的基础上，确定出绩效改进的目标和计划，在员工进行绩效改进的过程中，为员工进行指导，必要时提供相应的资源支持，以保证员工个人绩效的提高。

（二）绩效结果在人力资源管理职能中的运用

绩效考核的结果还必须运用到人力资源管理的职能当中，以实现与其他管理环节的连接。通常情况下，绩效考核结果主要用于以下人力资源管理决策：

（1）员工薪酬的分配和调整。

（2）招聘时人员的选用。

（3）职务调整和是否继续留用。

（4）员工的培训与开发。

（5）员工的职业生涯规划。

（6）人力资源的战略规划。

（7）正确处理员工内部关系。

案例分析

新潮传媒的绩效管理体系

新潮传媒是一家以销售为导向的广告传媒公司，在电梯传媒领域发展迅速，规模位居行业第二。为了提升销售效率和绩效管理水平，新潮传媒从客户分级、销售流程标准化和绩效管理三个方面构建了一套科学的管理体系。

1. 客户分级

新潮传媒将客户分为头部、腰部和脚部三类，并根据客户等级匹配不同层级的销售人员。头部客户由董事长、大区总经理等高层直接对接；腰部客户由子公司总经理负责；脚部客户则由普通销售人员直接服务。

2. 销售流程标准化

销售环节复杂且细节繁多，新潮传媒通过分解销售动作，建立了标准化流程，确保每一步都清晰可控。销售人员按照“定目标、盯过程、拿结果”的方式推进工作，管理者通过关键节点跟踪进度，从而避免目标和动作的偏差。

3. 绩效管理

新潮传媒采用 PDCA 循环（计划、实施、检查、调整）进行绩效管理。通过明确目标、拆解任务和动态调整，提升员工绩效并推动企业发展。

每月，公司会帮助员工制定绩效目标，与上级、上上级的目标对齐。员工按照既定目标完成业绩，管理者则每月进行绩效面谈，对结果进行检查和调整。比如，如果员工A期望实现10万元绩效、拿到1万元奖金，管理者会根据经验倒推出A需要接触多少客户、达到多少转化率，并帮助其拆解目标，明确实现路径。这种精细化的管理方式不仅让员工清楚自己的努力方向，也确保了目标的可行性和科学性。

同时，新潮传媒严格执行271绩效淘汰机制，将员工分为20%的优秀、70%的及格和10%的不及格。对于不及格的员工，公司会给予三个月的提升机会，并提供针对性的辅导和支持。如果仍无法达标，则会被淘汰。

通过这种“上下同欲”的绩效管理体系，新潮传媒不仅帮助员工实现个人目标，也强化了团队竞争力，确保资源向优秀员工倾斜，为企业的持续增长提供了保障。

思考：

为什么通过目标拆解和动态调整能够提升员工的绩效？请阐述其背后的逻辑。

分析：

目标拆解和动态调整帮助员工明确工作任务和方向，使目标更具体和易实现，增强了信心；同时通过管理者的指导和及时调整，解决工作中的问题，提高了员工的执行力和适应力，从而提升绩效。

资料来源：吴婷．战法：成就下一个商业奇迹．北京：中信出版集团，2023.

实用工具

下面提供了绩效管理的几个实用表格：职员考核表（部门经理）、职员考核表（非部门经理）和职员考核总结表。

职员考核表（部门经理）

年　月　日

姓名		部门		职称		性别		到职日期	

出勤奖惩	奖勤	迟到 次	旷工 次	产假 次	事假 次	病假 次	婚假 次	未打卡 次	丧假 次	通报批评 次
加/扣分	+	—	—	—	—	—		—	—	—

出勤奖惩	警告 次	小过 次	大过 次	通报表扬 次	嘉奖 次	小功 次	大功 次
加/扣分	—	—	—	+	+	+	+

项目	考核内容	最高分数	自行评分	初核评分	复核评分	初核评语
领导能力	善于领导下属，提高下属工作意愿，积极达到目标	15				
	灵活领导下属，顺利达到目标	13				
	尚能领导下属，勉强达到目标	11				
	得不到下属信任，下属工作意愿低	8				
	领导方式不佳，常使下属不服或反抗	5				

续表

项目	考核内容	最高分数	自行评分	初核评分	复核评分	初核评语
策划能力	策划能力强，工作能力求精进，工作效果事半功倍	15				
	具有策划能力，工作能力求改善	13				
	称职，工作尚可	11				
	只能做交办事项，不知策划改进	8				
	缺乏策划能力，须依赖他人	5				
工作绩效	工作效率高，具有卓越创意	15				
	能胜任工作，效率较标准高	13				
	工作不误期，表现符合要求	11				
	勉强胜任工作，无突出表现	8				
	工作效率低，时有差错	5				
责任感	有积极责任心，能彻底完成任务，可以放心交付工作	15				复核评语
	具有责任心，能顺利完成任务，可以交付工作	13				
	尚有责任心，能如期完成任务	11				
	责任心不强，需有人督促，方能完成工作	8				
	欠缺责任心，时时督促，亦不能如期完成工作	5				
协调沟通	善于上下沟通、平衡协调，能自动、自发与人合作	10				
	乐意与人协调沟通，顺利完成任务	8				
	尚能与人合作，达到工作要求	7				
	协调不善，致使工作发生困难	5				
	无法与人协调，致使工作无法进行	3				
授权指导	善于分配工作与权力，并能积极传授工作知识，引导下属完成任务	10				
	灵活分配工作与权力，有效传授工作知识，完成任务	8				
	尚能顺利分配工作与权力，指导下属完成任务	7				
	欠缺分配工作、权力及指导下属的方法，完成任务偶有困难	5				
	不善于分配工作、权力，缺乏指导下属的方法，内部时有不服及怨言	3				
品德言行	廉洁，诚信，刚正不阿，足为楷模	10				
	诚实，言行规范	8				
	言行尚属正常，无越轨行为	7				
	固执己见，不易与人相处	5				
	品行不佳，言行粗暴	3				
成本意识	成本意识强烈，能积极节省，避免浪费	10				考核分数
	具备成本意识，尚能节省	8				
	尚具成本意识，尚能节省	7				
	缺乏成本意识，稍有浪费	5				
	成本意识欠缺，以致常有浪费	3				
评定总分		100				评核等级
评分人员签章						
特殊奖惩分数		理由				

续表

考核结果	□予以晋级，晋级至　　　级，工资升至　　　　元 □保留原工资级别 □予以通报批评 □予以降级，降至　　　级，工资降至　　　元

职员考核表（非部门经理）

年　　月　　日

姓名		部门		职称		性别		到职日期		
出勤奖惩	奖勤	迟到　次	旷工　次	产假　次	事假　次	病假　次	婚假　次	未打卡　次	丧假　次	通报批评　次
加/扣分	+	—	—	—	—	—		—	—	—

出勤奖惩	警　告　次	小　过　次	大　过　次	通报表扬　次	嘉　奖　次	小　功　次	大　功　次
加/扣分	—	—	—	+	+	+	+

项目	考核内容	最高分数	自行评分	初核评分	复核评分	初核评语
专业知识	具有丰富的专业知识，并能充分运用，完成任务	15				
	具有相当的专业知识，能顺利完成任务	13				
	具有一般专业知识，能符合职责需要	11				
	专业知识不足，影响工作进展	8				
	缺乏专业知识，无成效可言	5				
工作绩效	工作效率高，具有卓越创意	20				
	能胜任工作，效率较标准高	17				
	工作不误期，表现符合要求	14				
	勉强胜任工作	10				
	工作效率低，时有差错	7				
责任感	有很强的责任心，能彻底完成任务，可以放心交付工作	15				
	有责任心，能顺利完成任务，可以交付工作	13				
	尚有责任心，能如期完成任务	11				
	责任心不强，需有人督促方能完成工作	8				
	欠缺责任心，时时督促亦不能如期完成工作	5				
协调合作	善于协调，能自动、自发与人合作	10				复核评语
	乐意与人协调，顺利完成任务	8				
	尚能与人合作，达到工作要求	7				
	协调不善，致使工作发生困难	5				
	无法与人协调，致使工作无法进行	3				
工作态度	不需督促，能主动做事	10				
	具有积极性，能自觉地完成任务	8				
	基本上能积极工作	7				
	对工作不太热心	5				
	消极应付	3				

续表

项目	考核内容	最高分数	自行评分	初核评分	复核评分	初核评语
发展潜力	学识、涵养俱佳，极具发展潜力	10				
	具有相当的学识、涵养，具有发展潜力	8				
	稍有学识、涵养，可以培养训练	7				
	学识、涵养稍有不足，不宜培养训练	5				
	欠缺学识、涵养，不具发展潜力	3				
品德言行	品行廉洁，言行诚信，刚正不阿，足为楷模	10				
	品性诚实，言行得当	8				
	言行尚属正常，无越轨行为	7				
	固执己见，不易与人相处	5				
	品行不佳，言行粗暴	3				
成本意识	成本意识强烈，能积极节省、避免浪费	10				考核分数
	具备成本意识，尚能节省	8				
	尚具成本意识，尚能节省	7				
	缺乏成本意识，稍有浪费	5				
	成本意识欠缺，以致常有浪费	3				
评定总分		100				评核等级
评分人员签章						
特殊奖惩分数		理由				
考核结果	□予以晋级，晋级至　　　级，工资升至　　　元 □保留原工资级别 □予以通报批评 □予以降级，降至　　　级，工资降至　　　元					

职员考核总结表

1. 综合评分：
2. 该员工在前一段工作中，属于：□表现最佳的员工之一；□表现优良；□表现满意；□尚需若干改进才能达到满意；□需大幅度改进才能达到满意。
3. 该员工的主要优点：

4. 该员工的主要缺点：

5. 绩效改进计划：

6. 为完成本职工作，该员工需参加培训，培训计划：

7. 该员工是否适应本职工作？□是　　□否
如否，哪些工作较适合？

8. 该员工的晋升潜能、晋升方向：

9. 其他意见：

主管签字：　　　　　　　　日期：

实训应用

实训项目：

某企业年度绩效考核数据统计。

实训目的：

1. 让学生认识到绩效管理与绩效考核之间的区别。
2. 让学生掌握绩效考核的相关方法。
3. 让学生了解相关的绩效考核指标。
4. 让学生了解绩效考核结果的相关运用。

实训组织：

1. 教师事先联系一家企业，让学生参与该企业年度绩效考核的数据统计。
2. 正式统计前，由企业人力资源部相关人员为学生介绍本公司的绩效管理流程、绩效考核方法、绩效考核表以及数据统计的相关要求。
3. 学生分组进行绩效考核的数据统计。教师和企业人力资源部相关人员给予指导。
4. 绩效数据统计完之后，组织学生座谈。学生可以针对绩效考核的相关问题向企业进行咨询，同时企业也要向学生介绍绩效考核结果的相关运用。

管理链接

教练式绩效辅导

华为公司在全球化经营过程中，面临着如何确保跨文化团队高效协同的挑战。为此，华为借鉴 IBM 的做法，将教练式绩效辅导作为标准管理工具在全球推行。这种方法虽然看似“僵化、固化”，但恰恰通过严格的标准化执行，在全球范围内取得了显著成效。

一、华为模式的特点

华为的教练式绩效辅导模式以其标准化流程和双重辅导机制著称。首先，华为通过统一的辅导卡片和提问框架、固定的辅导时间和周期，以及严格的外部教练观摩制度，确保辅导过程的规范性和一致性。其次，华为采用双重辅导机制：管理者对下属进行业务辅导，而外部教练则对管理者的辅导技巧进行指导和优化。这种模式虽然看似“僵化”，却通过高标准的执行力确保了辅导效果的持续改进。

二、教练式绩效辅导框架

PBC（Personal Business Commitment，个人业务承诺）是教练式绩效辅导的核心框架，分为三个关键部分：

1. 个人业务目标：帮助下属明确年度工作重点，确保目标与公司战略协同，并建立清晰的衡量标准，例如“你对今年的业务重点有什么思考？实现目标的最大挑战是什么？”。

2. 人员管理目标：引导下属关注团队建设和成员成长，平衡个体与团队需求，例如“团队面临哪些主要挑战？如何支持团队成员成长？”。

3. 能力提升计划：识别下属需要提升的能力，制订具体的计划并明确资源支持，例如“完成目标需要提升哪些能力？需要哪些支持？”。

三、“三问一给”实操技巧

“三问一给”是教练式绩效辅导的入门级技巧，简单易行却效果显著。辅导时，管理者需先问三个关键问题：

1. 定义问题：“关于这个问题，你的想法是什么？”

2. 拓展思维：“还有其他可能的解决方案吗？”

3. 资源需求：“实施过程中可能遇到什么困难？需要什么支持？”

在下属充分表达后，管理者最后提供必要的指导和资源支持，确保辅导内容可执行并达成共识。关键在于管理者要“忍住”，避免打断下属的思考过程，真正激发其主动性和解决问题的能力。

通过这三步，管理者不仅能了解团队成员的真实状态，还能帮助其逐步养成独立思考的习惯，为团队智慧的发挥创造条件。

资料来源：吴士宏．越过山丘：打破人生与事业的迷障．南京：江苏凤凰文艺出版社，2022.

明德强技

企业绩效评价如何迈向“碳绩效”？

企业绩效评价是对企业一定时期内经营效益和业绩的客观评估。随着“双碳”目标的明确，企业的经营环境、发展目标和管理模式不断变化，绩效评价体系也需不断调整。碳绩效评价能够从多维度全面反映企业的低碳管理水平，为其低碳转型提供有力支持。

在全球推进碳中和的大背景下，2022 年 8 月 8 日，阿里巴巴正式发布“88 碳账户”。这是国内首个多场景覆盖、触达超 10 亿人的消费者碳账户体系，旨在通过数字化手段实现企业社会责任与消费者绿色行为的双向激励，同时为碳绩效管理注入全新内涵。

一、多元场景覆盖，构建绿色减排生态

“88 碳账户”依托阿里巴巴生态平台，覆盖绿色物流、闲置物品交易、低碳供应链等多元场景，推动企业与消费者共同参与碳减排。

1. 绿色物流。通过菜鸟平台推广循环快递箱、智能路径优化和新能源物流车，大幅提升物流效率，减少运输环节的碳排放。

2. 闲置物品交易延长产品生命周期。在闲鱼平台，用户通过出售闲置商品获得减碳积分，减少新商品的生产需求，带动整个价值链的减排努力。

3. 低碳供应链协作。鼓励入驻阿里巴巴平台的商家采用绿色包装和节能设备，形成“商家—平台—消费者”一体化的碳减排协作模式。

二、用户激励机制，让低碳行为可见可感

在碳账户的玩法设计上，阿里巴巴嵌入了一系列激励机制，进一步增强用户参与度。例如，用户在 88 碳账户中捐赠碳积分可兑换无门槛现金红包，积分还可用于兑换由低碳友好商家提供的折扣商品或专属服务。此外，88 碳账户还打造了荣誉体系，结合“碳宝”形象，用户可通过累积碳积分解锁拟人化数字勋章，增强参与低碳行为的成就感和趣味性。

三、双向目标模式，企业与员工共同助力低碳发展

阿里巴巴通过“88 碳账户”这一创新体系，展现了中国企业在绩效管理中的多重要求：既关注盈利目标的实现，又注重社会责任的履行。阿里巴巴不仅考核员工在日常工作中完成任务的成效，还通过碳积分激励机制，推动员工与消费者积极参与社会公益和低碳行为。例如，员工选择绿色通勤、主动推广循环包装和快递回收等低碳行动，都可以纳入其个人绩效加分项。

这种“双向目标”模式通过将员工在低碳行为和社会责任中的表现与其个人发展挂钩，既激励员工通过贡献社会价值提升自身绩效，又在企业内部建立起绿色可持续发展的文化氛围，为企业和社会的双赢发展提供了新范式。

资料来源：https：//ali-home. alibaba. com/document - 1489373687353180160.

模块六在线练习

模块七

薪酬福利管理

学习目标

1. 知识目标

◆ 掌握岗位评价、岗位调查、薪酬结构设计等工作的标准和流程设计

◆ 掌握一岗一薪、一岗数薪岗位工资制的特点和应用

2. 技能目标

◆ 能够分析企业薪酬管理中存在的不足，并提出改进措施

◆ 能够运用正确的方法计算各种形式的工资和社会保险

◆ 能够针对中小型企业特点，设计合理的薪酬制度

3. 素养目标

◆ 树立正确的金钱观

◆ 养成德法兼修的职业素养

以下是某公司薪酬福利管理的典型工作任务，其他公司可能会在某些方面与之不尽相同，但基本上大同小异。这些典型工作任务可以让你了解这一模块的学习内容对应未来工作岗位上的什么工作任务。

典型工作任务

某公司薪酬福利管理的典型工作任务

薪酬管理是指根据企业总体发展战略的要求，通过管理制度的设计与完善，薪酬激励计划的编制与实施，最大限度地发挥各种薪酬形式，如工资、奖金和福利等的激励作用，

为企业创造更大的价值。典型工作任务有以下六项：

1. 通过各种渠道了解当地整体薪酬水平和与企业同类的公司薪酬水平，为企业制定公平、合理的薪酬政策与工资标准提供依据。

2. 依据企业发展情况和发展规划及当地同业薪酬水平，制定合理可行的薪酬体系，不断完善公司激励机制。

3. 负责员工薪资的计提工作。包括基本工资、加班工资、绩效工资等。

4. 将工资以应发工资、提成、社保扣款、个税扣款为类别，按部门进行分类汇总后，提交财务进行入账。

5. 制作员工实发工资表，负责员工工资条的制作和工资发放工作。

6. 贯彻执行公司薪酬相关政策，为各部门人员提供信息支持，解决与薪酬管理相关的日常问题。

讨论：

1. 企业薪酬制度需要保密吗？

2. 怎样建立一个既保证公平分配，又能同时促进组织发展和员工进步的薪酬制度？

薪酬福利管理的主要任务是在经营战略和发展规划的指导下，综合考虑企业内外各种因素的影响，确定企业自己的薪酬水平、薪酬结构和薪酬形式，并进行薪酬调整和薪酬控制的整个过程，其目的在于吸引和留住符合企业需要的员工，并激发他们的工作热情和各种潜能，最终实现企业的经营目标。它解决的是“如何激励人才、留住人才”的问题，一个现代企业应当坚持“对外具有竞争力，对内具有激励和凝聚力”的原则，构建和不断完善企业的薪酬福利制度。

单元一　薪酬福利管理基本问题

一、薪酬福利管理的目的

现代企业薪酬福利管理的根本目的在于建立科学、合理、有效的薪酬福利制度。具体而言，就是达到以下目的：

（1）保证本企业薪酬在劳动力市场上具有竞争性，吸引并留住优秀人才；

（2）对各类员工的贡献给予充分肯定，使员工及时地得到相应的回报；

（3）合理控制企业人工成本，提高劳动生产效率，增强企业产品的竞争力；

（4）通过薪酬激励机制的确立，将企业与员工长期、中短期经济利益有机地结合在一起，促进公司与员工结成利益关系的共同体，谋求员工与企业的共同发展。

小案例

成也薪酬，败也薪酬

某平台为吸引更多骑手在春节前后留岗送单，推出了“额外年终激励奖”，承诺骑手只需按要求完成 7 期、每期 7 天的挑战，即可获得最高 8 200 元的奖金。

刚开始，该外卖平台设置的挑战目标为每期送 200 单，只要达到这个目标，骑手就能完成当前一轮的挑战，自动进入下一轮的挑战，并且拿到“额外年终激励奖”。

可是到了第6期，该平台却突然将挑战目标调高到每期送380单。春节期间，点外卖的人本来就有限，加上突然大幅度提高挑战目标，90%的骑手一下子被刷了下来。大量骑手每天在线等候20个小时也完成不了目标，只能含恨“退赛”。

骑手们没有回家过年，甘愿留下来加班，就是为了该平台承诺的“额外年终激励奖”，可却被该平台设置的挑战目标耍得团团转，眼看着无法完成挑战目标，骑手们纷纷站出来抵制和抗议。最后，这个事件引发了社会关注，严重影响了该平台的社会声誉。

这一事件的核心问题在于，平台为骑手设定的目标过高，超出了实际可能完成的范围。过度苛刻的薪酬设计不仅失去了应有的激励作用，反而引发了员工的强烈不满与抵制。他们认为，这是企业在故意为难甚至利用他们，最终导致信任的崩塌与矛盾的激化。

资料来源：舒瀚霆．成也薪酬 败也薪酬：让老板发的每一分工资都有效．北京：电子工业出版社，2022.

二、薪酬福利管理程序

薪酬福利管理程序大体如图7－1所示，不同的企业会根据实际情况有所删减。

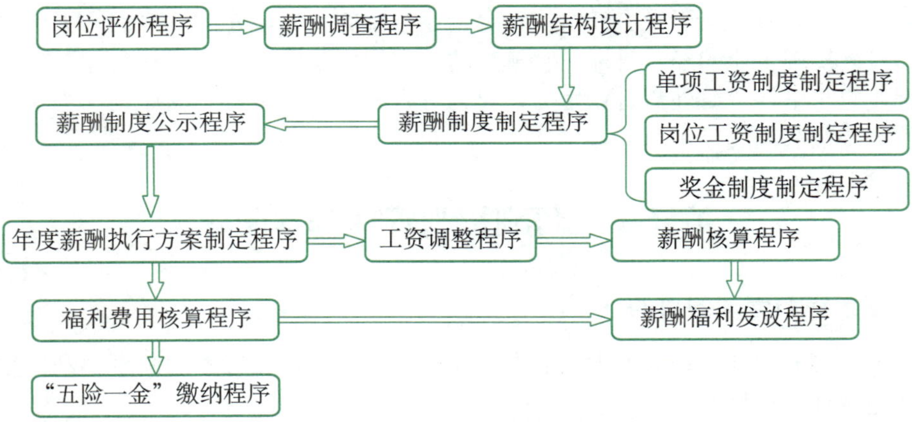

图7－1　薪酬福利管理程序

（一）岗位评价程序

岗位评价程序如图7－2所示。

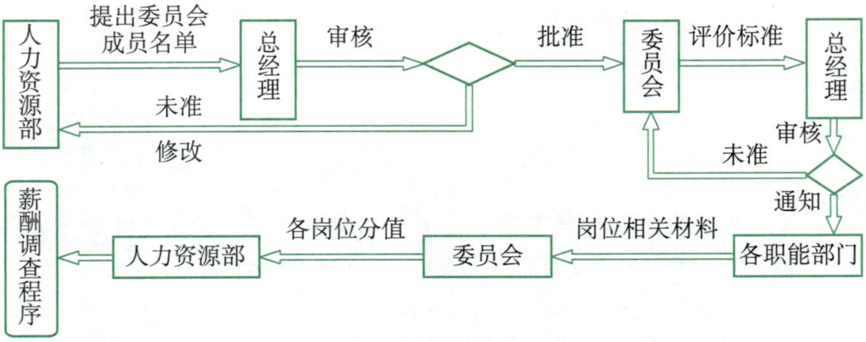

图7－2　岗位评价程序

说明：

（1）由人力资源部提出委员会成员名单，人力资源部部长审核，报总经理审批。

（2）委员会制定岗位评价标准，人力资源部部长审核，总经理审批后向各职能部门下达。

（3）各职能部门接收文件后，提供岗位相关材料，由人力资源部汇总材料后交岗位评价委员会。委员会根据接收材料进行评分，人力资源部最后汇总评分。

（二）薪酬调查程序

薪酬调查程序如图 7－3 所示。

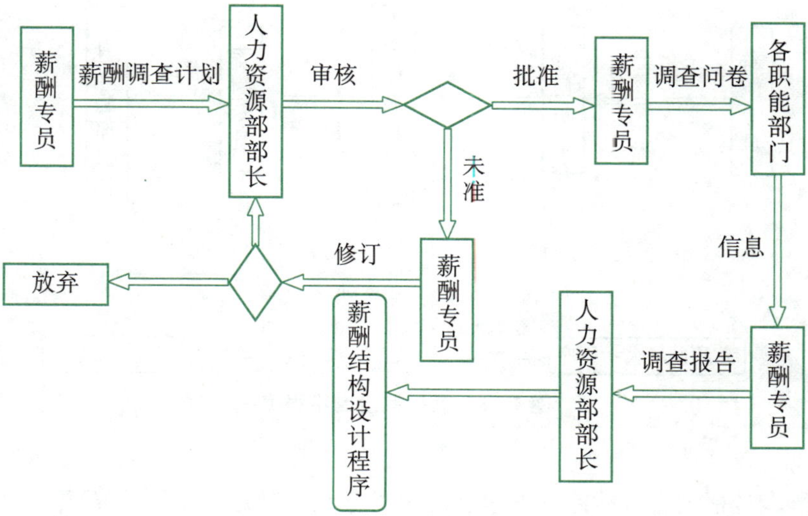

图 7－3　薪酬调查程序

说明：

（1）薪酬专员通过审查企业薪酬管理现状，确定调查的必要性，提出薪酬调查计划，报人力资源部部长审核。

（2）人力资源部部长审核薪酬调查计划，通过后执行薪酬调查，根据收集到的企业内外部薪酬信息完成薪酬调查报告，交人力资源部部长。如未通过，提出修改意见，薪酬专员修改薪酬调查计划，重新交人力资源部部长审核或放弃。

（三）薪酬结构设计程序

薪酬结构设计程序如图 7－4 所示。

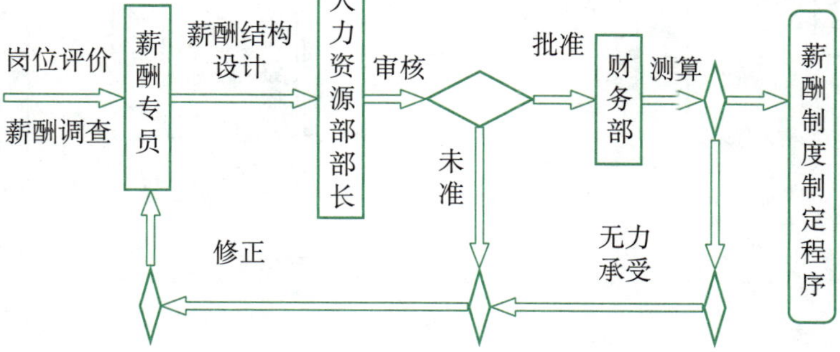

图 7－4　薪酬结构设计程序

说明：

（1）薪酬专员根据前期的岗位评价和薪酬调查设计薪酬结构，确定薪酬级差、薪酬等级和薪酬幅度。

（2）人力资源部部长审核薪酬结构的合理性和合法性，财务部测算企业的承受能力，薪酬专员进行修改，确认之后，转入薪酬制度制定程序。

（四）薪酬制度制定程序

薪酬制度制定程序如图 7－5 所示。

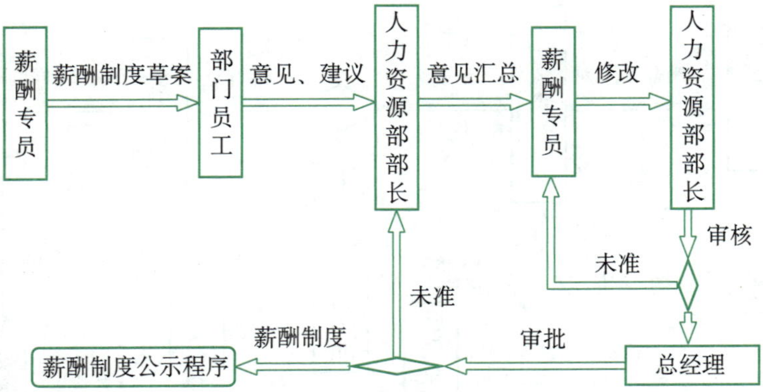

图 7－5　薪酬制度制定程序

说明：

（1）薪酬专员根据企业战略、竞争状况及财务状况制定薪酬制度草案，交由部门及员工讨论，并形成修改意见及建议。

（2）人力资源部汇总各方意见后，由薪酬专员修改草案并报人力资源部部长审核，审核后报公司总经理审批。通过审批后进入薪酬制度公示程序。

（五）薪酬制度公示程序

薪酬制度公示程序如图 7－6 所示。

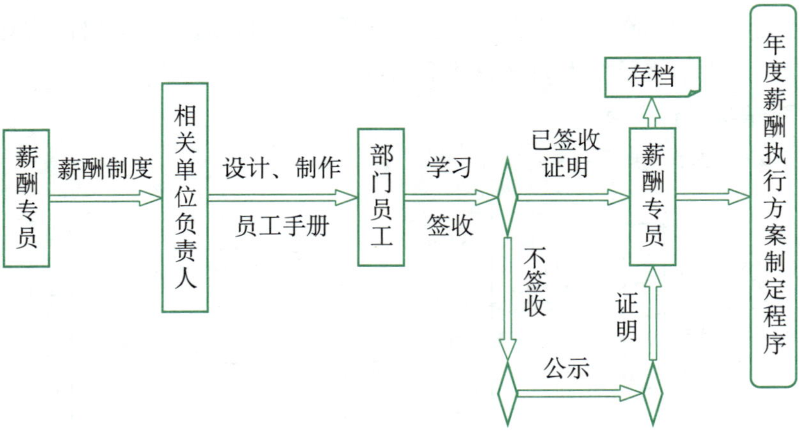

图 7－6　薪酬制度公示程序

说明：

（1）薪酬制度制作完成后必须经历公示程序，在实践中可用作公示或告知的手段比较多，如传阅或分发、层层培训、考试、签收、员工手册发放法、会议宣传法。

（2）薪酬制度按照程序让员工签收后，薪酬专员收集签收证明留档，如果部分员工不愿意签收，按照制度的生效要件，采用公示手段，即只要证明员工已经知道或应当知道即可，公示相关材料也要留档。

（六）年度薪酬执行方案制定程序

年度薪酬执行方案制定程序如图 7－7 所示。

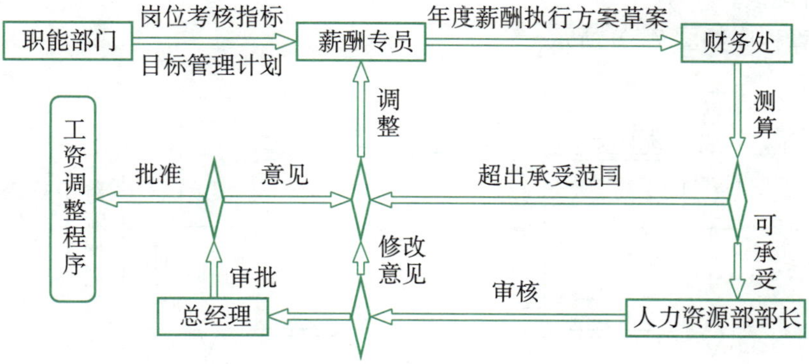

图 7－7 年度薪酬执行方案制定程序

说明：

（1）各职能部门根据公司年度经营计划制订目标管理计划，将目标管理计划分解到各个岗位，并制定各岗位的考核指标。

（2）由人力资源部薪酬专员在薪酬调研的基础上根据企业自身情况制定本年度公司薪酬福利执行方案草案，或对以往方案进行必要的调整。

（3）报财务部进行企业承受能力的审核。

（4）报公司总经理审批。

（七）工资调整程序

工资调整程序如图 7－8 所示。

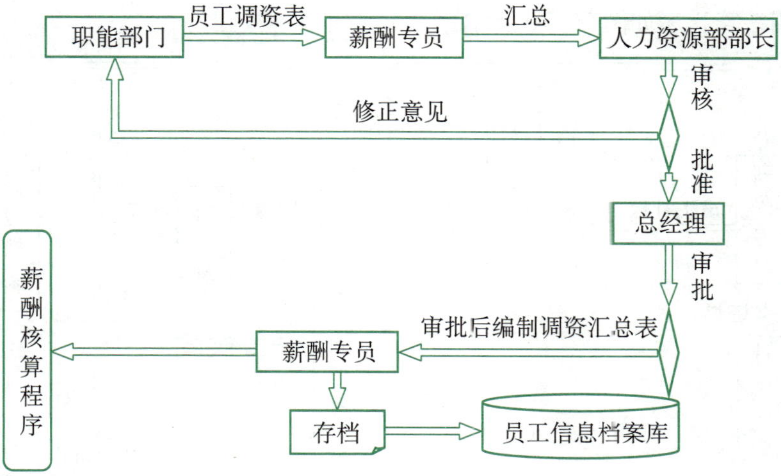

图 7－8 工资调整程序

说明：

（1）各职能部门根据年度薪酬执行方案编制员工调资表，由薪酬专员汇总各部门的员工调资表，根据薪酬福利体系审核部门员工调资表后送人力资源部部长审阅，部长同意后将员工调资表交总经理审批。

（2）总经理审批员工调资表，同意后由薪酬主管编制调资汇总表，同时更新员工信息档案并存档。

（八）薪酬核算程序

薪酬核算程序如图 7－9 所示。

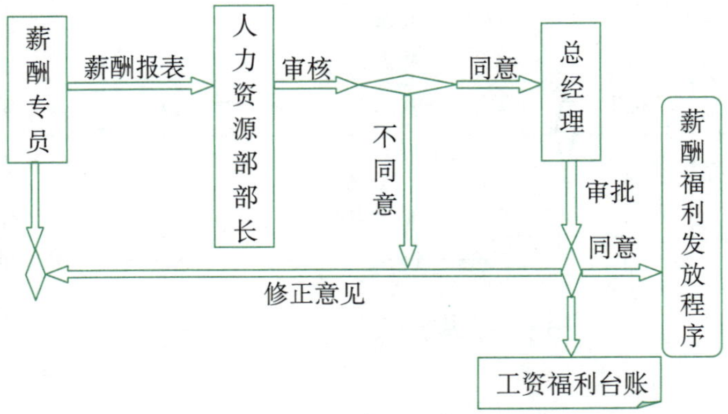

图 7－9　薪酬核算程序

说明：

（1）在每个考核周期或每个月结束时，人力资源部薪酬专员开始进行员工薪酬的核算。先根据预算控制薪酬总额，再核算各结构模块总额，包括基本工资、岗位工资、绩效工资、福利、保险等各模块的薪酬核算。

（2）薪酬专员将本期发放和代扣的员工的工资制作成报表，提交人力资源部部长审核。

（3）人力资源部部长审核后报总经理审批报表。

（九）福利费用核算程序

福利费用核算程序如图 7－10 所示。

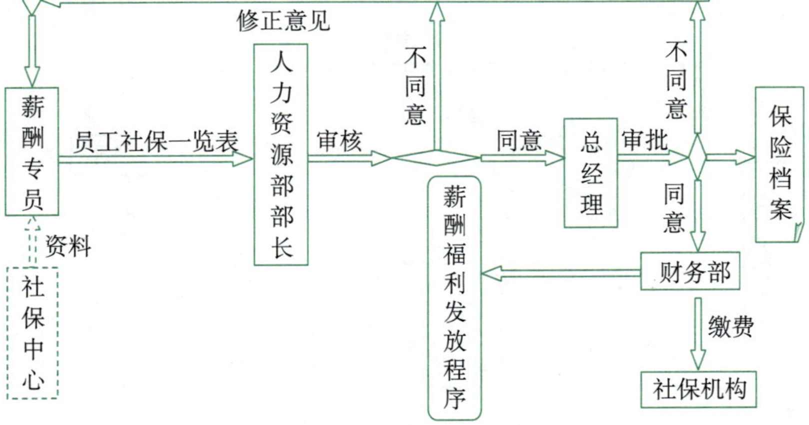

图 7－10　福利费用核算程序

说明：

（1）由薪酬专员（社保专员）确定保险购买对象和福利项目方案，通过咨询当地的社保中心和保险公司确定购买的保险类别，编制员工购买社会保险一览表。

（2）经人力资源部部长审核，报总经理审批。

（3）交财务部，由财务经理审核后支付保险费用。

（4）建立保险工作卡或保险档案。

（十）薪酬福利发放程序

薪酬福利发放程序如图 7－11 所示。

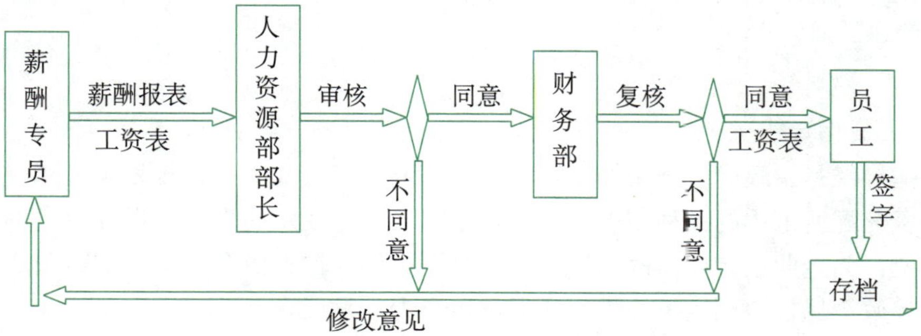

图 7－11　薪酬福利发放程序

说明：

（1）薪酬专员依据薪酬报表编制工资表。

（2）人力资源部部长对工资表进行审核。审核通过的，提交财务部经理复核；审核未通过的，指令薪酬专员对工资表进行修正。

（3）财务部经理对工资表进行复核。复核通过的，由财务部进行发放工资的操作；复核未通过的，指令薪酬专员对工资表进行修正。

（4）薪酬专员完成本期员工工资的发放工作，并做存档处理。

三、薪酬福利管理相关法律法规

（一）最低工资

最低工资是指劳动者在法定工作时间或依法签订的劳动合同约定的工作时间内，提供了正常劳动的前提下，用人单位依法应支付的最低劳动报酬。

确定和调整最低工资标准应综合参考下列因素：

（1）劳动者本人及平均赡养人口的最低生活费用；

（2）社会平均工资水平；

（3）劳动生产率增长率；

（4）劳动就业实际状况；

（5）地区之间经济发展水平的差异。

最低工资标准的确定实行政府、工会、企业三方代表民主协商原则。由国务院劳动行政主管部门对全国最低工资制度实行统一管理。省、自治区、直辖市人民政府劳动行政主管部门对本行政区域最低工资制度的实施实行统一管理。

最低工资标准每两年至少调整一次，用人单位在最低工资标准发布后 10 日内将该标准向本单位全体劳动者公示。

最低工资应以法定货币按时支付。下列各项不作为最低工资的组成部分：加班加点工资；中班、夜班、高温、低温、井下、有毒有害等特殊工作环境、条件下的津贴；国家法律、法规和政策规定的劳动者保险、福利待遇。

小思考

你所在的地区的最低工资是多少？最低工资标准是什么时候发布的？哪个机构发布的？

（二）工资指导线

工资指导线是指政府宏观调控工资总量、调节工资分配关系、规划工资水平增长、指导企业工资分配所采用的一种制度。目的在于引导企业在发展生产、提高效益的基础上适度增加工资，为企业集体协商谈判确定工资水平提供依据；使企业工资的微观决策与政府的宏观调控政策保持协调统一，进一步促进生产力的发展。

工资指导线的基本内容有：

一是经济形势分析，包括国家宏观经济形势和宏观政策简析；本地区上一年度经济增长、企业工资增长分析；本年度经济增长预测以及与周边地区的比较分析。

二是工资指导线意见，包括本年度企业货币工资水平增长基准线、上线、下线。

工资指导线执行时间为一个日历年度（1 月 1 日至 12 月 31 日）。各企业应在政府颁布工资指导线后 30 天以内，依据工资指导线编制或调整年度工资总额计划。

（三）工资支付

为维护劳动者通过劳动获得劳动报酬的权利，规范用人单位的工资支付行为，我国对工资支付制定了明确的规定。

（1）工资应当以法定货币支付，不得以实物及有价证券替代货币支付。

（2）用人单位应将工资支付给劳动者本人。劳动者本人因故不能领取工资时，可由其亲属或委托他人代领。用人单位可委托银行代发工资。用人单位必须书面记录支付劳动者工资的数额、时间、领取者的姓名以及签字，并保存两年以上备查。用人单位在支付工资时应向劳动者提供一份其个人的工资清单。

（3）工资必须在用人单位与劳动者约定的日期支付。如遇节假日或休息日，则应提前在最近的工作日支付。工资至少每月支付一次，实行周、日、小时工资制的可按周、日、小时支付工资。对完成一次性临时劳动或某项具体工作的劳动者，用人单位应按有关协议或合同规定，在其完成劳动任务后即支付工资。劳动关系双方依法解除或终止劳动合同时，用人单位应在解除或终止劳动合同时一次付清劳动者工资。

（4）劳动者在法定工作时间内依法参加社会活动期间，用人单位应视同其提供了正常劳动并支付工资。

（四）最长工作时间

在我国《劳动法》中，明确规定国家实行劳动者每日工作时间不超过 8 小时，平均每周工作时间不超过 44 小时的工时制度。国家机关、事业单位实行统一工作时间，星期六、星期日为周休息日。企业单位如不能实行上述规定的统一工作时间，可根据实际情况灵活安排周休息日。同时也明确指示，一旦超过最长工作时间，用人单位应当按照下列标准支付高于劳动者正常工作时间工资的工资报酬：

（1）安排劳动者延长工作时间的，支付不低于工资的 150%的工资报酬；

（2）休息日安排劳动者工作又不能安排补休的，支付不低于工资的 200%的工资报酬；

（3）法定休假日安排劳动者工作的，支付不低于工资的 300%的工资报酬。

单元二　岗位评价

岗位评价是对同类不同层级岗位的相对价值进行衡量评比的过程，岗位评价的最终结果不但为岗位的分类分级提供了前提，也为企事业单位构建公平公正的薪酬制度奠定了基础。

一、岗位评价基本步骤

岗位评价的基本步骤如图 7－12 所示。

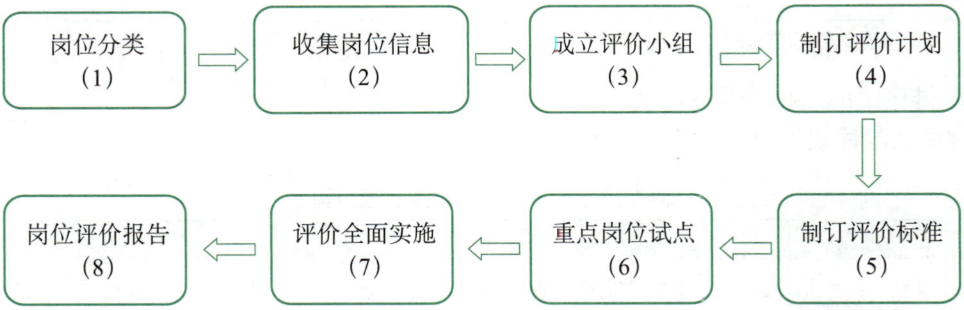

图 7－12　岗位评价的基本步骤

二、岗位评价方法

岗位评价可采用的方法既有定性的比较方法，也有定量的比较方法，但无论使用哪一种方法都必须注意：岗位评价作为一个判定过程，必须有不同层次的管理人员及员工的参与，并在专家的协助下完成任务。岗位评价常用的方法有：排序法、分类法、计点法和要素比较法。

（一）排序法

1. 排序法操作程序

排序法是最早使用的岗位评价方法，这种方法依据一些总体指标，如“工作重要程度”等，对每个岗位的相对价值进行排序。其中常用的一种方法是建立卡片，即制作出标明各种岗位的义务、责任等基本信息的卡片，然后依据岗位信息卡片，将岗位按照重要性的程度进行排序。如表 7－1 所示。

表 7-1　简单排序法

重要性 高 ↑ 低	总裁 首席建筑师 设计师 高级技师 技师 接待员

另一种常用的方法是成对比较法，其工作程序是：将企业中所有工作岗位，成对地加以比较。比较时，将岗位按相同的顺序在横向和纵向进行排列，然后以横向为基准进行比较，当比其他岗位价值大时，就在对应的方框中记“1”，与其他岗位价值相等时记“0”，比其他岗位价值小时记“−1”，最后统计出横向职位的分数，确定岗位的排序。如表 7-2 所示。

表 7-2　成对比较法

岗位代码	A	B	C	D	汇总
A	—	1	1	1	3
B	−1	—	1	0	0
C	−1	−1	—	1	−1
D	−1	0	−1	—	−2

注：A 职位价值最大，D 职位价值最小。

2. 排序法的优缺点及适用情况

排序法的优缺点及适用情况如表 7-3 所示。

表 7-3　排序法的优缺点及适用情况

排序法的优点	排序法的缺点	适用情况
1. 简单、容易操作 2. 省时省力	1. 带有较强主观性，评价者多依据自己对岗位的主观感觉进行排序 2. 无法准确得知岗位之间的相对价值关系	适用于企业规模较小、岗位数量较少、新设立岗位较多、评价者对岗位了解不是很充分的情况

排序法使用简单，能节省时间，降低成本，适合于规模较小、经济实力较弱的小型企业使用。但这种方法有着明显的缺点：它是一种非定量方法，过于依赖评价人员的主观判断，难以准确地说明岗位间的相对重要程度；只能找出工作之间的相对价值，不能确定价值差异的大小，因而无法据此确定基本报酬的具体数额。排序法必须结合其他的岗位评价方法来使用。

（二）分类法

1. 分类法操作程序

分类法是排序法的改进。分类法强调的是工作类别的差异，而不是单个工作的差异。如某公司把中层岗位划分为资深经理、专业经理、项目经理、主管经理、经理助理 5 个类别。在使用分类法时要关注两个概念：类别和等级。类别指的是工作性质的相似性；等级则是指同类别中工作复杂程度的差异性。

采用分类法时的工作程序是：

第一步，确定工作类别的数目，最少分为 5～7 类，最多的可分为 11～17 类。典型的情况是分为 8 类左右。

第二步，对各种工作类别中的各个等级进行定义，这些定义为薪酬体系的建立提供了依据。

某企业技术类岗位分类标准如表 7－4 所示。

表 7－4 某企业技术类岗位分类标准

六级	首席专家级	精通专业技术领域的理论，有丰富的实际操作能力，熟悉专业技术领域国内外动态。具备承担全面的工作协调和业务指导的能力。能够带领团队完成公司提出的各项研发任务和技术支持、服务工作。具备高级职称，行业经验 10 年以上
五级	专家级	精通行业内专业技术领域的理论，有丰富的实际操作能力，具备业务协调和业务指导能力。能够带领团队独立承担特别重要项目的研发、技术支持及服务工作。具备中级以上职称，行业经验 8 年以上
四级	主任级	理解专业技术领域的理论，有比较丰富的实际操作能力，能够独立完成主要项目的业务工作或研发任务。能够带领项目组完成重要项目。具备中级职称，行业经验 5 年以上
三级	骨干级	比较理解专业技术领域的理论，有一定的实际操作能力，能够基本独立按照指令在业务工作或研究任务中完成一个或几个环节的工作
二级	正式员工级	一般理解专业技术领域的理论，完成了实习计划，考核合格，达到转正条件，并能够按照既定流程完成简单、具体的辅助性工作
一级	实习级	签订了就业协议，进入公司定向实习的相关专业的大专以上学历学生

第三步，将各种工作与确定的标准进行对照，然后将它们定位在工作类别的合适等级。

2. 分类法的优缺点及适用情况

分类法的优缺点及适用情况如表 7－5 所示。

表 7－5 分类法的优缺点及适用情况

分类法的优点	分类法的缺点	适用情况
1. 简单明了，易理解、接受 2. 能避免出现明显的判断失误 3. 不必做很大的改动就能持续使用多年	1. 定义等级困难 2. 给主观判断留下相当大的余地 3. 成本相对较高	适用于各岗位的差别很明显、公共部门和大企业的管理岗位

（三）计点法

1. 计点法操作程序

计点法是一种定量评价方法，也是应用最为广泛的方法。该方法的基本原理是：根据影响工作价值的报酬因素对每一个岗位工作进行评价打分，以确定该工作的相对价值。运用此法时，要把工作的构成进行分解，然后按照事先设计出来的结构化量表对每种工作要素进行估值。它的实施步骤是：

第一步，确定要评价的岗位系列。由于不同部门的岗位差别很大，通常使用多种点值评定方案来评价企业中所有岗位。

第二步，收集岗位信息。

第三步，确定岗位的评价要素。不同类型的岗位有不同的评价要素。典型的评价要素主要有智能、责任、体能和工作环境等。

第四步，为各个评价因素下定义并划分等级。应以最通俗、最清楚的文字，为每个评价因素下一个定义。应视各因素的复杂程度规定合适的等级，一般以 4～8 级为宜。表 7－6 就是一个岗位知识经验标准分级表。

表 7－6　岗位知识经验标准分级表

等级	分级定义
1	具备一般知识即可胜任的岗位
2	需初中文化程度，初级工水平，并有一定经验才能胜任的岗位
3	需初中文化程度，中级工水平才能胜任的岗位
4	需初中文化程度，中级工水平，并有一定经验才能胜任的岗位
5	需初中文化程度，高级工水平才能胜任的岗位
6	需高中文化程度，高级工水平，并有一定经验才能胜任的岗位
7	需高中文化程度，高级工水平，并受过技术培训才能胜任的岗位

第五步，确定要素的相对价值。即确定要素的权重，对于不同的岗位系列，要素的重要性不同。表 7－7 即为岗位评价标准表示例。

表 7－7　岗位评价标准表

要素	配点	权重（%）	因　素	一级	二级	三级	四级	五级
劳动复杂程度	390	39%	1. 学历	15	30	45	60	—
			2. 经验	16	32	48	64	80
			3－1 专业技术水平	16	32	48	64	80
			3－2 技能水平	14	28	42	56	70
			4. 创造性	10	20	30	40	50
			5. 岗位空缺替代难度	10	20	30	40	50
劳动责任	360	36%	6. 经济效益责任	24	40	60	80	100
			7. 服务责任	16	32	48	64	80
			8. 安全生产责任	14	28	42	56	70
			9. 精神文明建设责任	15	30	45	60	—
			10. 指导监督、协调沟通责任	10	20	30	40	50
劳动强度	200	20%	11. 脑力强度	12	24	36	48	60
			12. 体力强度	10	20	30	40	—
			13. 工作负荷率	10	20	30	40	50
			14. 心理压力	10	20	30	40	50
劳动环境	50	5%	15. 工作场所	5	10	15	20	25
			16. 危险性	5	10	15	20	25
合计	1 000	100%	—	—	—	—	—	—

第六步，将岗位评价的总点数分为若干等级，并将相同性质的岗位归入一定等级。

表 7-8 为某企业岗位评价结果分级标准。

表 7-8　某企业岗位评价结果分级标准

级别	点值	级别	点值	级别	点值	级别	点值
A	800 以下	E	1 101～1 200	I	1 501～1 600	M	1 901～2 000
B	800～900	F	1 201～1 300	J	1 601～1 700	N	2 001～2 100
C	901～1 000	G	1 301～1 400	K	1 701～1 800	O	2 101～2 200
D	1 001～1 100	H	1 401～1 500	L	1 801～1 900	P	2 201～2 300

2. 计点法的优缺点及适用情况

计点法的优缺点及适用情况见表 7-9。

表 7-9　计点法的优缺点及适用情况

计点法的优点	计点法的缺点	适用情况
1. 能够量化 2. 可以避免主观因素对评价工作的影响 3. 可以根据情况对要素和权值进行调整 4. 易于理解、接受	1. 要素的选择及权值的分配带有主观性 2. 方法的设计比较复杂 3. 对企业的管理水平要求较高 4. 工作量大，较为费时费力，成本相对较高	适用于生产过程复杂、岗位类别数目多、对精度要求较高的大中型企业

（四）要素比较法

1. 要素比较法操作程序

要素比较法也是一种定量化方法，它综合了计点法和排序法的特点。与计点法不同的是，其比较对象不是预先设定的评价因素体系，而是企业中作为岗位评价参照标准的关键岗位的评价因素及其所得相应货币报酬。其具体步骤是：

第一步，从全部岗位中选出 15～20 个主要岗位，其所得到的薪酬总额应是公平合理的。

第二步，选定各岗位共有的影响因素作为工作岗位评价的基础。一般包括以下五项：(1) 智力条件，包括记忆力、理解力、判断力、所受的教育程度、专业知识、基础常识等。(2) 技能，包括工作技能和本岗位所需要的特殊技能。(3) 责任，包括对人的安全，对财物、现金、资料、档案、技术情报保管和保守机密的责任，对别人的监督或别人对自己的监督。(4) 身体条件，包括体质、体力、运动能力，如持久性、运动速度等。(5) 劳动环境条件，如工作场地的温度、湿度、通风、光线、噪声等。

第三步，将每一个主要岗位的每个影响因素分别加以比较，按程度的高低进行排序。表 7-10 为岗位智力要求排序表。

表 7-10　岗位智力要求排序表

智力条件平均系数	1	2	3	4	5
岗位排序	会计	出纳	文员	司机	勤杂工

第四步，岗位评定小组对每一岗位的工资总额经过认真协调，按上述五种影响因素进行分解，找出对应的工资份额。表 7-11 即为一个工作岗位评价排序与工资额对应表。

表 7－11　工作岗位评价排序与工资额对应表

月度岗位工资（元）	智力条件		技能		责任		身体条件		工作环境	
	序号	工资额（元）	序号	工资额（元）	序号	工资额（元）	序号	工资额（元）	序号	工资额（元）
A（1 250）	1	320	1	260	2	360	4	160	3	150
B（1 100）	2	210	4	200	1	400	5	150	4	140
C（1 000）	3	180	3	220	4	260	3	170	2	170
D（1 010）	4	50	2	230	3	280	2	190	1	260
E（690）	5	90	5	50	5	90	1	200	1	260

注：A—会计　B—出纳　C—文员　D—司机　E—勤杂工

第五步，其他岗位与已评定的重要岗位对比，某岗位的某要素与哪一主要岗位某要素相近，就按相近条件的岗位工资分配计算工资，累计后就是本岗位的工资。如表 7－12 所示。

表 7－12　F 岗位评价结果汇总表

工作岗位评价指标	与标准相比	工作岗位评价结果
智力条件	与 B 相似	按 B 岗位智力条件工资额应为 210 元
技　　能	与 D 相似	按 D 岗位技能条件工资额应为 230 元
责　　任	与 A 相似	按 A 岗位责任条件工资额应为 360 元
身体条件	与 B 相似	按 B 岗位身体条件工资额应为 150 元
工作环境	与 C 相似	按 C 岗位工作环境工资额应为 170 元

最后将各项结果相加得：210＋230＋360＋150＋170＝1 120（元），则 F 岗位的评价结果为 1 120 元，视为其相对价值，同理可计算出其他岗位的相对价值，并按其相对价值划分等级，编制出岗位系列等级表。

2. 要素比较法的优缺点及适用情况

要素比较法的优缺点及适用情况见表 7－13。

表 7－13　要素比较法的优缺点及适用情况

要素比较法的优点	要素比较法的缺点	适用情况
能直接得到岗位的工资水平	应用最不普遍，要经常做工资调查，成本相对较高	适用于能够随时掌握较为详细的市场工资标准的企业

单元三　薪酬调查

薪酬制度的内部公平性主要是通过岗位评价来实现的，对外竞争性主要是通过外部薪酬调查、掌握市场薪资水平并结合本企业的实际情况来实现的。

一、确定薪酬调查目的

在薪酬调查时，首先应当明确调查的目的要求和调查结果的用途，然后再开始组织薪酬调查。薪酬调查的主要目的有以下三个方面：

（一）调整薪酬水平

大多数企业都会定期调整自己的薪酬水平，而调整的依据一般包括生活成本变动、员工的绩效改善、企业的经营状况与支付能力发生变化等。当然也有可能仅仅是因为发现竞争对手的薪酬水平有所变化而需要调整本企业的薪酬水平。

（二）调整薪酬结构

随着一些企业逐渐从以岗位为基础的薪酬体系向以人为基础的薪酬体系转移，企业就更为依赖市场薪酬调查来确定组织中各种工作或岗位之间薪酬水平的比例关系以确保其外部竞争性。

（三）了解其他企业薪酬管理的最新发展趋势

企业可以借此了解某些新型的薪酬管理实践在企业界的流行情况，这有助于企业判断是否有必要顺应潮流来实施某种新的薪酬管理实践。

二、确定调查范围

（一）确定调查的企业

在选择薪酬调查的具体对象时，一定要坚持可比性的原则，即要选择其雇用的劳动力与本企业具有可比性的企业。通常情况下，薪酬调查的企业包括：

第一类，同行业同类型企业；

第二类，不同行业有相似工作岗位的企业；

第三类，员工类型相同可构成竞争的企业；

第四类，在本地区同一劳动力市场上招聘员工的企业；

第五类，经营策略、信誉、报酬水平和工作环境均合乎一般标准的企业。

（二）确定调查的岗位

由于时间和费用等方面条件的限制，企业只能选择典型性、代表性的岗位作为调查对象，然后再将调查数据推广运用到其他的非典型岗位上。

（三）确定需要调查的薪酬信息

一般而言，薪酬调查需要采集外部信息和内部信息。

（1）外部信息。这主要是指相同地区和行业、相似性质和规模的企业的薪酬水平、薪酬结构、薪酬价值取向等。

（2）内部信息。这主要是指员工满意度调查和员工合理化建议。

（四）确定调查的时间段

要明确收集薪酬数据的开始和截止时间。

三、选择调查方式

薪酬调查有许多方法，企业可以根据需要选用。

（一）委托中介机构进行调查

委托中介机构进行调查是指委托商业性、专业性的人力资源咨询公司进行调查。这种方法的主要优点是简单易行，结果较为客观公正，范围可大可小，其缺点是费用较高。

（二）企业自己调查

企业可以采集社会公开的信息，作为衡量企业员工薪酬水平和确定薪酬制度的主要参考和依据。这种方法的主要优点是目标清楚、信息较可靠，其主要缺点是专业化程度不够，样本较小。

（三）企业间互相交流信息

不同企业之间以及员工之间可以互相交流信息，进行薪酬调查。这种方法有时在同行业工会中进行，有时在人力资源经理俱乐部内进行。这种方法的主要优点是成本较低，信息沟通较快，其主要缺点是信息准确性可能较差，有些信息不易采集到。

四、制订薪酬调查计划

企业在明确薪酬调查目的、调查范围后，应制订详细的调查计划。计划应明确薪酬调查的目的、薪酬调查的范围及基准职位的选择和描述、薪酬调查的内容、薪酬调查的时间等。薪酬调查计划的一般格式如表 7-14 所示。

表 7-14 薪酬调查计划的一般格式

某企业薪酬调查计划

一、调查目的：为制定符合公司发展目标，对员工富有激励性，对内具有公平性，对外具有竞争性的薪酬体系做调查准备。

二、调查计划实施时间和进度安排：（略）。

三、调查计划实施人：人力资源部、相关咨询公司。

四、调查对象：（略）。

五、调查步骤：

确定目标—确定范围—调查方式—调查实施—数据分析—评估反馈。

六、项目细分：

（1）确定目标：公司内、外环境分析；发展规划与趋势预测；企业经营阶段与策略分析。

（2）确定范围：基准职位（基准职位描述）。

（3）调查方式：咨询公司信息收集；联系沟通；选择；确定。

（4）调查实施：问卷调查，访谈，电话。

（5）数据分析：数据汇总核查；薪酬定位（设计薪酬结构、薪资等级以及定薪）。

（6）评估反馈：调查总结；薪酬制度完善；薪酬体系改进。

七、分工与时间：（略）。

八、费用预算：

薪酬调查费用=地区数×职位数×行业数×每个职位调查基本费用

九、其他。

五、设计调查问卷并实施

在薪酬调查中，有 20%～25%的企业采用调查问卷方式。调查问卷的内容通常要包括企业本身的一些信息（如企业规模、所处行业、销售额等），职位范围方面的信息，任职者的一些信息，还有薪酬方面的信息等。如表 7-15 所示。

表 7-15　薪酬调查问卷

<table>
<tr><td colspan="4">1. 基本情况</td></tr>
<tr><td>您的姓名</td><td>年龄</td><td>性别</td><td>工作年限</td></tr>
<tr><td>您所在的部门</td><td>职务</td><td>学历</td><td>来企业的时间</td></tr>
<tr><td colspan="4">2. 您现在每年的薪酬总收入为　　　元。</td></tr>
<tr><td colspan="2">总薪酬的组成部分</td><td colspan="2">所占比例（%）</td></tr>
<tr><td colspan="2">（1）</td><td colspan="2"></td></tr>
<tr><td colspan="2">（2）</td><td colspan="2"></td></tr>
<tr><td colspan="2">（3）</td><td colspan="2"></td></tr>
<tr><td colspan="2">（4）</td><td colspan="2"></td></tr>
<tr><td colspan="4">3. 目前的薪酬水平与您的付出成正比吗？（　　）
A. 差不多　　B. 付出更多　　C. 薪酬更多</td></tr>
<tr><td colspan="4">4. 非货币化收入占您年收入的百分比是多少？（　　）
A. 60%　B. 50%　C. 40%　D. 30%　E. 20%　F. 10%　G. 其他</td></tr>
<tr><td colspan="4">5. 您享受企业提供的哪些福利？</td></tr>
<tr><td colspan="2">（1）社会养老保险
（2）社会医疗保险
（3）社会失业保险
（4）商业医疗保险
（5）商业养老保险
（6）住房公积金
（7）通信费报销
（8）免费用车
（9）车辆补贴
（10）交通费报销
（11）在职培训
（12）带薪假期
（13）劳保物品
（14）俱乐部会员
（15）加班补贴
（16）企业组织活动
（17）其他项目</td><td colspan="2">每月________元
每月________元
每月________元
每月________元
每月________元
企业负担________元，个人负担________元
每月________元
车辆的品牌：________购买年限：________
每月________元
每月________元
每年________元
每年________天
每年________元
每年________元
每小时________元
每年________元</td></tr>
<tr><td colspan="4">6. 您上次提薪的时间是（　　）。
A. 两年以前　B. 一年以前　C. 半年前　D. 三个月前　E. 一个月前　F. 其他</td></tr>
<tr><td colspan="4">7. 您认为贵单位的薪酬在同行业中属于何种水平？（　　）
A. 高收入　　B. 中等　　C. 低收入</td></tr>
</table>

六、调查资料统计分析

回收了薪酬调查问卷以后，调查者首先要做的就是对每一份问卷的内容做逐项分析，保留有效问卷，并判断每一个数据的可靠性，然后对数据进行分析，统计分析的主要方法有以下几种。

（一）数据排列

先将调查的同一类数据由高至低排列，再计算数据中的25%点处、50%点处、75%点处、90%点处。表 7－16 是文员岗位工资调查数据排列。

表 7－16　文员岗位工资调查数据排列

企业名称	月平均工资（元）	排列
A	14 000	1
B	12 600	2　90%点处＝12 600 元
C	12 300	3
D	10 500	4　75%点处＝10 500 元
E	9 600	5
F	8 000	6
G	7 000	7
H	7 000	8　50%点处＝7 000 元（中点）
I	6 000	9
J	4 800	10
K	4 000	11
L	3 500	12　25%点处＝3 500 元
M	3 500	13
N	3 500	14
O	3 200	15

工资水平高的企业应注意 75%点处，甚至是 90%点处的工资水平，工资水平低的企业应注意 25%点处的工资水平，一般企业应注意中点处的工资水平。

（二）频率分析

频率分析即通过分析各工资额度内各类企业岗位平均工资水平出现的频率，来了解某类岗位人员工资的一般水平。某岗位的工资频率分析如表 7－17 所示。

表 7－17　某岗位的工资频率分析

工资额度（元）	出现频数
5 400～5 599	1
5 200～5 399	2
5 000～5 199	3
4 800～4 999	4
4 600～4 799	3
4 400～4 599	2
4 200～4 399	1

从表 7－17 中可以看出，该类岗位人员的工资主要浮动范围为 4 600～5 200 元，这也是大部分企业为该类岗位人员支付的工资范围。

（三）趋中趋势分析法

趋中趋势分析法是统计数据处理的主要方法之一，具体又包括以下几种方法。

1. 简单平均法

简单平均法是将不同企业的同类岗位的薪酬进行简单平均，计算得出一个平均值。其公式为：

$$平均数=(x_1+x_2+\cdots+x_n)/n \quad （公式 7-1）$$

假如所计算的岗位薪酬来自三家企业，分别为 3 500 元、4 000 元、4 200 元，则该岗位薪酬平均值为（3 500+4 000+4 200）/3=3 900（元）。这种方法使用起来比较简单，但异常数值有可能影响结果的准确性，因此采用简单平均法时，应首先剔除异常数值，然后再进行计算。

2. 加权平均数

某企业中从事某类岗位工作的人数越多，则该企业提供的薪酬数据对于最终平均值的影响就越大。在这种情况下，规模不同的企业实际支付的薪酬会对最终调查结果产生不同的影响。因此，把不同企业的薪酬数据赋予不同的权重，利用加权平均数方法来处理分析数据要比简单平均数更科学和准确。其公式为：

$$\overline{x}=\frac{x_1f_1+x_2f_2+\cdots+x_nf_n}{f_1+f_2+\cdots+f_n}=\frac{\sum xf}{\sum f} \quad （公式 7-2）$$

式中：f_1、f_2、f_n 表示不同企业的权重；

x_1、x_2、x_n 表示不同企业的薪酬。

3. 中位数法

把收集到的全部数据按照大小次序进行排列，再找出居于中间的数据作为确定某类岗位人员薪酬水平的依据，这种方法就是中位数法。中位数法可以剔除异常数值对于平均薪酬的影响，显示当前市场平均薪酬水平的概况。

4. 回归分析

回归分析利用一些数理统计软件，如 SPSS 等所提供的回归分析功能，分析两种或多种数据之间的关系，从而找出影响薪酬水平、薪酬差距或薪酬结构的主要因素以及影响程度，进而对薪酬水平、薪酬差距或薪酬结构的发展趋势进行预测。

5. 图表分析法

图表分析法是指在对统计数据进行统计汇总以及对资料进行整理的基础上，按照一定格式编制统计表，然后制成各种统计图，如直线图、柱状图、饼状图、结构图等。图表分析法的优点是直观、形象、突出和简洁。

七、撰写薪酬调查分析报告

薪酬调查分析报告包括的内容主要有：薪酬调查的组织实施情况分析、薪酬数据分析、政策分析、趋势分析、企业薪酬状况与市场对比分析以及薪酬水平或制度调整建议。

单元四　薪酬制度制定

一、薪酬制度设计的主要步骤

薪酬制度是指企业根据劳动的复杂、精确、繁重程度，劳动责任的大小，能力要求的高低和劳动条件的好坏等因素，将各类岗位划分为若干等级，再按等级确定薪酬标准的一种制度。薪酬制度的设计是一个系统工程，它以岗位分析与评价、薪酬调查和绩效考核为基础，包括薪酬调查、分析比较、增资结构、岗位评价、绩效考核、特殊津贴、长期激励、调资政策、评估调整等。薪酬制度设计的主要步骤如表 7-18 所示。

表 7-18　薪酬制度设计的主要步骤

主要步骤	工作内容
薪酬调查	了解同行业、同地区市场水平以及员工薪酬满意度
分析比较	掌握市场水平线与企业工资水平线的关系
了解增资实力	了解董事会认可程度、公司的增资额度
制定薪酬策略	确定企业薪酬的市场定位、薪酬构成、奖励重点
确定薪酬结构	确定不同员工的薪酬构成及各构成项目所占比例
分级、定薪	确定薪酬水平，主要内容是薪酬范围及数值的确定
制定调薪政策	确定薪酬制度调整的条件以及调整额度等
评估调整	执行薪酬制度，调整不合理之处

二、薪酬制度类型选择

（一）计件工资制

计件工资制是指按工人生产合格产品的数量和预先规定的计件单价来计算员工劳动报酬的一种工资形式。

工资数额＝计件单价×合格产品的数量　　　　（公式 7-3）

计件工资制适用于以提高产量为生产目的、市场有持续性和稳定性、员工或部门的工作产量可以计量、有科学的定额等的企业。

（二）佣金制

佣金制是指直接按销售额的一定比例确定销售人员的报酬的一种工资形式，是根据业绩确定报酬的一种典型形式，主要用于销售人员的工资支付制度。佣金制的优点是报酬明确同业绩挂钩，销售人员为得到更多的工资报酬，会努力扩大销售额，促进企业市场份额的迅速扩大；另外，佣金制由于计算简单，易于为销售人员理解，所以管理和监督成本较低。

（三）年功序列工资制

年功序列工资制是指一种年龄越大、企业工龄越长，工资也就越高的工资制度。年功序列工资的构成包括：(1) 基本工资。一般占全部收入的 70%左右，它是工资的基本部分，也是计算奖金和退休金的基础，由年龄薪金、工龄薪金、学历薪金、职务薪金和职能薪金组成。(2) 奖金。一般情况下，大部分企业都发放奖金，约占年工资的 25%。(3) 津贴。津贴是补充基本薪金未能补偿的部分，包括职务津贴、技能津贴、交通津贴、全勤津贴等。

（四）技术等级工资制

技术等级工资制是指按照工人所达到的技术等级标准确定工资等级，并按照确定的等级工资标准计付劳动报酬的一种制度。这种制度适用于技术复杂程度较高、工人劳动差别较大、分工较粗及工作等级不固定的工种。其主要作用是区分技术工种之间和工种内部的劳动差别和工资差别。技术等级工资制由工资标准、工资等级和技术等级标准三个基本因素组成。

（五）岗位等级工资制

岗位等级工资制是指将工作岗位按重要程度划类归级，然后进行排序，最后确定工资等级的制度。岗位等级工资有两种形式，一种是一岗一薪，另一种是一岗数薪。一岗一薪是指一个岗位只有一个工资标准，凡在同一岗位上工作的员工都执行同一工资标准，岗位工资由低到高按顺序排列，组成一个统一的岗位工资体系。一岗数薪是指在一个工作岗位内设置几个工资标准，以反映岗位内部不同员工之间的劳动差别。

（六）岗位薪点工资制

岗位薪点工资制是指用点数和点值来确定员工的工资，即员工的工资由薪点乘以点值确定的制度。岗位薪点工资制的优点是将每个岗位的价值直接以工资报酬形式标出，可以使劳动付出与劳动所得相符合。岗位薪点工资制较适合岗位固定、岗位劳动以重复性劳动为主的岗位工种。

小思考

随着零工经济的快速发展，许多企业采用按任务或服务支付薪酬的零工经济薪酬制（如外卖平台、网约车平台等）。请思考零工经济薪酬的特点，并分析其对企业、员工以及社会的影响。

三、薪酬制度的内容

薪酬制度大体上是通过薪酬等级表、薪酬标准表、技术（业务）等级标准及岗位名称表等加以规定的，薪酬制度中必须明确的内容有薪酬分配政策、原则、工资支付方式、工资标准、薪酬结构、薪酬等级及级差、奖金、津贴及其他规定等。

零工经济薪酬制度及其影响

范例资料

某公司薪酬管理制度

一、薪酬管理制度制定原则

为达到企业与员工兼顾、双方互利互惠、给予员工合理待遇的目的，依照下列原则制定本制度：

（1）处理好企业与员工之间的物质利益关系，调动员工积极性、创造性，推动员工自觉遵守劳动纪律，提高企业技术水平，提高劳动生产率，依据岗位责任，在对员工能力及业绩进行考评的基础上，给予必要的薪酬。

（2）谋求稳定、合作的企业与员工关系，对公司的优秀骨干人才在薪资合理分配的基础上予以特殊考虑。

（3）员工薪资参考社会物价水平、公司支付能力以及员工担任工作的责任轻重、难易程度、绩效及工龄、资历等因素综合核定。

二、薪酬体制

1. 薪资标准

公司实行岗薪制，贯彻“因事设岗，因岗定薪”的原则。每个岗位的薪资标准，依照岗位的重要程度、责任大小、难度高低等因素，由各部门中层管理人员拟订草案，交行政人事部汇总后，报公司总经理确定。

2. 年薪制

享受年薪制的员工由公司总经理确定（一般一年确定一次）。

（1）年薪制对象：公司聘任的高层管理人员，相关的高级技术、业务人员和特殊岗位人员。

（2）年薪标准：由公司总经理根据业绩、能力、责任等因素确定，享受年薪制的员工，其薪资扣除工资总额的20%作为风险基金后，按月平均发放，年终根据工作完成情况核算风险基金的发放额发放给员工（以年终考勤、奖惩、绩效考核等为依据）。

3. 月薪制

享受月薪制的员工由所在部门领导确定并报行政人事部审核，总经理审批。

（1）月薪制对象：除实行年薪制工资以外的固定员工。

（2）月薪标准：由部门经理确定，行政人事部审核，公司总经理审批。

4. 日薪制

适用于施工工人。日薪制工人不属于公司固定员工，其工资标准根据工种不同由工程部拟订，经总经理批准后执行。

5. 公司固定员工分类

（1）高层管理人员：总经理、副总经理。

（2）中层管理人员：部门经理、工程总监、技术总监、水电工程师、项目经理。

（3）基层管理人员：各部门和项目部的主管，包括现场主管、技术主管、财务部主管、会计、资料主管、保安/后勤主管、行政主管、仓库主管等。

（4）专业技术人员：预算员、设计师、施工员、资料员、会计、出纳等。

（5）业务人员：采购员。

（6）行政后勤人员：文员、绘图员、仓库管理员、保安、杂工、炊事员、清洁工、锅炉工等。

三、薪资结构

固定员工薪资由基本工资、职务津贴、年资津贴、奖金和补贴组成。

1. 基本工资

（1）行政人事部根据岗位的性质、责任大小、难度高低、专业性、劳动强度等因素起草各岗位基本工资等级标准（见下表），由总经理审批。

基本工资等级标准

单位：元

类别	9级	8级	7级	6级	5级	4级	3级	2级	1级
中层管理人员	3 000	3 500	4 000	5 000	6 000	7 000	8 000	10 000	12 000
专业技术人员	1 800	2 000	2 200	2 400	2 800	3 200	3 800	4 500	5 500
业务人员	1 500	1 700	2 000	2 400	2 800	3 200	3 600	4 200	5 000
行政后勤人员	900	1 000	1 200	1 500	1 800	2 200	2 600	3 000	3 500

（2）每个员工的基本工资等级由所在部门经理确定，中层管理人员的基本工资等级由总经理确定。一人担任多个职务的，按照所担任最高职务来确定基本工资等级。

2. 职务津贴

（1）主管以上管理人员自担任管理职务之日起领取职务津贴，不担任该职务之日起停止支付；不满一个月时按时间比例计算发放津贴；代管主管职务时，也发给该职务的津贴，但代管职务时间必须在一个月以上；同时担任几个管理职务的，领取所担任最高级别的津贴，不给予双份津贴。

（2）职务津贴等级标准见下表，经总经理审批后执行。

职务津贴等级标准

单位：元

类别	6级	5级	4级	3级	2级	1级
中层管理人员	1 000	1 500	2 500	4 000	6 000	8 000
基层主管	300	500	800	1 200	1 800	2 500

3. 年资津贴

（1）员工在公司工作每满一年，给予相应年资津贴。标准为其基本工资×5%×n（n为工龄）。

（2）年资津贴不得超过岗位工资的1/4，超过者按比例最高值发放工龄工资。

（3）年资津贴调整由直接上级填写薪资调整表，报总经理审批后交财务部执行。

4. 奖金

（1）全勤奖：为鼓励员工敬业精神而设，当月无事假、病假、旷工、迟到、早退记录，上级安排加班无不参加的员工，每人当月发给100元。

（2）绩效奖金：工程部以每完成一个项目为一个绩效考核周期，其他部门以季度为一个绩效考核周期，根据绩效考核办法，评定出绩效奖金等级，见下表。

绩效奖金等级

奖金等级	优秀	较好	基本胜任	应改进	不能胜任
基数百分比	120%	100%	80%	40%	0

（3）年终奖：年终奖包括出勤奖和优秀员工奖、优秀管理人员奖。

出勤奖：全年无事假、病假、旷工、迟到、早退记录，领导安排的加班无不参加情况的员工，每人奖励500元。

优秀员工奖（创造奖、功绩奖）、优秀管理人员奖：由总经理根据企业当年效益及个人绩效、贡献程度评定，标准由总经理确定。

5. 补贴

（1）通信费补贴：根据职位和工作需要确定标准。需要给予通信费补贴的，由直接上级提出申请（填写薪资调整表），提请总经理审批后交财务部执行。

（2）其他补贴：由总经理根据工作需要确定补贴种类、享受范围和标准。

四、薪资的发放

根据公司薪资管理的具体情况，针对薪资管理的重要性、机密性和高度准确性，确保薪资发放的有效运作。

（1）员工薪资采用月结制，薪资计算时间为每月1日至月末。

（2）新进员工于报到之日起计薪，25日后到职者，当月薪资并入次月薪资发放。

（3）员工工作不满5天离职的，不发给薪资。

（4）新入职员工在试用期期间无奖金和补贴。

（5）薪资审批办法：各部门员工每月的薪资由各部门负责人统计核实并签字后交行政人事部汇总，报总经理审批；每月工资于次月15日发放，如遇节假日则提前发放；除零星工资以现金支付外，其他所有员工工资均以工资卡形式发放。

五、薪资调整

1. 基本工资标准调整

员工基本工资的调整应由所在部门经理提出，填写薪资调整表须报请总经理审批。

（1）升职、降职。晋升为高层管理人员时，改为年薪制；晋升为中层管理人员时，其基本工资调整为与其原基本工资额相近较高的中层管理人员基本工资标准；降职留用时，原中层管理人员基本工资调整到与其原基本工资额相近较低一级相应类别基本工资标准。

（2）绩效考核。项目部员工连续两个项目的绩效考核都被评为优秀的，晋升一级；其他部门员工连续两个季度绩效考核被评为优秀的，晋升一级。连续两次绩效考核评为差的，基本工资降低一级；连续两次绩效考核被评为差的管理人员，给予降职处分，同时降低基本工资级别，如暂时无人替代其职位，可由其代理职务，如再次绩效考核仍不能达到一般的，取消其代理职务。

（3）被评为年度优秀员工、优秀管理人员的，于获奖励次月起基本工资晋升一级。

（4）违反公司制度，给公司造成经济损失或严重影响公司形象尚不作辞退处理的，视情节降低基本工资级别（由所在部门提出降低工资级别意见，报总经理批准执行）。

（5）基本工资连续降低两次的，予以辞退；基本工资已为最低级，连续两次绩效考核被评为差的，予以辞退。

2. 职务津贴的调整

根据上一年工作表现由直接上级在次年初的春节前提出调整申请（填写薪资调整表），提请总经理审批后交财务部执行。

3. 紧急调薪

公司遇重大经营、财务等方面的问题，经公司中层以上管理人员会议讨论通过，总经理批准可紧急调薪，但调薪幅度不得超过20%。

六、工资查询

发放工资时要附上工资组成及扣款项目的明细，若员工发现当月工资有误，可以到财务部或行政人事部查询。

七、附则

本制度由行政人事部制定，自总经理批准签发之日起执行。

单元五　薪酬计算

一、不同工资形式的具体计算方法

（一）计时工资的计算

计时工资＝工资标准×实际工作时间　　（公式7-4）

(1) 月工资计算。月工资是指按月计发的工资，一般是按日工资标准处理，根据月工资标准与实际工作日而定，遇到加班或请假则需要加发或减发。

$$实际月工资=日工资标准\times实际工作日 \quad （公式 7-5）$$

员工月计薪天数：(365 天－104 天) /12 个月＝21.75 天。

(2) 日工资标准＝月工资标准/21.75 天。

(3) 小时工资标准＝月工资标准/(21.75 天×8 小时)。

（二）计件工资的计算

$$实际计件工资 = \sum_{i=1}^{n}(w_i \times p_i) \quad （公式 7-6）$$

式中：w_i——完成的任务数；

p_i——该完成任务数量档次的单价。

（三）加班工资的计算

加班工资是指劳动者按照用人单位生产和工作的需要在规定工作时间之外继续生产劳动或者工作所获得的劳动报酬，加班、加点费习惯称加班费。

(1) 8 小时外加点：如果安排劳动者在每天 8 小时之外延长工作时间的，加班费不低于 150%的工资；

(2) 休息日加班：在休息日期间，安排劳动者工作又不能安排调休或补休的，应支付不低于劳动者工资的 200%的工资报酬。如果单位未向员工明确调休或补休时间，员工皆有权要求两倍工资报酬。

(3) 法定节日加班：根据 2024 年 11 月 10 日《国务院关于修改〈全国年节及纪念日放假办法〉的决定》(第四次修订) 的规定，全体公民放假的节日：

元旦，放假 1 天（1 月 1 日）；

春节，放假 4 天（农历除夕、正月初一至初三）；

清明节，放假 1 天（农历清明当日）；

劳动节，放假 2 天（5 月 1 日、2 日）；

端午节，放假 1 天（农历端午当日）；

中秋节，放假 1 天（农历中秋当日）；

国庆节，放假 3 天（10 月 1 日至 3 日）。

以上日期就是法定休假日，共 13 天，如果在以上日期安排劳动者工作的，加班费不低于 300%的工资。

(4) 计件工资时的加班加点：根据《工资支付暂行规定》第十三条的规定，实行计件工资的劳动者，在完成计件定额任务后，由用人单位安排延长工作时间的，应根据上述规定的原则，分别按照不低于其本人法定工作时间计件单价的 150%、200%、300%支付其工资。

【例题】 某员工月工资为 5 000 元，7 月份该员工周末加班 1 天，请问 7 月份企业实际应支付该员工工资多少元？

解：员工的日工资标准＝5 000/21.75＝229.89（元）

实际月工资＝5 000＋229.89×200%＝5 459.78（元）

所以 7 月份企业实际应支付该员工的工资为 5 459.78 元。

二、奖金的计算

（一）奖金总额计算

按企业超额利润的一定比例提取奖金，计算公式为：

本期新增奖金额＝（本期实际利润－上期利润或计划利润）×超额利润奖金系数（公式 7－7）

按产量、销售额、成本节约额来发放奖金总额，计算公式为：

奖金总额＝生产（或销售）总量×标准人工成本费用－实际支付工资总额（公式 7－8）

年度奖金总额＝（年度实现销售额－年底目标销售额）×计奖比例（公式 7－9）

奖金总额＝成本节约额×计奖比例（公式 7－10）

（二）个人奖金额的计算

根据各项奖励规定的最高分数以及员工完成定额情况的分数进行计算，其公式为：

个人奖金额＝（企业奖金总额÷个人考核总得分）×个人考核得分（公式 7－11）

先根据岗位贡献的大小确定岗位奖金系数，再根据个人完成定额情况的系数进行计算，其公式为：

个人奖金额＝［企业奖金总额÷∑（岗位人数×岗位系数）］×个人岗位计奖系数（公式 7－12）

三、基本社会保险费的计算

国家建立基本养老保险、基本医疗保险、工伤保险、失业保险等社会保险制度，保障公民在年老、疾病、工伤、失业、生育等情况下依法从国家和社会获得物质帮助的权利。

（一）国家社保缴费基数的规定

（1）若职工工资收入超过当地上年度职工平均工资的 300％，缴费基数为该 300％数额。

（2）若职工工资收入不足当地上年度职工平均工资的 60％，缴费基数为该 60％数额。

（3）若职工工资收入在上述两个标准之间，缴费基数按实际工资收入确定。

（4）若无法确定职工工资收入，缴费基数依据当地劳动行政部门发布的上一年职工平均工资确定。

职工个人以本人上年度工资收入总额的月平均数作为本年度月缴费基数，职工的上年度工资收入总额是指，职工在上一年的至 12 月 31 日整个日历年度内所取得的全部货币收入，包括计时工资、计件工资、奖金、津贴和补贴、加班加点工资、特殊情况下支付的工资。

（二）社保费费率

社保费费率是指企业和职工为缴纳社会保险所需费用而设定的缴费比例。我国的社保费率依据国家相关法律法规，并结合地区经济发展状况而有所差异。常见缴费比例如下：养老保险企业缴费 16％、个人缴费 8％；医疗保险企业缴费 6％～10％、个人缴费 2％（部分地区另加大病统筹费用 1 元）；失业保险企业缴费 0.5％～1％、个人缴费 0.2％～0.5％；工伤保险企业缴费 0.2％～1.9％，个人不需缴纳。

小案例

表 7-19　广东省某市 2025 年度社保费费率一览表（部分）

险种	上限	下限	企业缴费	个人缴费
企业职工基本养老保险	27 501 元	4 492 元	16%	8%
灵活就业人员养老保险	27 501 元	4 492 元	12%	8%
失业保险	25 212 元	1 720 元	0.8%	0.2%
基本医疗保险（含生育保险）	22 137 元	4 427 元	6.3%	2%
灵活就业人员基本医疗保险	22 137 元	4 427 元	5.50%	2%
工伤保险	—	—	行业差别费率	不缴纳

四、假期工资的计算

劳动者在依法享受婚假、丧假、探亲假、加班、病假等假期期间，用人单位应当按国家规定支付假期工资，假期工资的计算基数按以下原则确定：

(1) 劳动合同有约定的，按不低于劳动合同约定的劳动者本人所在岗位相对应的工资标准确定。集体合同（工资集体协议）确定的标准高于劳动合同约定的标准的，按集体合同（工资集体协议）标准确定。

(2) 劳动合同、集体合同均未约定的，可由用人单位与职工代表通过工资集体协商确定，协商结果应签订工资集体协议。

(3) 用人单位与劳动者无任何约定的，假期工资的计算基数统一按劳动者本人所在岗位正常出勤的月工资的 70%计算。

按以上原则计算的假期工资基数均不得低于劳动者所在地区规定的最低工资标准，法律、法规另有规定的，从其规定。

五、编制工资表

编制工资表，要求把工资的所有数据全部设计并包括在工资表中。通常员工的工资计算公式如下：

实发工资＝应发工资－应扣款

＝应发工资－（代扣款＋直接扣款＋代缴款）　　　　（公式 7-13）

代扣款一般包括代扣的水电费等，代缴款一般包括个人所得税、公积金等，直接扣款一般有事假扣款等。表 7-20 是常用的一种工资表。

表 7-20　某企业员工工资表

××公司××部门××工资表（××××年×月）

姓名	工资代码	基本工资	岗位补贴	工龄工资	补发工资	应发工资	水电费	社保缴费	公积金	其他应扣款	个人所得税	应扣工资	实发工资	备注

（一）工资的计算

第一步，根据员工对应的薪酬等级，对照岗位工资表、能力工资表确定员工的岗位工资标准、能力工资标准。

第二步，根据员工所在薪酬等级，确定各项津贴、补贴的金额，再根据员工考勤记录，扣除缺勤工资、各项社会保险和公积金个人承担部分，计算出应扣工资总额。

第三步，根据员工绩效考核的结果、个人所处的薪酬等级，根据企业的经济效益和所在部门或小组的任务完成情况，确定企业奖金总额或部门或小组奖金总额，按照奖金分配办法计算员工的奖金。

第四步，应发工资再减去应扣工资再减去个人所得税，最后得到员工实际工资额。

（二）工资的汇总

将企业工资总额和各部门的工资总额汇总，并形成工资报表，如表 7－21、表 7－22 所示。

表 7－21　某企业月工资汇总表　　单位：元

序号	姓名	工资代码	性别	计时工资	计件工资	奖金	津贴	补贴	加班加点工资	特殊情况下支付的工资
领取工资总人数				本月工资总额						

表 7－22　企业保险基金汇总表　　单位：元

月份	姓名	基金账号	性别	养老保险		医疗保险		失业保险		工伤保险		总计
				企业	个人	企业	个人	企业	个人	企业	个人	
全年参保人数			全年总计									

制表：　　　　审核：

单元六　福利制度设计

福利是薪酬制度中的另一重要组成部分，它是企业为满足员工的生活需要，除基本薪酬与奖金以外，向员工个人及其家庭所提供的实物和服务等待遇。

一、福利的类型

根据福利的内涵、享受对象、性质和表现形式的不同，可以相应地把福利划分为以下不同的类型。

（一）广义的福利和狭义的福利

1. 广义的福利

广义的福利包括三个层次：一是作为一个合法的公民，应享有或有权享有政府提供的文化、教育、卫生、社会保障等公共福利和公共服务；二是作为企业员工，享有企业兴办的各种集体福利；三是除薪资以外的，企业为员工个人及家庭所提供的实物和服务等福利形式。

2. 狭义的福利

狭义的福利又称职业福利或劳动福利，是为了满足员工的生活需要，在工资收入之外，企业向员工本人和家庭提供的货币、实物及其他服务形式。

（二）集体福利和个人福利

1. 集体福利

集体福利是通过企业举办或通过社会服务机构举办的、供员工集体享有的便利性设施和服务。主要包括以下几方面：

（1）住宅。免费的单身宿舍、夜班宿舍、廉价出租或出售给本企业员工公房、提供购房低息或无息贷款等。

（2）交通。企业接送员工上下班的免费或廉价的通勤车服务。

（3）饮食。免费或低价工作餐、工作间免费饮料、食品免费发放、集体折扣代购等。

（4）医疗保健。公费医疗、免费定期体检及防疫注射、药费或滋补营养品报销或补贴，以及职业病免费防护、免费或优惠疗养等。

（5）集体生活设施。员工食堂、托儿设施或托儿所、卫生设施及医疗保健、文娱体育设施等，这些都对员工实行免费或低价服务。

（6）文体、旅游。企业组织的集体文体活动，企业自建文体设施，免费或折扣价电影、戏曲、表演、球赛票券，优惠车票、飞机票，免费订票服务等。

（7）教育培训。企业内在职或短期脱产培训，企业外公费进修等。

2. 个人福利

个人福利主要是指员工福利基金开支、以货币形式直接支付给员工的福利补贴，是员工福利的非主要形式。主要包括：

（1）额外现金收入。

（2）发放给员工的购房补贴。

（3）上下班交通费补贴。

（4）生活困难补助，生活消费品价格补贴，夏季降温补贴及冬季保温补贴等。

（5）两地分居的员工享受探亲假期、工资补贴和旅费补贴等。

小案例

京东关爱员工的福利政策

京东一直致力于打造“以人为本”的关怀文化，通过多样化的福利政策为员工提供良好的工作体验和生活保障。

针对员工的健康与生活需求，京东提供了全面的支持。例如，内部设有员工“关爱基金”，当员工面临重大疾病或突发家庭灾害时，可申请经济援助。此外，京东针对工作年限较长的员工，推出了医药费报销政策，以缓解员工因病导致的经济压力，同时提供商业医疗保险覆盖家属，进一步增强员工的稳定感。

在育儿方面，京东特别设立免费幼儿园，为0～3岁的员工子女提供入托服务，助力员工兼顾工作与家庭。而在三餐保障上，京东园区配备6层现代化食堂，总面积超过2万平方米，可提供超过400种菜品，涵盖北方风味、川菜、粤菜及国际美食等不同口味，让员工在快节奏的工作中享受到优质的饮食选择。此外，公司还配备健身设施如健身房、瑜伽馆等，鼓励员工养成健康的生活方式。

京东在员工成长与关怀方面同样有所体现。公司为员工提供年度免费体检、心理咨询服务以及丰富的节日福利，例如中秋节、春节慰问金及定制生日礼物等，持续增强员工的归属感。对于需要交通和住宿的员工，公司提供相应补贴或宿舍安排；在职业发展上，京东设立专项培训和学历进修支持，助力员工实现个人成长。

通过多元化的福利政策，京东以全方位的员工关怀，构建了健康、舒适、稳定的工作环境，不仅满足了员工在生活、健康、家庭等方面的多样化需求，也进一步提升了员工的幸福感与企业的凝聚力。这种全面而贴心的措施充分展现了京东在“员工体验”上的持续投入。

资料来源：苏朝晖．客户关系管理：理念、技术与策略．5版．北京：机械工业出版社，2024.

（三）法定福利和补充福利

1. 法定福利

法定福利又称基本福利，是指按照国家法律、法规和政策规定必须发生的福利项目，其特点是只要企业建立并存在，就有义务、有责任且必须按照国家统一规定的福利项目和支付标准支付，不受企业所有制性质、经济效益和支付能力的影响。法定福利包括：

（1）社会保险，包括养老保险、医疗保险、失业保险、工伤保险以及疾病、伤残、遗属三种津贴。

（2）法定带薪假日。企业员工全年法定节假日13天为带薪假日。

（3）特殊情况下的工资支付，是指除属于社会保险，如病假工资或疾病救济费（疾病津贴）、产假工资（生育津贴）之外的特殊情况下的工资支付，如婚假、丧假工资、探亲假工资。

（4）工资性津贴，包括上下班交通费补贴、洗理费、书报费等。

（5）工资总额外补贴项目：计划生育补助和社会保障津贴、防暑降温补贴。

2. 补充福利

补充福利是指在国家法定的基本福利之外，由企业自定的福利项目。企业根据自身的经济效益和企业的经营战略目标，以及企业的经营理念和文化确定补充福利项目。补充福利项目繁多，常见的有：交通补贴、房租补贴、免费住房、工作午餐、女工卫生费、通信补助、互助金、员工生活困难补助、财产保险、人寿保险、法律顾问、心理咨询、贷款担保、内部优惠商品、搬家补助、子女医疗费补助等。

（四）经济性福利与非经济性福利

1. 经济性福利

经济性福利是指货币或实物形式的福利，这些福利直接发生经济成本。

2. 非经济性福利

非经济性福利表现为服务或员工工作环境的改善，不涉及金钱实物，旨在全面改善员工的工作生活质量。这类福利的形式包括：咨询性服务，如免费提供法律咨询和员工心理健康咨询；保护性服务，如平等就业权利保护、隐私权保护；工作环境保护，如实行弹性工作时间、缩短工作时间、员工参与民主化管理等。

二、福利设计的原则

福利作为激励员工、保持企业竞争优势、吸引员工的重要方式，有助于企业相关战略目标的实现。但企业设计福利时应遵循以下原则：

（一）合理性

企业对福利项目的设立或废止应实行科学管理，以员工的需求为依据，采取与之相适应的措施。

（二）计划性

员工福利往往需要大量资金，而且员工已有的福利也难以缩小或废除，因此，企业在建立福利设施与确定福利项目时应具有战略观点，有计划地实施与管理。

（三）社会性

社会性，一是指企业必须遵循国家和地方政府有关福利的要求，二是指企业在建立福利与服务时应考虑与社会的关系，使企业福利成为社会福利的一种补充，承担社会责任，并扩大企业的社会效应。

三、福利制度的设计步骤

同其他的薪酬制度一样，企业设计合理的福利制度，应该遵循以下步骤：

（一）明确福利目标

设计福利制度应建立特定的目标，且该目标应该考虑企业的规模、企业所处的地区经济环境、企业的盈利能力及行业竞争对手情况等，既要考虑员工的眼前需要与长远需要，还要能调动大部分员工的积极性，吸引优秀人才，并将其成本控制在企业可接受的范围之内。

（二）福利调查与基准确定

企业要设计出具有竞争力的福利制度，一个重要的工作就是要了解企业竞争对手的情况。通过各种有力的途径与方法，对竞争对手的福利计划组合、福利标准等情况进行调查，以确定企业的福利制度。

（三）福利基金的筹集

员工的福利基金是企业依法筹集的、专门用于员工福利支出的资金。管理者在进行福利设计时，必须确定基金的来源渠道。一般有三种筹集渠道：依法从企业财产和收入中提取、企业自筹、向员工个人征收等。

（四）福利成本控制

企业通过其销售量或利润估算出最高的、可能支出的总福利费用，以及年福利成本占工资总额的百分比，确定主要福利项目的成本，确定每一个员工每年的福利项目成本，制订相应的福利项目成本计划。

（五）福利的组织与实施

在组织与实施员工福利的过程中，应做好以下工作：一是做好福利沟通工作，了解员工的福利需要；二是对员工进行福利调查，收集员工对企业各项福利项目的态度与看法；三是组织实施福利计划，这是最关键的一步。

四、福利制度设计的注意事项

（一）控制福利无限膨胀的倾向

福利是高刚性的，一旦标准提高就很难削减下来。所以，一个企业中福利的绝对金额和相对比重的大幅度上升，应该引起管理层的重视，否则局面将变得难以控制。

（二）调节福利的具体形式和比例

福利关系到员工生活的方方面面，关系到他们的生活质量和后顾之忧，所以导致他们的不满是在情理之中的。解决的办法是实行“一揽子福利计划”“自助餐式的福利计划”，或者让员工参与福利计划的民主制定，在合理的范围内选择他们最需要的项目。

（三）引导员工享受福利

在“一揽子福利计划”和“自助餐式的福利计划”中，员工的选择有非常大的自由度，而关于自身职业生涯的规划和发展等方面与福利之间的关系，他们并非完全清楚。这时，企业管理者就要帮助他们进行选择，并对正规学校教育和职业培训等这些重要的项目提供补贴。

（四）弹性的福利计划对团队精神的冲击

弹性（又称柔性）的、个性化的福利计划给了员工选择的自由，但对日益重要的团队精神无疑有分化的作用，应当引起管理者的重视。

案例分析

字节跳动薪酬福利设计

字节跳动从一家初创公司迅速成长为国内互联网行业的独角兽企业，其成功不仅依赖于创新的产品和商业模式，还得益于独特的人才管理和薪酬福利设计。以下将从薪酬设计、福利政策等方面对字节跳动的薪酬福利体系进行全面分析。

一、高回报与灵活性并存的薪酬设计

字节跳动的薪酬设计围绕“高回报”展开，具体体现在以下几个方面：

（一）行业领先的薪资水平

字节跳动的薪资普遍高于行业平均水平，尤其对关键岗位（如算法工程师、产品经理等）提供极具竞争力的基础工资和奖金。公司管理层提出“公司核心竞争力是 ROI（投资回报率），而不是成本水平”，因此愿意为优秀人才支付高薪。

（二）灵活的绩效奖金

奖金包括：

1. 月度绩效奖金。字节跳动采用短周期的绩效考核机制，根据员工的实际贡献及时发放奖金，确保激励的及时性。

2. 年终奖。年终奖与员工的表现和贡献直接挂钩，表现突出的员工甚至可以拿到高达 100 个月工资的年终奖。

3. 股权激励。为核心员工提供期权，绑定个人与公司的长期目标。即便是入职仅几个月的员工，也有机会获得股票期权奖励。

（三）市场薪酬动态调整

HR 部门每年对市场薪酬进行定位，确保公司薪资始终保持业内领先。公司要求高薪必须匹配高效，管理者需合理配置资源，避免浪费。

二、全面覆盖员工需求的福利政策

字节跳动的福利体系不仅关注员工的物质需求，还注重提供精神层面的支持，营造愉悦的工作氛围。

（一）生活福利

1. 免费三餐。公司提供高质量的免费早餐、午餐和晚餐，供餐时间灵活，方便员工选择。

2. 住房补贴。为员工提供住房补贴，特别是在一线城市，减轻员工的生活压力。

3. 弹性工作。无固定上下班时间，员工可以根据自身需求灵活安排工作。

（二）健康与家庭关怀

1. 全薪病假。2022 年起，全薪病假天数从半年 4 个工作日增加到全年 12 个工作日，覆盖体检、疫苗接种等。

2. 家庭关爱假。新增每年 10 个工作日的家庭关爱假，用于家人患病陪护。

3. 丧假优化。丧假天数大幅提升，父母、配偶等直系亲属丧假从 3 天增加至 5 天，祖父母和兄弟姐妹丧假从 1 天增加至 3 天。

4. 健身与娱乐设施：公司内部设有健身房、篮球场、瑜伽室、台球室等设施，帮助员工释放压力。

（三）节日福利与红包

1. 每逢节假日，公司为员工准备精美礼品，体现人情味。

2. 年底发放“阳光普照”红包，金额最少 1 000 元，上不封顶。

（四）期权回购计划

2022 年，字节跳动启动新一轮期权回购计划，为员工提供额外的流动性支持。在职员工回购价格为每股 155 美元，部分离职员工也可按折扣价参与。

字节跳动通过高薪酬、高福利和良好的企业文化，极大地降低了员工流失率。同时，字节跳动凭借灵活的薪酬设计和开放的文化氛围，吸引了大量顶尖人才。2021 年，中青校媒调查显示，字节跳动被认为是“00 后”心中最具创新活力的公司之一。

分析：

字节跳动的薪酬和福利设计围绕吸引与留住顶尖人才进行布局，具有行业领先的高薪策略和灵活的绩效激励体系，如月度奖金、高额年终奖及股权激励机制，确保员工的回报与价值贡献高度匹配。同时，其福利项目全面覆盖，从住房补贴、免费三餐到家庭关爱假、全薪病假等都体现了对员工多元需求的关怀。整体来看，字节跳动的薪酬和福利设计不仅提升了对年轻优秀人才的吸引力，也通过高回报和良好的工作体验培养了员工的归属感和长期价值。

资料来源：刘明飞．张一鸣：激流勇进，永攀高峰．北京：中华工商联合出版社，2024.

实用工具

薪酬福利数字化管理工具的类型与代表产品

薪酬福利管理是人力资源管理中最复杂且最重要的工作之一，关系到员工的薪资准确性、税务合规性以及员工满意度的提升。在这个过程中，推进数字化管理工具的使用不仅能够提高效率，还能帮助企业在人力资源管理实践中实现标准化与可视化，适应当下企业快速变化的需求。

一、人力资源管理系统（HRMS）/人力资源信息系统（HRIS）

这些工具通常是人力资源综合管理工具，与人力资源管理的其他模块（如招聘、绩效、考勤、培训等）统一处理，适合大中型企业，尤其是对人力资源要求较复杂的企业。

代表工具：

1. 金蝶云星空 HR。面向中小型企业，提供薪酬福利管理、报表生成，并能关联财务系统。

2. 用友 NC/用友 U8 Cloud。适合大型企业需求，除了薪酬福利核算，还提供预算管理及关联企业 ERP 模块功能。

3. 智思云（Beisen Cloud HCM）。云服务模式，支持个性化薪酬福利管理，主打绩效结合薪酬的灵活性。

二、薪酬计算专业工具

这些工具专注于薪酬核算、社会缴费、税务处理，适用于流程较为标准化、小型化的企业，减少人工计算错误。

代表工具：

1. 薪税管家。专攻个税扣缴申报和薪酬计算，特别适用于个税复杂以及薪资体系多元的企业。

2. 51 社保。专注五险一金缴费自动化核算，提供标准化的社保服务。

三、弹性福利及员工激励管理工具

这类工具是为了优化员工满意度和留存率，为员工提供多样化福利选择。支持员工在统一平台上选择符合自己需求的福利。福利种类丰富，覆盖健康险、体检卡、假期补偿计划、学习津贴等。数据化支持，生成员工福利使用偏好报告，调整激励政策。

代表工具：

Moka People。Moka 以招聘管理切入，后扩展到薪资福利管理。

实训应用

实训项目：

工资集体协商模拟。

实训目的：

1. 提高分析和界定薪酬管理问题的能力；

2. 培养收集信息资料的能力；

3. 培养薪酬相关法律、法规应用能力。

实训组织：

以某具体企业为背景，组建工资集体协商谈判小组（3～9人），分别扮演企业方和工会方，收集有关薪酬法律、法规政策资料和薪酬市场信息，按照工资集体协商程序开展一次工资集体协商模拟谈判。步骤如下：

1. 推选谈判代表。

2. 收集相关信息。(1) 有关工资法律、法规政策资料收集：我国《劳动法》《工会法》《集体合同规定》《工资支付暂行规定》《工资集体协商试行办法》等有关法律、法规。(2) 市场信息收集：如劳动部门发布的工资指导线、劳动力市场工资指导价位、居民消费价格指数、最低工资标准等。(3) 企业信息收集：如企业经济效益、人工成本情况、职工工资分配和保险福利待遇情况、职工的意见和要求。

3. 协商。(1) 制作工资协商意向书和答复书；(2) 过程记录；(3) 双方协议签字。

管理链接

别让奖励偷走动力：破解过度正当化效应

过度正当化效应指原本由内在动机驱动的行为（如兴趣、意义感）在引入外在奖励后，动机可能会逐渐转向对奖励的依赖，从而削弱其内在兴趣。这种效应常见于工作场景中，比如员工因兴趣或成就感投身某项任务，但当高频物质奖励介入后，可能导致原本自发的动力逐渐丧失。

心理学家马克·莱珀（Mark R. Lepper）等人的经典实验为这一效应提供了证据。他们观察原本喜欢绘画的孩子，将其分为三组：一组承诺有奖励，一组未承诺但仍获得奖励，一组没有奖励。实验结果显示，被承诺奖励的孩子绘画兴趣显著下降，因为他们将绘画行为归因于奖励，而不是兴趣本身。这说明，如果行为被过多地外在化，人们会减少内在驱动力，尤其当奖励停止时，这种行为更容易瓦解。

在薪酬福利设计中，高频物质奖励（如绩效奖金）可以短期内提升员工积极性，但若依赖过度可能导致员工只为奖金工作，忽视对工作的内在兴趣和意义。因此，企业应通过长期职业发展规划、工作内容丰富化等方式增强员工的内在动机，如提供项目挑战、认可员工的创新成果等。单一奖励易于“习惯化”，使激励失去效力。企业应周期性调整奖励方式，比如除了金钱奖金外，加入精神奖励（荣誉表彰、内部晋升机会）或团队认可，持续保持激励的新鲜感。

弹性福利是避免过度正当化的有效工具。例如，让员工自主选择适合自己的福利（学习津贴、健康险或带薪假期），增强其参与感，不仅提升对福利的认可度，也能避免固定福利单一化削弱激励效果。

过度正当化效应提醒管理者需确保薪酬福利设计既能激发员工的外在动力，又能保护和提升其内在兴趣。策略性平衡这两者，可以更有效地实现长期激励效果。

资料来源：阎志鹏．三个存钱罐：金融学教授的儿童财商启蒙课．北京：电子工业出版社，2022.

明德强技

薪酬纠纷的警示：加班工资背后的法治思考

陈某于2016年9月22日入职甲公司，从事客服工作，双方未签订书面劳动合同；公司未支付周末加班工资；2018年1月1日，陈某与甲公司签订了期限至2019年12月31日的书面劳动合同。2018年6月因甲公司未缴纳社会保险费双方发生争议。离职时，甲公司未向陈某出具解除劳动关系证明书，扣发了陈某2018年5月工资1 646.22元及6月的9天的工资975.4元。(注：陈某离职前12个月平均工资为4 242.9元)

2018年7月20日陈某申请劳动仲裁，请求：1. 支付欠发的工资及未足额支付工资的赔偿金；2. 支付未签订劳动合同二倍工资差额37 582.5元；3. 支付加班工资35 503.4元；4. 支付未缴纳社会保险解除劳动合同经济补偿金8 485.7元；5. 缴纳2016年9月至2017年12月的养老保险、失业保险等社会保险及利息，赔偿未缴纳医疗、生育保险的损失；6. 出具解除劳动关系证明书，并办理社保转移手续。

仲裁委员会裁决：甲公司支付陈某拖欠2018年6月9天的工资975.4元和拖欠工资经济赔偿金487.7元（975.4元×25%×2）及补缴社保、出具解除或终止劳动合同（关系）证明书的请求，驳回了其他的仲裁请求。

双方对仲裁裁决均不服，起诉至法院，一审法院支持了支付欠发工资、未签订劳动合同的二倍工资差额、未缴纳社会保险解除劳动合同经济补偿金的请求；驳回支付加班工资、未足额支付工资赔偿金、补缴社会保险费的请求。双方均上诉至二审法院，二审法院除维持一审支持的部分外，撤销一审法院驳回陈某要求支付加班工资的诉讼请求，判决甲公司支付双休日加班工资31 602.2元。

关于加班工资的举证责任问题，二审法院查明甲公司通过钉钉软件对员工进行考勤，且每月考勤结果在钉钉考勤中予以公布。遂以陈某提供了39张钉钉考勤和微信截图，证明其双休日存在加班事实，而公司法定代表人也认可使用钉钉考勤和指纹考勤，而单位未提供考勤等证据应当承担举证不能的法律后果，从而支持了加班工资。

资料来源：大成劳动与人力资源专业委员会．劳动法疑难案例与企业合规指引．北京：中国法制出版社，2023.

模块七在线练习

模块八

劳动关系管理

学习目标

1. 知识目标

◆ 掌握劳动合同订立、变更、解除和终止的程序以及补偿金的计算方法

◆ 掌握劳动争议处理的方法和劳动仲裁程序

2. 技能目标

◆ 具备劳动合同订立的基本能力

◆ 能够处理简单的劳动争议案件

3. 素养目标

◆ 遵守法律法规、职业规范

◆ 树立公平、诚信、平等协商的意识

劳动关系主要指劳动者、劳动者的组织（工会和职代会）以及用人单位三方主体之间在企业生产经营活动中形成的各种责、权、利关系。劳动合同是劳动者与用人单位确立劳动关系、明确双方权利和义务的协议。企业劳动关系管理典型的工作任务就是劳动合同的管理和劳动争议的处理。

典型工作任务

1. 劳动合同管理

主要包括的工作内容有：

（1）根据政府及地方相关部门规定，编制公司统一的劳动合同文本；

(2) 负责员工劳动合同签订、变更与终止相关手续的办理；

(3) 负责员工入职、转正、离职相关手续的办理。

2. 劳动关系管理

受理员工投诉、咨询，协助人力资源主管，培训行政秘书及公司法律顾问，解决劳动争议及纠纷。

3. 人事档案管理

协助人力资源主管建立人事档案管理制度，负责员工信息档案的建立及维护；负责员工劳动合同、人事档案及人力资源部所有工作文件的收集、存档；负责人事档案借阅手续的办理。主要工作程序如下：

(1) 检查新入职员工档案的真实性和完整性。

(2) 根据入职登记表的信息制作电子档案和 ERP 系统的录入。

(3) 员工档案装档案袋，并注明档案内容，按部门进行归类和存放。

(4) 负责制作和填写社保增减员表，通知社保专员办理新员工社保工作。

(5) 离职人员档案资料保存 2 年，在员工离职所有手续办理完后，将资料转入离职资料库。

4. 员工考勤管理

负责员工考勤信息的统计；负责员工公出、请假管理与统计；为月度工资提供准确信息。

讨论：

1. 上述劳动关系管理的典型工作任务涉及哪些法律、法规？

2. 企业中的劳动关系管理除了劳动关系管理和劳动争议管理之外，还有哪些工作内容？

企业的劳动关系的调整始终关系到企业的成长与发展，只有拥有和谐的劳动关系才能使企业得到快速稳步的发展。加强企业劳动关系的管理，处理好企业内部管理者与劳动者之间的关系，实现企业劳动关系的合作，是企业人力资源管理的重要内容和基本目标之一。

单元一　劳动关系管理流程

劳动关系管理的基础领域主要有两个方面：一是促进劳动关系合作的事项，主要形式是劳动合同制度和集体合同制度；二是缓和、解决劳动关系冲突的事项。劳动关系管理的基本程序大体如图 8－1 所示，不同的企业会根据实际情况有所删减。

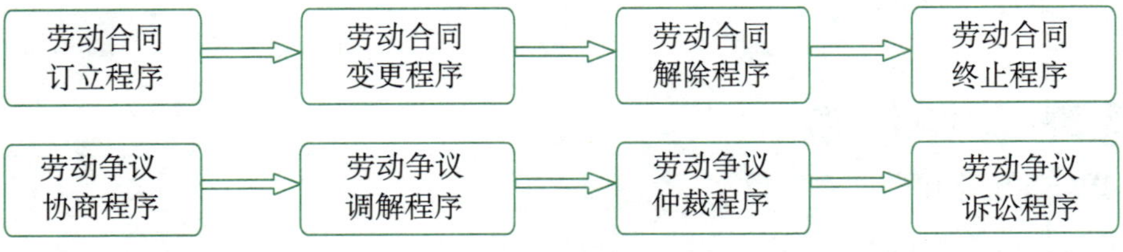

图 8－1　劳动关系管理的基本程序

一、劳动合同订立程序

企业一般的劳动合同订立程序如图 8-2 所示。

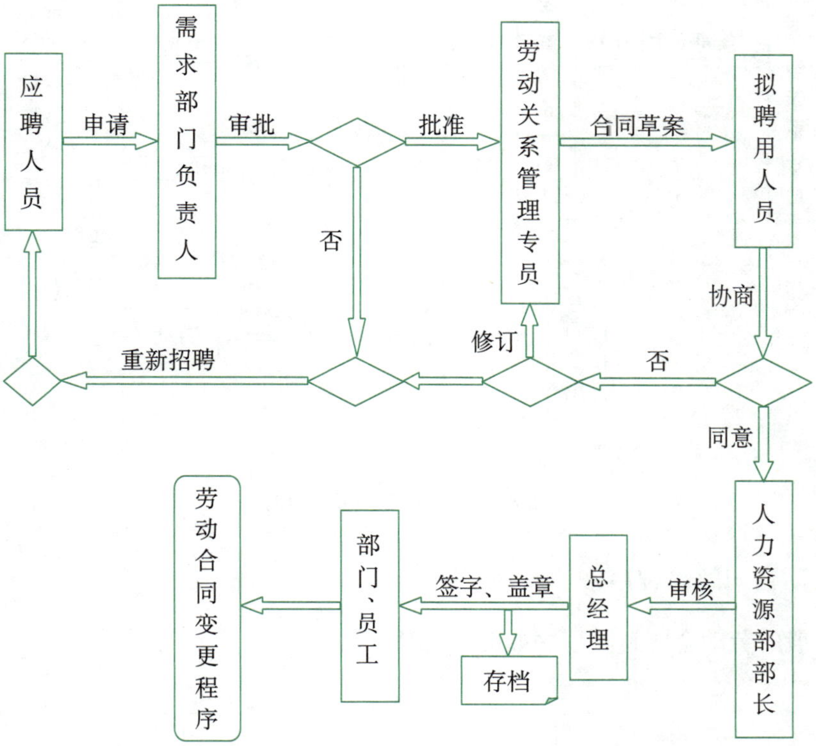

图 8-2　劳动合同订立程序

说明：

劳动合同要在双方介绍各自的实际情况的基础上签订。用人单位应如实介绍本单位生产、工作环境和条件以及具体生产任务；劳动者应如实介绍自己的专长和身体健康状况。双方经协商，就劳动合同的内容取得一致意见后，签名盖章。用人单位要盖单位公章和法定代表人章。劳动者须本人签名或盖本人章。

二、劳动合同变更程序

企业一般的劳动合同变更程序如图 8-3 所示。

说明：

劳动合同的变更，仅限于条款内容的变更，不包括合同当事人的变更。基本的程序一般分为三个步骤：

（1）一方及时提出变更合同的要求。

（2）对方按期做出答复。

（3）双方达成书面协议。变更劳动合同，应当由双方协商，达成一致意见后，在劳动合同中“劳动合同变更记录”栏内填写有关变更内容。变更后的劳动合同应到劳动争议仲裁机构鉴证。

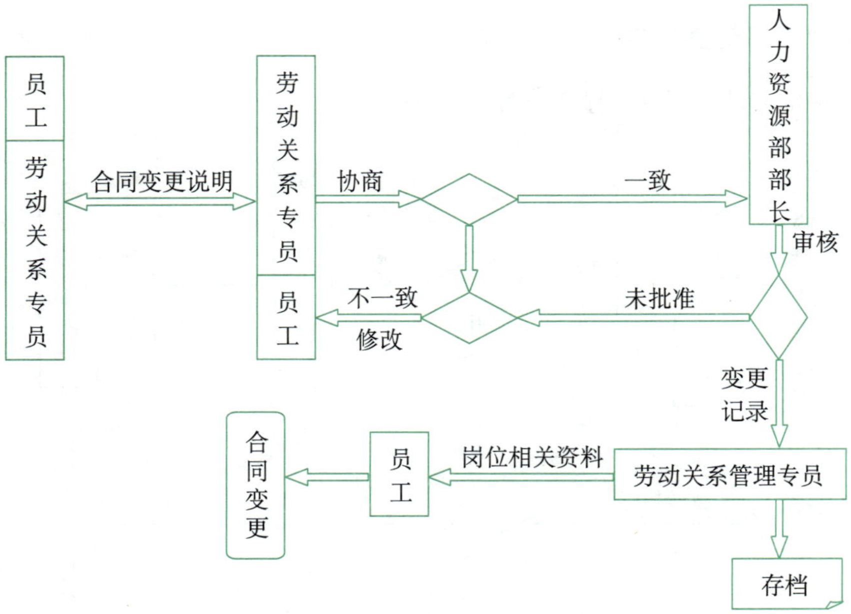

图 8-3 劳动合同变更程序

三、劳动合同解除程序

企业一般的劳动合同解除程序如图 8-4 所示。

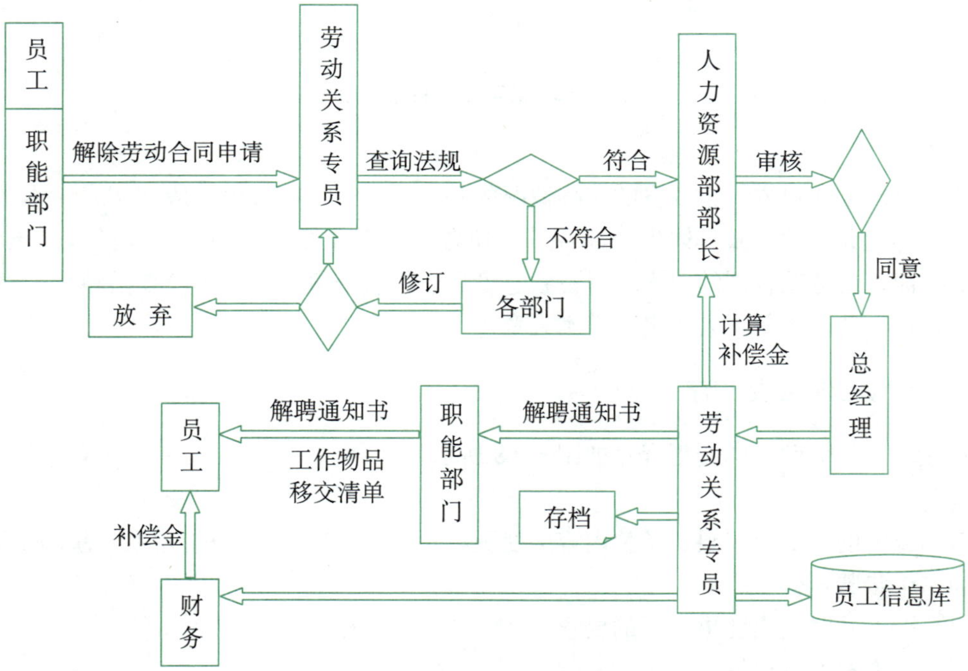

图 8-4 劳动合同解除程序

说明：

（1）用人单位提前 30 日提出解除劳动合同的要求和方案。

(2) 劳动关系专员（合同管理员）整理相关资料，包括解除劳动合同的原因、解除劳动合同信息表、劳动合同正副本、经济补偿金等。

(3) 用人单位法定代表人审批。填写解除劳动合同证明书，在解除劳动合同信息表上签字，并在劳动合同正副本上加盖作废章，对有经济补偿的予以审批。

(4) 办理相关解除手续。包括合同文本正本进个人档案、保险手续、离公司手续以及将解除合同信息传递给劳动行政管理部门等。

四、劳动合同终止程序

企业一般的劳动合同终止程序如图 8－5 所示。

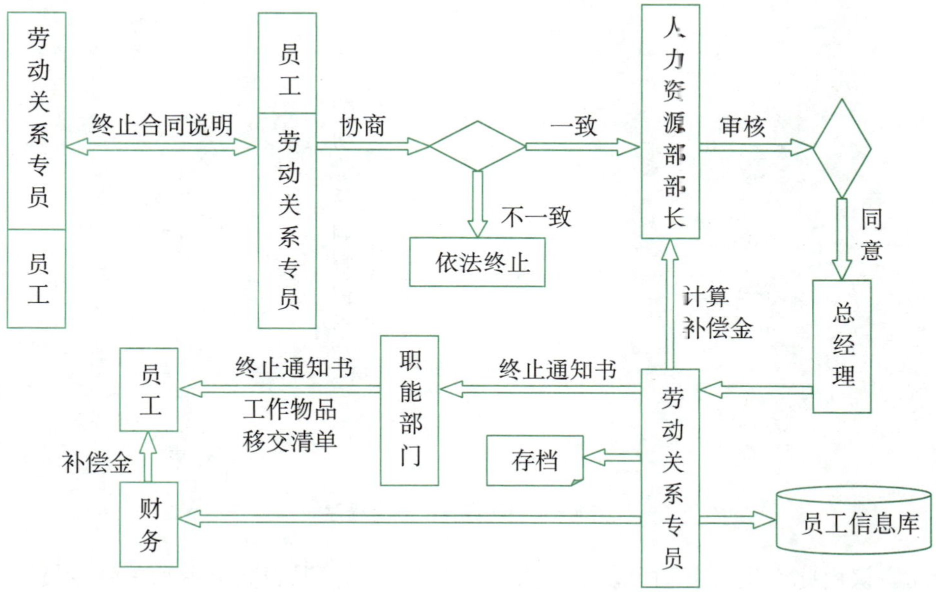

图 8－5　劳动合同终止程序

说明：

(1) 劳动合同期满不再续签劳动合同或其他劳动合同终止的条件出现，双方当事人均可提出终止。

(2) 劳动关系专员（合同管理员）整理相关资料，包括终止劳动合同信息表、劳动合同正副本、经济补偿金等。

(3) 用人单位法定代表人审批。填写终止劳动合同证明书，在终止劳动合同信息表上签字，并在劳动合同正副本上加盖作废章，对有经济补偿的予以审批。

(4) 办理相关解除手续。包括合同文本正本存入个人档案、保险手续、离公司手续以及将终止合同信息传递给劳动行政管理部门等。

五、劳动争议协商程序

企业一般的劳动争议协商程序如图 8－6 所示。

说明：

(1) 劳动关系当事人在履行劳动合同中因对劳动权利和劳动义务问题发生分歧、矛

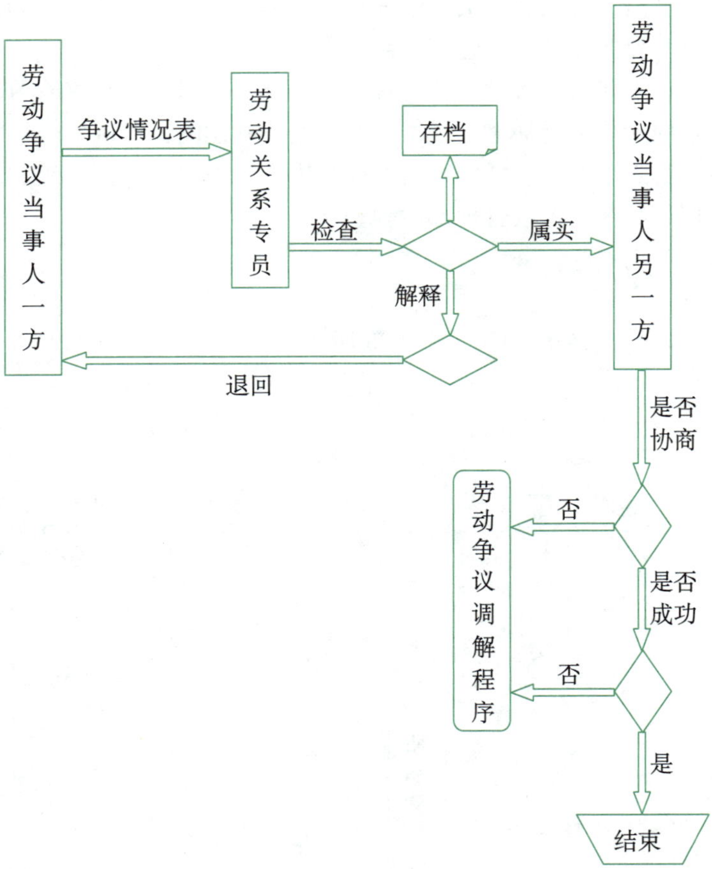

图 8-6　劳动争议协商程序

盾，劳动争议由此产生。劳动争议当事人一方填写争议情况表交给劳动关系专员。

（2）劳动关系专员调查反映情况是否属实，如果确定无误，则告知双方是否需要协商，双方不愿意协商解决或协商不成功则转入劳动争议调解阶段。

六、劳动争议调解程序

企业一般的劳动争议调解程序如图 8－7 所示。

说明：

（1）对愿意通过劳动争议调解委员会调解的，双方当事人都可以自知道或应当知道其权利被侵害之日起的 30 日内，以书面的形式向调解委员会提出申请，并填写劳动争议调解申请书。

（2）劳动争议调解委员会主任或调解员主持调解会议，到员工所在部门取证，部门经理确定纠纷情况，并签署部门处理意见。

（3）劳动争议调解委员会对所得资料进行分类整理。情况不属实，劳动争议调解委员会将情况反馈给员工和劳动关系专员。如判断是一般争议，则与员工及部门面谈，寻求解决办法，达成一致意见后，三方在人事纠纷处理表上签署意见，纠纷处理表一式四份，工会、人力资源部、员工、劳动争议调解委员会各一份。

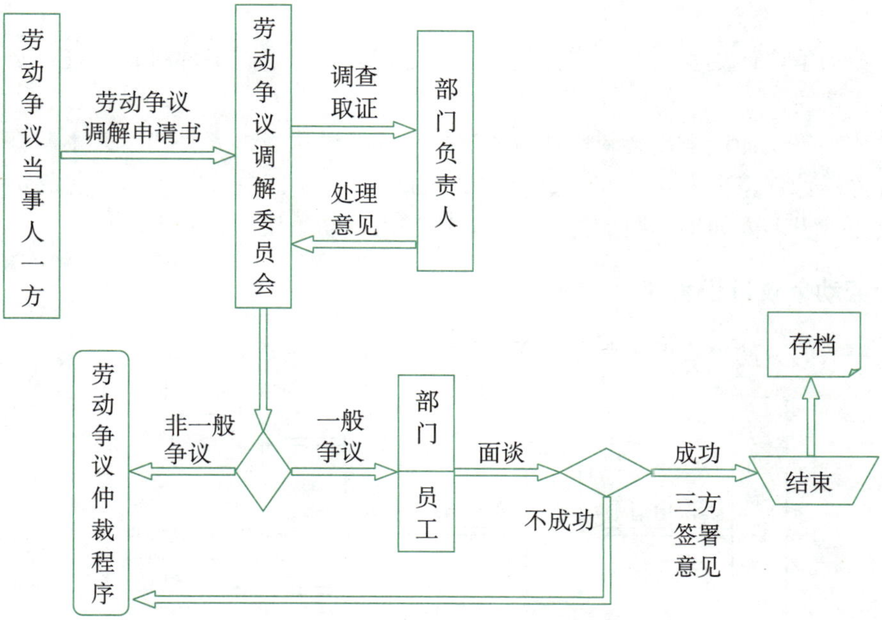

图 8-7　劳动争议调解程序

（4）劳动争议调解委员会调解不成的，即双方达不成协议、调解期限届满而不能结案或调解协议送达后当事人反悔三种情况，则提请当地劳动争议仲裁委员会仲裁。

七、劳动争议仲裁程序

企业一般的劳动争议仲裁程序如图 8-8 所示。

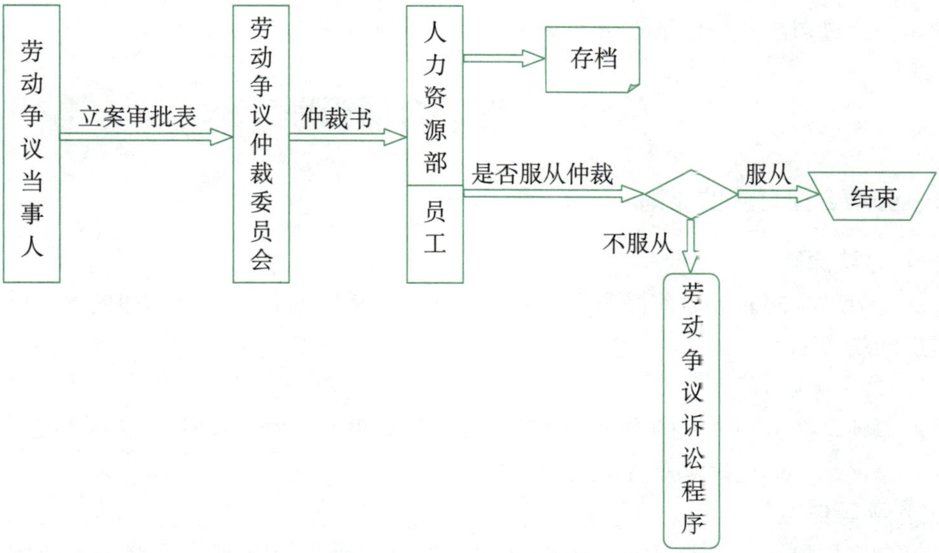

图 8-8　劳动争议仲裁程序

说明：

（1）劳动争议发生后，当事人申请仲裁，应依法向劳动争议仲裁委员会提交仲裁申诉书，并填写立案审批表报劳动争议仲裁委员会负责人审批，审批应在填表后 5 日内作出决定。

(2) 劳动争议仲裁委员会组成仲裁庭或指定仲裁员，审阅案件材料，进行必要的调查取证，公正裁决。

(3) 劳动争议仲裁委员会制作仲裁调解书，一经送达当事人且当事人不反悔的，即发生法律效力；仲裁裁决书自双方当事人收到之日起的 15 日内不向人民法院起诉的，即发生法律效力。当事人如果不服从仲裁裁决，则进入劳动争议诉讼程序。

八、劳动争议诉讼程序

企业一般的劳动争议诉讼程序如图 8-9 所示。

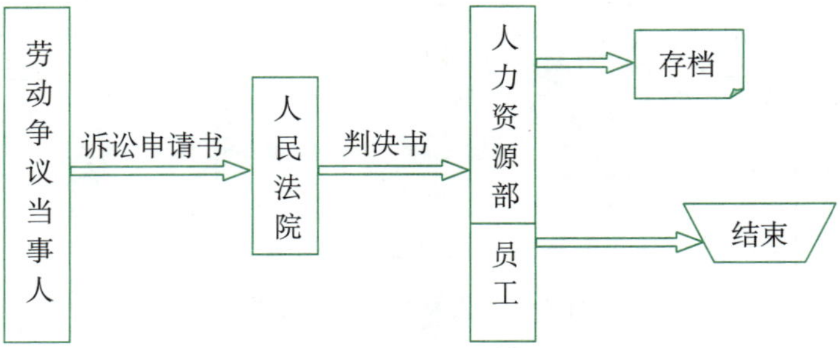

图 8-9　劳动争议诉讼程序

说明：

(1) 当事人对劳动争议仲裁裁决不服的，自收到裁决书之日起 15 日内，可以向人民法院起诉；期满不起诉的，裁决书即发生法律效力。

(2) 人民法院依照民事诉讼程序，依法对劳动争议案件进行审理。这是劳动争议的最终程序，它通过司法程序保证了劳动争议的最终彻底解决。

单元二　劳动合同管理

一、劳动合同订立的原则

(一) 合法原则

合法是劳动合同有效的前提条件。所谓合法，是指劳动合同的形式和内容必须符合法律、法规的规定。

(二) 公平原则

公平原则是指劳动合同的内容应当公平、合理，就是在符合法律规定的前提下，劳动合同双方公正、合理地确立双方的权利和义务。

(三) 平等自愿

平等自愿原则包括两层含义：一是平等原则，二是自愿原则。所谓平等原则是指劳动者和用人单位在订立劳动合同时的法律地位是平等的，没有高低、从属之分，不存在命令和服从、管理和被管理的关系。自愿原则是指订立劳动合同完全是出于劳动者和用人单位双方的真实意志，是双方协商一致达成的，任何一方不得把自己的意志强加给另一方。

（四）协商一致

协商一致就是用人单位和劳动者对合同的内容达成一致意见。在订立劳动合同时，用人单位和劳动者都要仔细研究合同的每项内容，进行充分的沟通和协商，解决分歧，达成一致意见。

（五）诚实信用

在订立劳动合同时要诚实、讲信用。在订立劳动合同时，双方都不得有欺诈行为。根据我国《劳动合同法》第八条的规定，用人单位招用劳动者时，应当如实告知劳动者工作内容、工作条件、工作地点、职业危害、安全生产状况、劳动报酬，以及劳动者要求了解的其他情况；用人单位有权了解劳动者与劳动合同直接相关的基本情况，劳动者应当如实说明。

二、订立劳动合同的程序

劳动合同订立的程序是指签订劳动合同的过程。根据我国《劳动法》和《劳动合同法》的有关规定，签订劳动合同有以下几个程序：

（一）提出要约

通常情况下，要约人为用人单位。用人单位通过招聘启事、职业介绍机构的招聘登记形式提出要约。要约包括工作岗位、工作任务、劳动报酬、劳动条件、保险福利等事项，以及应聘人员应具备的资格和条件等。要约人也可以是劳动者。劳动者通过求职信、求职登记等提出要约。

（二）相互协商

提出要约之后，受要约人与要约人就订立合同的建议和要求进行平等协商。用人单位应如实介绍本单位生产、工作情况以及具体的生产任务。劳动者应如实介绍自己的专长和身体健康状况。双方协商以用人单位草拟的劳动合同文本作为协商的基础。草拟的劳动合同文本规定双方的权利和义务，在双方各自的权利和义务达成一致后，协商即告结束。

（三）双方签约

劳动合同要在双方介绍各自的实际情况的基础上签订。就劳动合同的内容取得一致意见后，双方签名、盖章。用人单位要盖法人章或劳动合同专用章，而劳动者须本人签名或盖章。

三、无效劳动合同

无效劳动合同是指由当事人签订成立而国家不予承认其法律效力的劳动合同。一般情况下，合同一旦依法成立，就具有法律约束力，但是无效合同即使成立，也不具有法律约束力，不发生履行效力。根据我国《劳动合同法》第二十六条的规定，有下列情形之一的，劳动合同无效或部分无效：

（1）违反法律、行政法规强制性规定的。包括：用人单位和劳动者中的一方或者双方不具备订立劳动合同的法定资格；劳动合同的内容直接违反法律、法规的规定；劳动合同因损害国家利益和社会公共利益而无效。我国《民法典》第一百五十三条规定：违反法律、行政法规的强制性规定的民事法律行为无效。但是，该强制性规定不导致该民事法律行为无效的除外。

（2）以欺诈、胁迫的手段或者乘人之危，使对方在违背真实意思的情况下订立或者变更劳动合同的。欺诈是指当事人一方故意制造假象或隐瞒事实真相，欺骗对方，诱使对方形成错误认识而与之订立劳动合同。欺诈的种类很多，包括：在没有履行能力的情况下，签订合同；行为人负有义务向他方如实告知某种真实情况而故意不告知等。采取欺诈手段订立的劳动合同是无效的。胁迫是指当事人以将要发生的损害或者以直接实施损害相威胁，一方迫使另一方处于恐惧或者其他被胁迫的状态而签订劳动合同，可能涉及生命、身体、财产、名誉、自由、健康等方面。

（3）用人单位免除自己的法定责任、排除劳动者权利的。属于禁止用人单位同劳动者约定的内容，这也是合同的一般原则。通常表现为，劳动合同简单化，法定条款缺失，仅规定劳动者的义务，有的甚至规定“生老病死都与企业无关”“用人单位有权根据生产经营变化及劳动者的工作情况调整其工作岗位，劳动者必须服从单位的安排”等霸王条款。

劳动合同是否有效，由劳动争议仲裁机构或者人民法院确认，其他任何部门或者个人都无权认定无效劳动合同。

四、劳动合同的变更、解除、终止

（一）劳动合同的变更

劳动合同的变更必须经双方协商一致，变更劳动合同，应当采用书面形式。变更后的劳动合同文本由用人单位和劳动者各执一份。

劳动合同可变更的法定情形有：劳动合同订立时所依据的客观情况发生重大变化，致使劳动合同无法履行，用人单位可与劳动者协商，对劳动合同进行变更，如果未能就变更劳动合同内容达成协议的，用人单位在提前 30 日以书面形式通知劳动者本人或者额外支付劳动者 1 个月工资后，可以解除劳动合同。一般有如下情形：

（1）订立劳动合同所依据的法律、法规已经修改或者废止。

（2）用人单位方面的原因。用人单位经上级主管部门批准或者根据市场变化决定转产、调整生产任务或者生产经营项目等。

（3）劳动者方面的原因。如劳动者的身体健康状况发生变化、劳动能力部分丧失、所在岗位与其职业技能不相适应、职业技能提高了一定等级等，造成原劳动合同不能履行或者如果继续履行原合同规定的义务对劳动者明显不公平。

（4）客观方面的原因。这种客观原因的出现使得当事人原来在劳动合同中约定的权利义务的履行成为不必要或者不可能。这时应当允许当事人对劳动合同有关内容进行变更。主要有：1）由于不可抗力的发生，使得原来合同的履行成为不可能或者失去意义。不可抗力是指当事人所不能预见、不能避免并不能克服的客观情况，如自然灾害、意外事故、战争等。2）由于物价大幅度上升等客观经济情况变化，致使劳动合同的履行会花费太大代价而失去经济上的价值。这是民法的情势变更原则在劳动合同履行中的运用。

根据法律的规定，劳动者不能胜任工作的，用人单位可以适当地调整其工作岗位，这种情形下岗位的变更可不经劳动者同意，属于用人单位的用工自主权。但岗位的调整是否可以降低工资？这个问题法律上没有明确，因此，用人单位可以在规章制度或劳动合同中予以明确。

小案例

口头协议的陷阱

李某为某公司员工，每月工资 22 000 元。2019 年 12 月 1 日起，公司将李某每月的工资降至 13 600 元。对于此次降薪结果，李某并不认可，其先后多次通过邮件向公司领导提出异议，但公司均未回复。最终，李某以公司未足额支付 2019 年 12 月 1 日至 2020 年 7 月 31 日的工资为由，于 2020 年 7 月 31 日离职。离职后，李某先后提起仲裁和诉讼，要求公司支付拖欠的工资及被迫离职的经济补偿。

公司认为此次降薪经过了宣讲会及内网公示的合法程序，职级薪酬调整前后亦与李某进行了充分协商，调整后的薪资已经履行了八个月，应当视为双方已就薪酬调整达成合意。

裁判结果：

结合李某在收到邮件后提出了异议这一情形，公司并未提交充分有效证据证明其曾就工资标准调整事宜与李某进行协商或达成一致意思表示。综上，公司应当支付李某 2019 年 12 月 1 日至 2020 年 7 月 31 日期间工资差额 67 200 元。

分析：

根据《最高人民法院关于审理劳动争议案件适用法律问题的解释（一）》第 43 条规定，以口头协商的方式变更劳动合同内容的，其协商变更的效力主要取决于三点：一是经口头协商变更劳动合同是否达成一致；二是是否实际履行口头变更的劳动合同超过了一个月；三是变更的内容是否违反法律法规以及公序良俗。对于这三点，实践中最容易引发争议的是第一点，即经口头协商变更劳动合同达成一致的认定。对此，首先，法院通常会审查企业与劳动者有无进行口头协商，即企业有无将相关的变更内容向劳动者进行详细告知和说明。其次，法院会审查劳动者在收到相关告知和说明后有无明确提出异议。

就本案而言，公司之所以败诉，最主要的原因就在于李某对公司的薪资变更决定已经多次提出了异议，在这种情况下，法院认为双方并未就薪资变更达成一致意见。

资料来源：任龙．企业人力资源合规管理实务手册．北京：人民邮电出版社，2024.

（二）劳动合同的解除

劳动合同的解除是指劳动合同签订以后，尚未全部履行之前，由于一定事由的出现，提前终止劳动合同的法律行为。

1. 劳动者可解除劳动合同的情形

（1）协商一致解除劳动合同。

（2）提前通知解除劳动合同。劳动者提前 30 日以书面形式通知用人单位，可以解除劳动合同。劳动者在试用期内提前 3 日通知用人单位，可以解除劳动合同。

（3）被迫解除劳动合同。根据我国《劳动合同法》第三十八条的规定，用人单位有下列情形之一的，劳动者可以解除劳动合同：1）未按照劳动合同约定提供劳动保护或者劳动条件的；2）未及时足额支付劳动报酬的；3）未依法为劳动者缴纳社会保险费的；4）用人单位的规章制度违反法律、法规的规定，损害劳动者权益的；5）因《劳动合同法》第二十六条第一款规定的情形致使劳动合同无效的；6）法律、行政法规规定劳动者可以解除劳动合同的其他情形。用人单位以暴力、威胁或者非法限制人身自由的手段强迫劳动者劳动的，或者用人单位违章指挥、强令冒险作业危及劳动者人身安全的，劳动者可以立即解除劳动合同，不需事先告知用人单位。

2. 用人单位可解除劳动合同的情形

（1）协商一致解除劳动合同。

（2）过失性辞退，无须支付经济补偿。

劳动者有下列情形之一的，用人单位可以解除劳动合同：1）在试用期间被证明不符合录用条件的；2）严重违反用人单位的规章制度的；3）严重失职，营私舞弊，给用人单位造成重大损害的；4）劳动者同时与其他用人单位建立劳动关系，对完成本单位的工作任务造成严重影响，或者经用人单位提出，拒不改正的；5）因我国《劳动合同法》第二十六条第一款第一项规定的情形致使劳动合同无效的；6）被依法追究刑事责任的。

（3）非过失性辞退，需提前 30 天或支付代通知金。

有下列情形之一的，用人单位提前 30 日以书面形式通知劳动者本人或者额外支付劳动者 1 个月工资后，可以解除劳动合同：1）劳动者患病或者非因工负伤，在规定的医疗期满后不能从事原工作，也不能从事由用人单位另行安排的工作的；2）劳动者不能胜任工作，经过培训或者调整工作岗位，仍不能胜任工作的；3）劳动合同订立时所依据的客观情况发生重大变化，致使劳动合同无法履行，经用人单位与劳动者协商，未能就变更劳动合同内容达成协议的。

（4）裁员。

有下列情形之一，需要裁减人员 20 人以上，或者裁减不足 20 人但占企业职工总数 10%以上的，用人单位提前 30 日向工会或者全体职工说明情况，听取工会或者职工的意见后，裁减人员方案经向劳动行政部门报告，可以裁减人员：1）依照企业破产法规定进行重整的；2）生产经营发生严重困难的；3）企业转产、重大技术革新或者经营方式调整，经变更劳动合同后，仍需裁减人员的；4）其他因劳动合同订立时所依据的客观经济情况发生重大变化，致使劳动合同无法履行的。

3. 用人单位解除劳动合同的限制

劳动者有下列情形之一的，用人单位不得解除劳动合同：

（1）从事接触职业病危害作业的劳动者未进行离岗前职业健康检查，或者疑似职业病病人在诊断或者医学观察期间的。

（2）在本单位患职业病或者因工负伤并被确认丧失或者部分丧失劳动能力的。

（3）患病或者非因工负伤，在规定的医疗期内的。

（4）女职工在孕期、产期、哺乳期的。

（5）在本单位连续工作满 15 年，且距法定退休年龄不足 5 年的。

（6）法律、行政法规规定的其他情形。

4. 用人单位解除劳动合同的程序

用人单位单方面解除劳动合同，应当事先将理由通知工会。用人单位违反法律、行政法规规定或者劳动合同约定的，工会有权要求用人单位纠正。用人单位应当研究工会的意见，并将处理结果书面通知工会。

5. 违反解除劳动合同的法律后果

用人单位违法解除劳动合同的，如果劳动者要求继续履行劳动合同的，用人单位应当继续履行；劳动者不要求继续履行劳动合同或者劳动合同已经不能继续履行的，用人单位应当支付赔偿金，赔偿金的标准为经济补偿金的两倍。

（三）劳动合同的终止

劳动合同的终止是指劳动合同关系的消失，即劳动关系双方权利义务的失效。劳动合同终止分为自然终止和因故终止。

1. 劳动合同终止情形

（1）劳动合同期满的，这里包括固定期限劳动合同期满和以完成一定工作任务为期限的劳动合同期满。

（2）劳动者开始依法享受基本养老保险待遇的。

（3）劳动者死亡，或者被人民法院宣告死亡或者宣告失踪的。

（4）用人单位被依法宣告破产的，此情形下劳动合同终止，用人单位需支付经济补偿。

（5）用人单位被吊销营业执照、责令关闭、撤销或者用人单位决定提前解散的，此情形下劳动合同终止，用人单位需支付经济补偿。

（6）法律、行政法规规定的其他情形。

2. 劳动合同期满但需要顺延的特别规定

劳动合同期满，有如下情形，劳动合同应当续延至相应的情形消失时终止：

（1）从事接触职业病危害作业的劳动者未进行离岗前职业健康检查，或者疑似职业病病人在诊断或者医学观察期间的。

（2）患病或者非因工负伤，在规定的医疗期内的。

（3）女职工在孕期、产期、哺乳期的。

（4）在本单位连续工作满 15 年，且距法定退休年龄不足 5 年的。

（5）法律、行政法规规定的其他情形。

小工具

解除和终止劳动合同必须出具书面通知且送达员工，否则，解除和终止劳动合同决定不生效，但是，实践中很多情况是企业给员工出具书面通知时，员工却拒不签收，这时很多企业束手无策，一方面法律要求企业必须证明已经书面送达员工，另一方面员工不签收，企业又没办法强迫员工签收，怎么办?

方法一：制作《员工入职登记表》时，增加一栏，内容为："公司有关书面文件、通知无法直接送达给本人时，本人确认本表中所填写的家庭住址为邮寄送达地址。"

方法二：《劳动合同》中增加一个条款，内容为："甲方有关书面文件、通知无法直接送达给乙方时，乙方确认劳动合同中所填写的家庭住址为邮寄送达地址。"

五、合同管理信息表单

（1）解除（终止）劳动合同信息表（见表 8-1）。

表 8-1 解除（终止）劳动合同信息表

单位						员工	
合同期限	1. 有固定期限，从　　年　月　日起至　　年　月　日						
	2. 无固定期限						
员工出生年月		性别		民族		岗位	
在本公司工作年限		学历		职称		解除合同前 12 个月平均工资	
配偶姓名			性别		单位		
双方同意解除（终止）劳动合同时间：　　年　月　日							
提出解除（终止）劳动合同依据	□公司　　□员工 签字：　　年　月　日						
提出方是否愿意承担经济责任	□公司　　□员工 签字：　　年　月　日						
违约金或补偿金支付情况	用人单位签字：　　年　月　日						
工会意见	签字（盖章）：　　年　月　日						
所在单位意见			人力资源部意见				
领导审批	签字：　　年　月　日						
办理	同意从　　年　月　日解除（终止）劳动合同 签字：　　年　月　日						
备注							

（2）终止（解除）劳动合同证明书（见表 8-2）。

表 8-2 终止（解除）劳动合同证明书

终止（解除）劳动合同证明书

兹有本单位职工________________，性别____，身份证号码________________________________，住址________省________市（县、区）________街道（乡、镇）________社区（村）________。劳动合同类型为________________________（有固定期限劳动合同、无固定期限劳动合同、以完成一定工作为期限劳动合同），起止时间为____年____月____日至____年____月____日。因（1）合同期限届满；（2）________________，经与职工本人协商，现根据《劳动合同法》第____条第____款第____项的规定，本单位决定解除（终止）与该职工的劳动合同。

特此证明。

（用人单位盖章）

年　　月　　日

注：本证明书一式三份，原合同双方当事人、失业保险机构各一份。

六、经济补偿金的计算

（一）用人单位需支付经济补偿的法定情形

因劳动合同解除和终止而导致的经济补偿金的支付情形如表 8-3 所示。

表 8-3　劳动合同解除和终止及经济补偿金支付情形一览表

<table>
<tr><th colspan="2">解除和终止</th><th>条件</th><th>期限</th><th>经济补偿金</th></tr>
<tr><td rowspan="2">协商解除</td><td>单位提出</td><td rowspan="2">不论何种类型的劳动合同，也不需要任何条件，都可以协商解除</td><td>无要求</td><td>需支付</td></tr>
<tr><td>员工提出</td><td>无要求</td><td>无须支付</td></tr>
<tr><td rowspan="10">单位解除的情形</td><td rowspan="6">即时通知解除劳动合同（过失性解除劳动合同）</td><td>试用期内不符合录用条件</td><td>随时</td><td>无须支付</td></tr>
<tr><td>严重违纪</td><td>随时</td><td>无须支付</td></tr>
<tr><td>造成重大损害</td><td>随时</td><td>无须支付</td></tr>
<tr><td>兼职，对本职工作有严重影响或经提出拒不改正的</td><td>随时</td><td>无须支付</td></tr>
<tr><td>以欺诈、胁迫的手段或者乘人之危订立劳动合同</td><td>随时</td><td>无须支付</td></tr>
<tr><td>被追究刑事责任</td><td>随时</td><td>无须支付</td></tr>
<tr><td rowspan="3">预告通知解除劳动合同（非过失性解除劳动合同）</td><td>患病或非因工负伤医疗期满，不能从事原工作也不能从事另行安排工作的</td><td>提前 30 天或支付一个月工资</td><td>需支付</td></tr>
<tr><td>不能胜任工作，经培训或调岗后仍无法胜任的</td><td>提前 30 天或支付一个月工资</td><td>需支付</td></tr>
<tr><td>劳动合同无法履行且无法达成变更劳动合同协议的</td><td>提前 30 天或支付一个月工资</td><td>需支付</td></tr>
<tr><td>裁员解除</td><td>破产，经营困难，转产、重大技术革新或者经营方式调整，客观情况发生重大变化</td><td>履行法定程序后可以裁员</td><td>需支付</td></tr>
<tr><td rowspan="10">员工解除的情形</td><td>提前 30 天通知解除</td><td>不论何种类型的劳动合同，也不需要任何条件，劳动者都可以提前 30 天通知解除劳动合同</td><td>提前 30 天通知</td><td>无须支付</td></tr>
<tr><td>提前 3 天通知解除</td><td>在试用期内的</td><td>提前 3 天通知</td><td>无须支付</td></tr>
<tr><td rowspan="6">随时通知解除</td><td>未提供约定的劳动保护和劳动条件</td><td>随时通知</td><td>需支付</td></tr>
<tr><td>未按时足额支付劳动报酬</td><td>随时通知</td><td>需支付</td></tr>
<tr><td>未缴纳社会保险费</td><td>随时通知</td><td>需支付</td></tr>
<tr><td>规章制度违法，损害劳动者利益</td><td>随时通知</td><td>需支付</td></tr>
<tr><td>以欺诈、胁迫的手段或者乘人之危订立劳动合同的</td><td>随时通知</td><td>需支付</td></tr>
<tr><td>法律、法规规定的其他情况</td><td>随时通知</td><td>需支付</td></tr>
<tr><td rowspan="2">无须通知立即解除</td><td>暴力等手段强迫劳动</td><td>立即，无须通知</td><td>需支付</td></tr>
<tr><td>违规违章强令冒险作业</td><td>立即，无须通知</td><td>需支付</td></tr>
<tr><td rowspan="6">劳动合同终止</td><td colspan="3">劳动合同期满的</td><td>有条件支付</td></tr>
<tr><td colspan="3">劳动者开始享受基本养老保险待遇的</td><td>无须支付</td></tr>
<tr><td colspan="3">劳动者死亡或被法院宣告死亡或失踪的</td><td>无须支付</td></tr>
<tr><td colspan="3">单位被宣告破产</td><td>需支付</td></tr>
<tr><td colspan="3">被吊销营业执照、责令关闭、撤销或者用人单位决定提前解散的</td><td>需支付</td></tr>
<tr><td colspan="3">法律、行政法规规定的其他情形</td><td>无须支付</td></tr>
</table>

（二）经济补偿的计算标准

我国《劳动合同法》第四十七条规定的经济补偿的具体标准如下：

（1）年限计算标准。按劳动者在本单位工作的年限，每满 1 年支付 1 个月工资的标准，6 个月以上不满 1 年的，按 1 年计算；不满 6 个月的，支付半个月工资的经济补偿。

（2）工资计算基数。《劳动合同法》简化了工资的计算标准，规定工资是指劳动者在劳动合同解除或者终止前 12 个月的平均工资。这里的工资是指劳动者的应得工资，一般包括：计时工资、计件工资、奖金、津贴和补贴、加班加点工资、特殊情况下支付的工资。

（3）针对高工资收入者的计算封顶。劳动者月工资高于用人单位所在直辖市、设区的市级人民政府公布的本地区上年度职工月平均工资 3 倍的，向其支付经济补偿的标准按职工月平均工资 3 倍的数额支付，向其支付经济补偿的年限最高不超过 12 年。

（三）经济补偿的支付时间

我国《劳动合同法》第五十条第二款规定：劳动者应当按照双方约定，办理工作交接。用人单位依照《劳动合同法》有关规定应当向劳动者支付经济补偿的，在办结工作交接时支付。

我国《劳动合同法》针对用人单位不按规定支付经济补偿做了规定，即用人单位逾期不支付经济补偿的，由劳动行政部门责令用人单位按应付金额 50%以上 100%以下的标准向劳动者加付赔偿金。根据规定，劳动者无法通过劳动仲裁或诉讼程序主张赔偿金，必须通过劳动监察程序主张权利。

单元三　劳动争议处理

一、劳动争议处理的原则

劳动争议处理的原则是劳动争议处理机构在处理劳动争议时必须遵循的基本准则，贯穿于劳动争议处理的全过程。我国《劳动争议调解仲裁法》第三条规定：解决劳动争议，应当根据事实，遵循合法、公正、及时、着重调解的原则，依法保护当事人的合法权益。

（一）解决劳动争议必须根据事实，从实际出发

牵涉到利益纠纷的时候，尽管是对于同一存在的事实，当事人的认识或者说主张也可能并不一致。那么认清事实，就成为处理和解决各种争议案件的前提和基础。应坚持实事求是，一切从具体实际出发，注重证据，注重调查研究，还客观事实以本来面目，并以客观事实作为分清当事人是非曲直和裁判的依据。

（二）解决劳动争议必须以依法保护当事人的合法权益为归宿

劳动争议处理机构通过依法受理和审理劳动争议案件，对当事人的合法权益予以维护，对违法或不适当的行为予以纠正，从而起到保护劳动者和用人单位双方的作用。解决劳动争议的过程中调解、仲裁乃至诉讼程序的归宿和落脚点都是为了依法保护当事人的合法权益。因此，解决劳动争议的过程中，对当事人合法权益的维护包括两个方面，既要维

护当事人在实体法上的实体权利，又要充分尊重当事人在程序法上的程序权利。

（三）解决劳动争议应当遵循合法、公正、及时的原则

这里的“合法”，是指以事实为依据，以法律为准绳，在查清案情的基础上，依照劳动法律、法规处理劳动争议。“公正”则是指在处理劳动争议过程中，对劳动争议当事人任何一方，在适用法律上一律平等，一视同仁，对违法行为加以追究和制裁，对合法权益给予保护。“及时”是指劳动争议当事人在法定时效内向劳动争议处理机构提出申请、申诉或诉讼请求时，劳动争议处理机构应当依照法律、法规所规定的时限，抓紧调查、处理工作，使争议及时得到解决。

二、劳动争议处理的程序

劳动争议处理的程序如下：

（1）当发生劳动争议时，争议双方可协商解决，也可以请工会或者第三方共同与用人单位协商，达成和解协议。

（2）当事人不愿协商、协商不成或者达成和解协议后不履行的，当事人可以向劳动争议调解委员会申请调解。

（3）不愿调解、调解不成或者达成调解协议后不履行，当事人一方要求仲裁的，可以向劳动争议仲裁委员会申请仲裁。

（4）当事人一方也可以不经调解直接向劳动争议仲裁委员会申请仲裁。

（5）对仲裁裁决不服的，可以向人民法院提起诉讼。

三、调解程序

通过调解的形式处理劳动争议应按以下程序进行：

（一）申请和受理

发生劳动争议，当事人可以到企业劳动争议调解委员会、依法设立的基层人民调解组织、在乡镇或街道设立的具有劳动争议调解职能的组织申请调解，当事人申请劳动争议调解可以书面申请，也可以口头申请。口头申请的，调解组织应当当场记录申请人基本情况、申请调解的争议事项、理由和时间。

（二）调查和调解

调解劳动争议，应当充分听取双方当事人对事实和理由的陈述，耐心疏导。依照法律、法规及依法制定的企业规章制度和劳动合同，公正调解，帮助其达成协议。在调查和调解时应制作相应的笔录。

（三）制作调解协议书

经调解达成协议的，应当制作调解协议书，具体如表 8 - 4 所示。调解协议书由双方当事人签名或者盖章，经调解员签名并加盖调解组织印章后生效，对双方当事人具有约束力，当事人应当履行。

自劳动争议调解组织收到调解申请之日起 15 日内未达成调解协议的，视为调解不成。

除因签订、履行集体合同发生的争议外，劳动者与用人单位发生的其他劳动争议均可以由本企业劳动争议调解委员会调解。调解程序不是劳动争议处理的必经程序，当事人任何一方或双方可以直接向当地劳动争议仲裁委员会申请仲裁。

表 8-4 调解协议书

调解协议书 （　　）字第　号 申请人：姓名（或用人单位名称）　　性别 地址　　职务（岗位） 法定代表人　　职务 委托代理人 被申请人：姓名　　性别 地址　　职务（岗位） 法定代表人　　职务 委托代理人 （事由） 上列双方因××××引起争议，申请人×××于××××年×月×日向本调解委员会提出请求，经本会主持调解，双方协商，自愿达成协议如下： （协议内容） 1.×××××××××。 2.×××××××××。 3.×××××××××。 双方当事人（签名） 调解委员会主任（签名） 劳动争议调解委员会（公章） 年　月　日

四、仲裁程序

当事人可以依法申请仲裁。达成调解协议后，一方当事人在协议约定期限内不履行调解协议的，另一方当事人可以依法申请仲裁。

因支付拖欠劳动报酬、工伤医疗费、经济补偿或者赔偿金事项达成调解协议，用人单位在协议约定期限内不履行的，劳动者可以持调解协议书依法向人民法院申请支付令。人民法院应当依法发出支付令。

（一）申请和受理

当事人应在劳动争议发生之日起 1 年内提出仲裁申请。劳动争议由劳动合同履行地或者用人单位所在地的劳动争议仲裁委员会管辖。双方当事人分别向劳动合同履行地和用人单位所在地的劳动争议仲裁委员会申请仲裁的，由劳动合同履行地的劳动争议仲裁委员会管辖。当事人申请仲裁应向有管辖权的仲裁委员会申诉，即劳动争议发生的县、市、市辖区的仲裁委员会提出申请。发生争议的企业与职工不在同一个仲裁委员会辖区的，由职工当事人工资关系所在地仲裁委员会受理。申请人申请仲裁应当提交书面仲裁申请，并按照被申请人人数提交副本。仲裁申请书应当载明下列事项：劳动者的姓名、性别、年龄、职业、工作单位和住所，用人单位的名称、住所和法定代表人或者主要负责人的姓名、职务；仲裁请求和所根据的事实、理由；证据和证据来源、证人姓名和住所。

书写仲裁申请确有困难的，可以口头申请，由劳动争议仲裁委员会记入笔录，并告知对方当事人。

劳动争议仲裁委员会收到仲裁申请之日起 5 日内，认为符合受理条件的，应当受理，并通知申请人；认为不符合受理条件的，应当书面通知申请人不予受理，并说明理由。对劳动争议仲裁委员会不予受理或者逾期未做出决定的，申请人可以就该劳动争议事项向人民法院提起诉讼。劳动争议仲裁委员会受理仲裁申请后，应当在 5 日内将仲裁申请书副本送达被申请人。被申请人收到仲裁申请书副本后，应当在 10 日内向劳动争议仲裁委员会提交答辩书。劳动争议仲裁委员会收到答辩书后，应当在 5 日内将答辩书副本送达申请人。被申请人未提交答辩书的，不影响仲裁程序的进行。

申请劳动争议仲裁应符合以下条件：

（1）因确认劳动关系发生的争议。

（2）因订立、履行、变更、解除和终止劳动合同发生的争议。

（3）因除名、辞退和辞职、离职发生的争议。

（4）因工作时间、休息休假、社会保险、福利、培训以及劳动保护发生的争议。

（5）因劳动报酬、工伤医疗费、经济补偿或者赔偿金等发生的争议。

（6）法律、法规规定的其他劳动争议。

（二）开庭和裁决

劳动争议仲裁委员会裁决劳动争议案件实行仲裁庭制。仲裁庭由 3 名仲裁员组成，设首席仲裁员。简单劳动争议案件可以由 1 名仲裁员独任仲裁。劳动争议仲裁委员会应当在受理仲裁申请之日起 5 日内，将仲裁庭的组成情况书面通知当事人。仲裁庭应当在开庭 5 日前，将开庭日期、地点书面通知双方当事人。当事人有正当理由的，可以在开庭 3 日前请求延期开庭。是否延期，由劳动争议仲裁委员会决定。

仲裁庭对专门性问题认为需要鉴定的，可以交由当事人约定的鉴定机构鉴定；当事人没有约定或者无法达成约定的，由仲裁庭指定的鉴定机构鉴定。当事人在仲裁过程中有权进行质证和辩论。质证和辩论终结时，首席仲裁员或者独任仲裁员应当征询当事人的最后意见。当事人提供的证据经查证属实的，仲裁庭应当将其作为认定事实的根据。劳动者无法提供由用人单位掌握管理的与仲裁请求有关的证据，仲裁庭可以要求用人单位在指定期限内提供。用人单位在指定期限内不提供的，应当承担不利后果。

仲裁庭应当将开庭情况记入笔录。当事人和其他仲裁参加人认为对自己陈述的记录有遗漏或者差错的，有权申请补正。如果不予补正，应当记录该申请。笔录由仲裁员、记录人员、当事人和其他仲裁参加人签名或者盖章。

当事人申请劳动争议仲裁后，可以自行和解。达成和解协议的，可以撤回仲裁申请。仲裁庭在做出裁决前，应当先行调解。仲裁庭裁决劳动争议案件时，其中一部分事实已经清楚，可以就该部分先行裁决。仲裁庭对追索劳动报酬、工伤医疗费、经济补偿或者赔偿金的案件，根据当事人的申请，可以裁决先予执行。

（三）仲裁书的送达

调解达成协议的，仲裁庭应当制作调解书。调解书应当写明仲裁请求和当事人协议的结果。裁决书应当载明仲裁请求、争议事实、裁决理由、裁决结果和裁决日期。裁决书由仲裁员签名，加盖劳动争议仲裁委员会印章。对裁决持不同意见的仲裁员，可以签名，也可以不签名。调解书经双方当事人签收后，发生法律效力。调解不成或者调解书送达前，一方当事人反悔的，仲裁庭应当及时做出裁决。

仲裁庭裁决劳动争议案件，应当自劳动争议仲裁委员会受理仲裁申请之日起 45 日内结束。案情复杂需要延期的，经劳动争议仲裁委员会主任批准，可以延期并书面通知当事人，但是延长期限不得超过 15 日。逾期未做出仲裁裁决的，当事人可以就该劳动争议事项向人民法院提起诉讼。

下列劳动争议，除另有规定的外，仲裁裁决为终局裁决，裁决书自做出之日起发生法律效力：

（1）追索劳动报酬、工伤医疗费、经济补偿或者赔偿金，不超过当地月最低工资标准 12 个月金额的争议。

（2）因执行国家的劳动标准在工作时间、休息休假、社会保险等方面发生的争议。

五、诉讼程序

当事人对仲裁裁决不服的，可以自收到仲裁裁决书之日起 15 日内向人民法院提起诉讼。期满不起诉的，裁决书发生法律效力。用人单位有证据证明仲裁裁决有下列情形之一的，可以自收到仲裁裁决书之日起 30 日内，向劳动争议仲裁委员会所在地的中级人民法院申请撤销裁决：

（1）适用法律、法规确有错误的。

（2）劳动争议仲裁委员会无管辖权的。

（3）违反法定程序的。

（4）裁决所根据的证据是伪造的。

（5）对方当事人隐瞒了足以影响公正裁决的证据的。

（6）仲裁员在仲裁该案时有索贿受贿、徇私舞弊、枉法裁决行为的。

人民法院经组成合议庭审查核实裁决有上述情形之一的，应当裁定撤销。

劳动争议案件由人民法院民事审判庭审理。依据我国《民事诉讼法》的规定，人民法院适用普通程序审理的民事案件，应当在立案之日起 6 个月内审结。有特殊情况需要延长的，经本院院长批准，可以延长 6 个月；还需要延长的，报请上级人民法院批准。依据《民事诉讼法》的规定，当事人不服地方人民法院第一审判决的，有权在判决书送达之日起 15 日内向上一级人民法院提起上诉。当事人不服地方人民法院第一审裁定的，有权在裁定书送达之日起 10 日内向上一级人民法院提起上诉。

小案例

上班时身体不适，下班回家后死亡是工伤吗？

徐某系某单位工作人员。2015 年 6 月 8 日上午，徐某上班期间身体不适，同事见其脸色难看督促其去医院。中午徐某回到家中休息时，倒地不起，经医务人员现场抢救无效死亡。某人力资源和社会保障局依某单位的申请作出《不予认定工伤决定书》，认为徐某突发疾病既非在工作时间又非在工作岗位，其突发疾病死亡不符合视同工伤情形，不予认定为视同工伤。2016 年 4 月 11 日，张某作为徐某唯一的法定继承人提起行政诉讼，以《不予认定工伤决定书》认定事实错误、适用法律错误为由，请求判决撤销某人力资源和社会保障局作出《不予认定工伤决定书》的行政行为，并责令其重新作出认定工伤的行政行为。

法院经审理认为，《工伤保险条例》第 15 条规定："职工有下列情形之一的，视同工伤：（一）在工作时间和工作岗位，突发疾病死亡或者在 48 小时之内经抢救无效死亡的；……"本案中，某人力资源和社会保障局对徐某上班期间突感身体不适，仍坚持工作直至下班的事实不持异议。徐某身体不适是在工作时间和工作岗位上发生的，身体不适是疾病突发的先期症状，疾病的加重是一个持续的过程。某人力资源和社会保障局认为徐某在家发病，死在家里，不符合视同工伤条件，本院不予采纳。法院遂支持了张某的诉讼请求。

上班时身体不适，职工应尽量直接就医，如未就医而是下班回家后死亡能否认定工伤就会存在很大的不确定性，上班发病至死亡之间的时间越短，认定工伤的合理性越大。

资料来源：段彪永．企业劳动用工合规管理百例．北京：中国法制出版社，2023.

思考：为什么某人力资源和社会保障局会认为徐某在家发病，在家里死亡，不符合视同工伤条件，而法院则支持张某是工伤呢？

上班时身体不适，下班回家后死亡是工伤吗？

单元四　劳动安全卫生管理

国家为了保护劳动者在生产过程中的安全健康，根据生产的客观规律和生产实践经验的科学总结，规定了各项企业必须执行的安全生产管理制度，为防止重大劳动安全卫生事故的发生，企业必须全面完善并严格执行劳动安全卫生管理制度。

一、安全生产责任制

安全生产责任制主要是指企业的各级领导、职能部门和在一定岗位上的劳动者个人对安全生产工作应负责任的一种制度，也是企业的一项基本管理制度。其内容大体分为两个方面：一是纵向方面各级人员的安全生产责任制，即各类人员的安全生产责任制；二是横向方面各分部门的安全生产责任制，即各职能部门的安全生产责任制。

二、安全健康措施计划制度

安全健康措施计划制度对企业加强劳动保护，改善劳动条件，保障职工的安全和健康，促进企业生产经营的发展都起着积极作用。职业安全健康措施计划编制的主要内容包括：（1）单位或工作场所；（2）措施名称；（3）措施内容和目的；（4）经费预算及其来源；（5）负责设计、施工的单位或负责人；（6）开工日期及竣工日期；（7）措施执行情况及其效果。职业安全健康措施计划的范围应包括：改善劳动条件、防止伤亡事故、预防职业病和职业中毒等内容。

三、安全生产教育、考核制度

企业的安全教育工作是实现安全生产、文明生产、提高员工安全意识和安全素质、防止产生不安全行为、减少人为失误的重要途径。其重要性首先在于提高管理者及员工做好职业安全的责任感和自觉性，帮助其正确认识和学习职业安全健康法律、法规、基本知识。其次是能够普及和提高员工的安全技术知识，增强安全操作技能，从而保护自己和他人的安全与健康，促进生产力的发展。其主要内容包括：管理人员的职业安全健康教育；特种作业人员的职业安全健康教育；员工的职业安全健康教育；经常性职业安全健康教育。

四、安全健康检查制度

安全健康检查制度是消除隐患、防止事故、改善劳动条件的重要手段，是企业职业安全健康管理工作的一项重要内容。通过职业安全健康检查，可以发现企业及生产过程中的危险因素，以便有计划地采取措施，保证安全生产。安全健康检查的内容，主要是查思想、查管理、查隐患、查整改和查事故处理。

五、个人劳动安全卫生防护用品管理制度

个人劳动安全卫生防护用品管理制度分成两类：其一是国家制定关于劳动安全卫生防护用品的国家标准和行业标准，严格审批生产特种个人劳动防护用品的企业生产许可证等；其二是企业内部有关人员劳动防护用品的购置、发放、检查、修理、保存、使用的规定，包括个人劳动防护用品发放制度、检查修理制度、相关教育培训制度等。其目的是保证防护用品充分发挥对操作人员及有关人员的劳动保护作用。

六、伤亡事故和职业病统计报告和处理制度

伤亡事故和职业病统计报告和处理制度是我国职业安全健康的一项重要制度，我国《劳动法》第五十七条对此做了明确的规定。这项制度的内容包括：依照国家法律、法规的规定进行伤亡事故和劳动者的职业病状况的报告；依照国家法律、法规的规定进行伤亡事故和劳动者的职业病状况的统计；依照国家法律、法规的规定进行伤亡事故和劳动者的职业病状况的调查和处理。

七、劳动者健康检查制度

劳动者健康检查制度包括两类：一是员工招聘健康检查。企业对拟招聘人员进行体检，一般岗位为常规体检；岗位对员工的健康有特定要求的应进行特定检查，以便决定是否满足从事某项特定工作岗位的需要。二是企业员工的定期体检，发现疾病及时治疗以及预防职业病的发生。

国家的职业安全卫生法律规范一般属于强行性法律规范，以绝对肯定的形式予以规定，具有必须严格执行的法律约束力。企业职业安全卫生标准的制定不得低于国家规定的标准，由于各企业的实际情况不同，因此企业劳动安全管理方面的根本任务是全面掌握国家规定的相关规程和标准，掌握国家对用人单位在劳动安全方面的要求。

单元五　人事档案管理

在人们的工作生活中，人事档案扮演着重要的角色。人事档案是个人信息的重要载体，它全面、真实地记载和反映着个人经历、能力和德才的综合表现。人事档案的内容包括履历材料，自传材料，鉴定考核材料，评定岗位技能和学历材料，政审材料，参加党团材料，奖励材料，处分材料，招用、劳动合同、调动、保险、福利待遇、出国、退休、退职等材料及其他可供组织参考的材料内容。人事档案也是企业历史地、全面地考察职工的依据，是国家档案的组成部分。从本质上看，人事档案属于社会信息的一部分。

一、人事档案的作用

在现代劳动用工管理中，人事档案的作用包括两个方面：对职工个人而言，人事档案管理部门可以据此为流动人员提供身份认定和办理社会保险；为员工代办申报职称；根据档案确定退休年龄；根据档案中从事有毒、有害工作的年限推算提前退休年龄；代为缴纳职工的养老保险、失业保险和大病医疗统筹，工资调整；出具与人事档案有关的证明材料等。对企业而言，人事档案是全面考察了解、正确评价和使用人才的重要参考。我们可以通过分析人事档案信息，总结企业单位整体的人才储备状况，结合人事流动的档案信息，预测企业单位人才的需求状况，从而有效科学地制订人力资源计划，为企业单位领导的决策提供可靠的依据。特别是对专业技术人员职称晋升、干部选拔方面有着重要的意义。

就人力资源部门而言，人力资源部门是企业人事档案接收、产生、管理和利用的直接部门。认真审阅接收、收集整理员工人事档案，有效地对人事档案进行管理，可以大大提高人力资源部门的工作效率，改进工作方法，提高人事管理水平，更可以节约大量的管理成本。

二、人事档案内容

（一）人事档案正本

人事档案正本由全面地反映员工情况的有关材料构成，主要有如下几类：

（1）履历材料（包括个人的简历资料）；

（2）自传材料（包括职位申请表）；

（3）鉴定、考核、考察材料；

（4）学历和评聘专业技术职务材料；

（5）奖励及处分材料；

（6）培训记录及外训协议等材料；

（7）劳动合同、录用、任免、聘用、离职材料；

（8）目标责任书、保密协议；

（9）其他可供企业用人参考的资料。

（二）人事档案副本

人事档案副本是人事档案正本中主要材料的复制件，由正本中的以下主要材料构成：

（1）近期履历材料；

（2）主要鉴定、考核材料；

（3）学历、学位、评聘专业技术职务的材料；

（4）奖励及处分材料；

（5）任免呈报（审批）表；

（6）身份证、户口本等身份证明文件的复印件。

其他类别中如有重复的重要材料，也可归入人事档案副本。

三、人事档案的收集与整理

（一）新员工报到时

新员工报到后，收齐新入职员工的所有手续、证件、资料后，统一装入新建的档案袋内，并在档案袋封面左上方书写上档案袋编号（与员工的工号相同）、员工姓名、性别。办理完试岗派遣手续后的三个工作日之内，将以下档案、证件和资料进行再次归档：

（1）《职位申请书》（必须有初试、复试、录用的审批人签字及录用时的薪资标准等意见签署，并贴上照片）；

（2）身份证（双面都印在同一页上，A4 纸）、学历证书、学位证书及其他相关资质证件的复印件；

（3）《试岗通知单》（部门留存）。

（二）员工办理正式入职手续时

办理完入职手续后的三个工作日之内，将以下档案、证件和资料进行再次归档：

（1）签署好的《担保书》；

（2）《试岗通知单》（必须有其直接上级对其在试岗期间表现的评价）；

（3）《录用通知单》《实习协议》。

（三）员工办完转正手续时

员工转正手续完成后，各级人力资源部门的人事专员必须将以下资料收集齐后，归入该员工的档案袋：

（1）员工保管的《实习协议》和《录用通知单》；

（2）该员工的《转正申请表》《转正通知单》；

（3）《劳动合同》；

（4）《竞业禁止合同书》。

（四）员工办理调动手续时

各级人力资源部门的人事专员，在完成员工调动手续的三个工作日内，将员工调动手续资料装入该员工的档案内，具体的资料有：

（1）《人事异动审批表》；

（2）《员工调动工作移交表》；

（3）《文件档案资料移交明细表》《物品资产移交明细表》《客户资料移交明细表》《待办工作（事宜）移交明细表》；

（4）《调令》。

（五）员工办完离职手续时

各级人力资源部门的人事专员，在办完员工离职手续的三个工作日内，将离职相关资料装入该员工的档案内，必须装入的资料有：

（1）该员工的书面离职申请书；

（2）该员工交回的自己保存的《劳动合同》《竞业禁止合同书》《转正通知单》；

（3）《离职审批表》；

（4）《员工离职工作移交表》；

（5）《文件档案资料移交明细表》《物品资产移交明细表》《客户资料移交明细表》《待办工作（事宜）移交明细表》。

此外，人事专员还应注意日常收集员工履历表、转正定级审批表、各种奖励、职务任免、异动表、续签合同等材料。

四、人事档案的借阅与移交

（1）凡借用人事档案，必须填写《人事档案借阅登记表》，由人力资源部门的负责人核实理由，经分管人力资源管理工作的公司领导签批后，方可借出，借出的档案必须在3天内归还，如确因工作需要，可办续借手续。

（2）借阅档案的人员，对档案应妥善保管，不得遗失、泄密和污损，不准抽换、折卷和转换。

（3）人事档案的移交分为人事档案移交和人事档案管理人员工作变动移交两种。

五、人事档案管理注意事项

文件材料收集齐全完整，是做好人事档案管理工作的前提和基础。如果文件材料收集不全面、不完整，不仅会影响人事档案的质量，甚至会破坏人事档案的完整性。

（一）要注意文件材料收集的及时性

随着科技、经济的快速发展，各种文件材料发放频繁，如果不及时收集，会造成部分资料遗失。因此，在日常工作中，应及时建立文档收集账簿，记录需要收集的文件材料项目、计划收集的日期以及收集情况，并按照计划收集日期进行材料收集。

（二）要注意文件材料收集的全面性

当今社会，各种往来文件样式繁多、内容不一，在及时收集的前提下，还要重视收集文件材料的全面性。要收集全纸质文件材料，因为重要的批示性文件都是纸质文件。在收集时，特别要重视手写稿和传阅文件，因为手写稿是孤本，如果遗漏了就无法收集了；传阅的文件也会因经手人多，容易丢失。

（三）要注意电子文件材料的收集

随着网络的发展，电子文件的交流日趋频繁，成为日常工作交流中主要的媒介。电子文件材料的收集在文书档案收集工作中显得越来越重要。在电子文件的收集中，不仅要重视文件的分类存储，而且要定期刻盘收藏。

案例分析

公司能否以其严重违反规章制度为由解除劳动合同？

2014年12月，曹某与某电机公司签订劳动合同。2018年9月11日至30日，曹某分三次向公司申请病假及事假，公司同意曹某的休假申请。假期结束后曹某未到岗上班。

同年 10 月 17 日，公司根据曹某劳动合同中约定的送达地址邮寄函件要求曹某来司说明未上班的原因，该函件被退回。2019 年 1 月 4 日，公司通过《扬子晚报》向曹某发出通知要求其来司办理相应手续，并于 1 月 8 日通过微信发送给曹某。曹某仍未上班，亦未办理相应请假手续。2019 年 1 月 18 日，公司向曹某发出《关于与曹某解除劳动合同的证明》，载明曹某连续旷工属严重违反规章制度，公司依据《劳动合同法》第三十九条第二项的规定与其解除劳动合同，并依法通知了工会。曹某申请劳动仲裁，请求裁令公司支付违法解除劳动合同赔偿金。仲裁委终结审理后，曹某诉至法院。审理中，曹某提供了某医院抑郁自评量表，该表载明参考诊断为有（轻度）抑郁症状，但未提供病假证明。

请问曹某的行为是否正当合法？为什么？

分析：

曹某病假到期后，在未能及时履行请假手续的情况下无正当理由未出勤上班，公司在多次催促通知无果后，以其旷工并严重违反规章制度为由解除劳动合同，具有事实依据。曹某主张其符合医疗期相关规定，但未能提供有效证据证明其确需停止工作治病休息，且曹某并未按照规定履行请假手续。

劳动法中所指的“医疗期”，其含义为员工因患病或者非因工负伤依法享有的治疗休息且企业不得解除或者终止劳动合同的期限。显然，医疗期的规定体现的是保护员工合法权益的立法理念，但因医疗期中员工不能到岗上班，涉及用人单位对工作的统筹安排，因此员工享有医疗期需要具备一定的条件：

首先，劳动者患病的病情状况或者非因工负伤的严重程度达到了需要治疗休息的客观要求，其判断标准一般以医疗机构出具的“病假单”为依据；其次，员工按照企业规章制度的要求履行请假手续。

本案中，员工在企业批准的假期届满后，继续主张享受医疗期待遇，却未能提供病假证明，也不按照企业规章制度要求履行请假手续，在企业多次催促后仍然无正当理由拒绝到岗上班，企业以其旷工并严重违反企业规章制度为由解除劳动合同，具有事实依据和法律依据。

本案通过驳回员工享受医疗期待遇的请求，引导员工遵守企业依法制定的规章制度，维护企业正常的生产秩序和管理秩序；教育员工不得滥用权利，否则将承担相应的法律后果。

资料来源：涂琳芳．企业解聘员工合规指引与案例精解．北京：中国法制出版社，2024.

实训应用

实训项目：

设计入职申请表——劳动合同订立阶段。

人力资源管理工作存在诸多法律风险，必须严格防范，从源头抓起。在劳动合同订立初期，在设计入职申请表时就必须注意其中可能存在的法律风险。

实训目的：

1. 通过该实训任务，让学生充分认识到人力资源管理工作中存在的法律风险问题，在人力资源管理日常工作中养成法律风险预防的意识。

2. 了解如何设计入职申请表才能将公司的法律风险降到最低。

实训组织：

1. 收集入职申请表样板资料。学生以小组为单位，按照教师指定的任务，通过互联网或其他渠道进行资料收集，并讨论分析收集到的入职申请表样本是否能预防劳动法律风险。

2. 以小组为单位，设计一份可预防劳动法律风险的入职申请表。

3. 完成设计任务后，每小组选派代表展示成果。

管理链接

别让“心理契约”破裂：劳动关系管理的隐性信任

心理契约是指员工对企业作出的非正式承诺的主观期望，例如职业发展前景、获得尊重和信任、工作意义等。这些期望虽未明确写入劳动合同，却是劳动关系管理中的核心因素之一。心理契约的建立和履行直接影响员工的满意度与忠诚度。一旦这些隐性期望未被满足，就可能导致心理契约破裂，侵蚀员工的积极性和信任感，甚至引发离职。

心理契约来源于组织行为学的研究，其中一个经典实验由心理学家丹尼斯·卢梭(Denise Rousseau)提出。实验表明，当员工在缺乏沟通和回馈的环境下，他们对企业实际能提供的内容和自己的主观期望之间会逐渐拉开距离。一旦预期落空，比如员工未获得原本期望的晋升机会或稳定职位，他们的心理平衡感会被打破，进而表现出消极情绪，甚至草率离职。这揭示了劳动关系中隐性需求管理的重要性。

在劳动关系中应用心理契约，需要企业关注员工的隐性需求并与正式合同形成互补。通过公开透明的沟通机制，与员工在重大决策（如薪酬调整、岗位变化）前后进行协商，确保员工的期望值与企业目标一致。比如，对于刚入职的员工，清晰展现职业发展路径可以构建稳定的心理契约框架；对于面对政策变更的员工，提供情感支持和激励措施可以降低心理契约破裂带来的冲击。

心理契约也是一种长期的激励工具。相较于短期物质奖励，员工对企业的忠诚更多来自获得发展成就感和组织信任。例如，通过认可员工的贡献、提供自我成长的机会或营造归属感，企业可以持续维护心理契约的稳定性。心理契约的成功管理需要企业同时关注隐性心理需求与外在激励措施，从而维持劳动关系的和谐和员工动力的长期性。

资料来源：陈春花．激活组织：从个体价值到集合智慧．2版．北京：机械工业出版社，2024.

明德强技

数字创新赋能劳动关系

某工会在微信公众号上打造“5＋N”法律维权服务云平台，将工会普法、监督、调解、援助、信访五项法律维权工作在手机端呈现，实现工会智慧法务功能更强大，职工自我维权渠道更畅通，企业获取工会服务更便利。

一、做优“云普法”，打造工会普法宣传云平台。打造“维权我来讲”“职工维权大讲堂”“以案说法”“答疑汇总”等栏目，满足不同层面职工的学法需求。

二、探索“云监督”，打造工会法律监督云平台。企业扫码即可线上对自身的规章制度、执行《劳动合同法》等情况进行“法律体检”，并由专家出具“体检报告”，规范企业劳动用工管理行为。

三、创新“云调解”，打造工会劳动争议调解云平台。劳动争议的企业和职工方扫码即可进入线上劳动争议调解室，进行云端争议调解，让劳动纠纷实现指尖申请、云端化解的调解处理新模式。

四、丰富“云援助”，打造工会法律援助云平台。优化“律师一点通”，让职工随时随地可以得到律师专业解答；发挥市镇两级职工法律援助律师团作用，做精“城区一刻钟，农村半小时”职工法律援助线下服务。

五、畅通“云信箱”，打造职工诉求表达云平台。开通“云信箱”，接受广大职工的云端信访，在线回应职工需求，解答职工疑惑。

随着互联网技术的快速发展，企业和职工对在线获取法律服务的需求日益增强。本案例中的“5＋N”法律维权服务云平台，是工会推进工作数字化和智能化的一次积极创新尝试，不仅探索了为职工提供便捷、高效、优质法律维权服务的新路径，还创新了维权服务体系的建设，让工会法律工作更加贴近企业与职工的实际需求。

资料来源：李澍．工会常用法律法规、相关规定及典型案例指引（2024 年版）．北京：中国法制出版社，2024.

模块八在线练习

主要参考文献

［1］任康磊．绩效管理工具：OKR、KPI、KSF、MBO、BSC应用方法与实战案例［M］．北京：人民邮电出版社，2021.

［2］况阳．绩效使能：超越OKR［M］．北京：机械工业出版社，2019.

［3］孙晓平，季阳．薪酬激励新实战：突破人效困境［M］．北京：机械工业出版社，2019.

［4］潘辉．HR劳动关系经典管理案例［M］．北京：中国法制出版社，2019.

［5］郝云峰．HR劳动争议案例精选与实务操作指引［M］．北京：中国法制出版社，2018.

［6］蔡艳鹏．海底捞的经营哲学［M］．北京：北京文艺出版社，2018.

［7］谌新民．人力资源管理概论［M］．4版．北京：科学出版社，2015.

［8］丁雯，童丽，邹备战．薪酬管理项目化教程［M］．大连：东北财经大学出版社，2014.

［9］童丽，丁雯，吴嘉维．劳动关系管理项目化教程［M］．大连：东北财经大学出版社，2014.

［10］王贵军，丁雯，李明昱．招聘与录用［M］．2版．大连：东北财经大学出版社，2012.

［11］张海燕，杨千惠．基于SWOT分析的延安红色资源开发利用研究［J］．旅游纵览，2022（1）：179－181.

［12］姜天骄．蓬勃发展“云学习”［N］．经济日报，2021－12－29（12）.

［13］娄珺．互联网巨头人才管理像素级还原［M］．北京：中国人民大学出版社，2024.

［14］彭剑锋，张小峰，吴婷婷，等．绩效管理十大方法［M］．北京：中国人民大学出版社，2024.

［15］郭萍．绩效管理：理论与案例［M］．广州：暨南大学出版社，2023.

［16］吴婷．战法：成就下一个商业奇迹［M］．北京：中信出版集团，2023.

［17］吴士宏．越过山丘：打破人生与事业的迷障［M］．南京：江苏凤凰文艺出版社，2022.

［18］舒瀚霆．成也薪酬 败也薪酬：让老板发的每一分工资都有效［M］．北京：电子工业出版社，2022.

［19］苏朝晖．客户关系管理：理念、技术与策略［M］．5 版．北京：机械工业出版社，2024.

［20］刘明飞．张一鸣：激流勇进，永攀高峰［M］．北京：中华工商联合出版社，2024.

［21］阎志鹏．三个存钱罐：金融学教授的儿童财商启蒙课［M］．北京：电子工业出版社，2022.

［22］大成劳动与人力资源专业委员会．劳动法疑难案例与企业合规指引［M］．北京：中国法制出版社，2023.

［23］任龙．企业人力资源合规管理实务手册［M］．北京：人民邮电出版社，2024.

［24］段彪永．企业劳动用工合规管理百例［M］．北京：中国法制出版社，2023.

［25］涂琳芳．企业解聘员工合规指引与案例精解［M］．北京：中国法制出版社，2024.

［26］陈春花．激活组织：从个体价值到集合智慧［M］．2 版．北京：机械工业出版社，2024.

［27］李澍．工会常用法律法规、相关规定及典型案例指引（2024 年版）［M］．北京：中国法制出版社，2024.

［28］邓智平．数字赋权与劳动关系转型［J］．南方经济，2021（9）：11－17.

［29］高广陇．浅析基于 OKR 模式的企业绩效管理系统创新与策略［J］．商场现代化，2021（2）：102－104.

［30］黄良盛．恶意欠薪的主要成因及法律规制［J］．武汉公安干部学院学报，2020，34（2）：45－50.

［31］于添镡．浅析劳动合同中欺诈行为的界定［J］．法制博览，2020（11）：185－186.

［32］郑晓艺．劳动合同订立时的欺诈问题研究：以喜洋洋与灰太狼公司劳动争议案为例［J］．现代商贸工业，2020，41（8）：153－155.

［33］汪建初．用制度筑牢党和国家事业的中坚力量：读新修订的《党政领导干部选拔任用工作条例》有感［J］．传承，2019（3）：81－85.

［34］李刚．企业管理如何突破“格雷欣法则”［J］．互联网经济，2019（3）：82－87.

［35］张均斌．为两亿多人的权益保障“兜底”［N］．中国青年报，2021－07－13（6）.

［36］陈艳．解除劳动关系的举证责任应由谁承担［J］．中国人力资源社会保障，2021（11）：54.

［37］况丽平．“课程思政”理念下人力资源管理课程的教育教学探讨［J］．黑龙江教育（理论与实践），2020（10）：8－9.

［38］赵瑜．课程思政实施路径探索与实践：以“人力资源管理”课程为例［J］．中国多媒体与网络教学学报（中旬刊），2021（5）：103－105.

[39] 杨保全，孔建美．民法典之诚信原则在劳动用工中的运用．(2021－07－27)[2021－12－06]. http：//www.zhongyinlawyer.com/Home/LibraryDetail? Title.

[40] 陕西法制网第一资讯官方账号．“典”醒你我 |《民法典》第七条 关于诚信原则的规定．(2021－04－07)[2021－12－06]. https：//baijiahao.baidu.com/s? id＝1696338798948601392&wfr＝spider&for＝pc.

[41] 汪正楼．重磅总结 |《民法典》中与劳动用工有关问题的梳理．(2020－06－03)[2021－12－06]. https：//baijiahao.baidu.com/s? id＝16684500598851925683&wfr＝spider&for＝pc.